李复华

四川省文物考古研究院名家学术文集

李复华　著

巴蜀书社

图书在版编目（CIP）数据

四川省文物考古研究院名家学术文集. 李复华卷 /
李复华著. -- 成都：巴蜀书社, 2023.11
ISBN 978-7-5531-1944-1

Ⅰ. ①四… Ⅱ. ①李… Ⅲ. ①文物—考古—中国—文
集 Ⅳ. ①K870.4-53

中国国家版本馆CIP数据核字(2023)第065286号

SICHUANSHENG WENWU KAOGU YANJIUYUAN MINGJIA XUESHU WENJI · LIFUHUA JUAN

四川省文物考古研究院名家学术文集·李复华卷

李复华 著

策　　划	周　颖　吴焕姣	
责任编辑	徐雨田	
封面设计	冀帅吉	
内文设计	四川胜翔数码印务设计有限公司	
出　　版	巴蜀书社	
	四川省成都市锦江区三色路238号新华之星A座36楼	
	邮编：610023　总编室电话：（028）86361843	
网　　址	www.bsbook.com	
发　　行	巴蜀书社	
	发行科电话：（028）86361852	
经　　销	新华书店	
印　　刷	成都东江印务有限公司	
版　　次	2023年11月第1版	
印　　次	2023年11月第1次印刷	
成品尺寸	170mm×240mm	
插　　页	6页	
印　　张	16.75	
字　　数	245千	
书　　号	ISBN 978-7-5531-1944-1	
定　　价	78.00元	

本书若出现印装质量问题，请与工厂联系调换

总序

　　四川省文物考古研究院前身为四川省文物管理委员会（办公室），成立于1953年5月1日。在党和政府的领导、关怀下，我院从不足30人的团队起步，逐渐成长为一个拥有185人编制，兼具考古、文物修复、文化遗产保护、《四川文物》编辑出版四大职能的综合性考古机构。

　　七十年来，全院职工勠力同心，探索历史未知、揭示历史本源，各项事业蓬勃发展，取得了长足进步：共获得全国十大考古新发现11项、中国考古新发现4项、百年百大考古发现2项、新时代百项考古新发现5项、田野考古奖3项，为"建设具有中国特色、中国风格、中国气派的考古学"贡献了四川力量。

　　饮水思源，回顾我院发展的每一个阶段，无一不浸透着我院一代代文物考古工作者拼搏奋斗的艰辛。在我省文物考古事业的发展进程中，他们始终恪守初心，身体力行地积极投身于四川文化遗产保护体系的缔造，甘之如饴地用心守护着巴蜀大地的文化遗产。在他们的努力下，四川先秦考古学的文化序列日渐完整，巴蜀文明起源和发展的历史脉络逐渐明朗，西南地区的历史轴线不断延伸，古代四川的文化面貌愈发清晰。他们为中国考古事业做出了卓越的贡献，为四川考古争得了荣誉，更为我院今天的厚积薄发奠定了坚实的基础。

　　《四川省文物考古研究院名家学术文集》是为四川省文物考古研究

院七十周年华诞而发起的一套纪念性文集，共九卷，分别收录了四川省文物考古研究院学术名家秦学圣先生、沈仲常先生、李复华先生、王家祐先生、曾中懋先生、赵殿增先生、黄剑华先生、张肖马先生、陈显丹先生的代表性学术论文。

这些老前辈中，有的是四川省文物管理委员会（办公室）初创成员，有的是新中国培养的第一批文物考古工作者，有的是新中国成立以来四川文物考古事业从蹒跚起步到步入"黄金时代"的亲历者、见证者。从旧石器时代考古到明清时期考古，从青藏高原的遗址发掘到长江三峡的文物抢救，前辈们筚路蓝缕，风餐露宿，心怀使命与赤诚，在巴蜀大地上写就了锦绣文章。他们将四川考古提升到了一个全新的高度，在中国考古史上留下了光辉的印记。在本职工作之外，前辈们对待后学更是关怀备至，倾囊相授，无私扶掖，令我们感念不已。

本套文集所收均为前辈们的心血之作，有着很高的学术价值：材料运用充分详尽，理论与实践紧密结合；视野开阔，旁征博引，富于创新精神；论述严密，分析鞭辟入里，给人以深刻启发；多学科手段交叉运用，研究路径多元。这些文字饱含着前辈们的科学精神与人文情怀，充分展现了他们求真务实的工作作风和严谨的治学态度。嘉惠学林、泽被后学，本套文集既是我院七十年学术发展历程的缩影，也是我院后学接续前辈们的学术脉络，踔厉奋发、继往开来的新起点。

"雄关漫道真如铁，而今迈步从头越"，衷心期望我院全体干部职工以前辈们为榜样，传承前辈们的优良学统，勇于担当，努力成长。按照习近平总书记提出的"在新的历史起点上继续推动文化繁荣、建设文化强国、建设中华民族现代文明这一新的文化使命"，在更广的领域、更深的层面开展文物考古研究和探索实践，笃行不怠，奉献出更多、更新、更好的学术成果，进一步积淀我院的学术底蕴，为我院创建世界一流考古机构注入崭新力量。

2023 年 10 月

作者简介

李复华（1923.12—2016.6），四川郫都人。大学学历，文博研究馆员，曾任四川省历史学会、四川省大禹研究会顾问，《四川省志·文物志》副主编。

1951年10月在川北行署办公厅研究室参加工作；1952年参加文化部社会文化事业管理局、中国科学院考古研究所、北京大学联合举办的第一期考古工作人员训练班；1953年至1958年在四川省文物管理委员会（办公室）工作；1958年至1988年在四川省博物馆工作；1988年1月退休。

所著《新都战国蜀墓里中原文化和楚文化因素初探》获四川省哲学社会科学优秀成果奖三等奖、《论广汉三星堆两座窖藏坑的性质及其相关问题》获1998年四川省历史学会社会科学研究优秀成果奖。

考察留影

访学留影

1981年四川省考古讲习会合影

第一排：夏虹（左一）、李复华（左二）、沈仲常（左三）、唐嘉弘（左五）、
吴天墀（左六）、秦学圣（左七）

第二排：李昭和（左一）、陈显双（左二）、赵殿增（左五）、朱小南（左九）

1991年庆祝重庆市博物馆建馆40周年合影

　　第一排：李复华（左一）、余德璋（左三）、沈仲常（左四）、王家祐（左五）

参加学术会议合影

第一排：胡昌钰（左一）、
朱秉璋（左二）、秦学圣（左
三）、李复华（左四）

与友人考察古建筑合影

与夫人合影

参加学术会议留影

目录

古蜀文明研究

民族考古研究

历史文物研究

随　笔

附　录

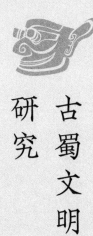

古蜀文明研究

新都战国蜀墓里中原文化和楚文化因素初探[①]

1980年3、4月间，四川省博物馆和新都县文物管理所在新都县马家场清理了一座战国时期蜀人的木椁墓[②]。这座墓规模大，文物多，实为我省考古的一次重要收获，为研究巴蜀文化，以及巴蜀文化与中原文化、楚文化的关系提供了丰富的科学资料。本文即拟就此问题谈谈我们粗浅的看法。

一、中原文化因素

中原文化的因素，在过去清理的四川战国墓葬里少有发现，可是在这座战国墓中却有较多的表现。

首先从腰坑内保存完整的188件铜器中的5件、9件两种不同成套模式的有序组合来看。

铜器中5件成组的计有：鼎、罍、编钟、壶（两式两组）、釜、鍪、豆形器、三足盘型器、匕、斧、斤（两式两组）、凿（大小四组）、刀、

---

① 本文由李复华、匡远滢合著。

② 四川省博物馆、新都县文物管理所：《四川新都战国木椁墓》，《文物》1981年第6期。

矛、钺（大小两组）、戈（四式六组）、剑（两式两组）、锯、雕刀、削（大中小三组）等，20器34组，共170件。我们认为用这样多的铜器以5件成组来殉葬的现象，如果仅仅说它体现了阶级社会的殉葬制度问题，那是远远不够的。因为更重要的是表明了蜀开明氏接受了中原的五行之说；否则，墓主人是不会对"五"这个数目有如此浓厚的兴趣的。

这里先简略地介绍一下有关学者对"五行"的发展和演变的研究成果，即：作为天象术语的"五行"一词，早已见于《尚书·甘誓》之中。而金、木、水、火、土原只称为"五材"或"五才"，后来由于天文工作者借用它们分别作五行星的代称，于是"五行"才和金、木、水、火、土结合起来，即《汉书·律历志》云："水合于辰星，火合于荧惑，金合于太白，木合于岁星，土合于填星。"然后金、木、水、火、土也就称为"五行"了。而两者结合的完成时期，大致不会晚于春秋①。

至于"尚五"之事，在殷墟的甲骨文里亦有所记载。如《殷契粹编》第12片："秋于帝五工臣，才且乙宗卜。"第13片："王又岁于帝五臣，正，隹亡雨。"北京师范大学藏殷墟甲骨文："丁丑卜，又于五山，才□□。"然而，五行与金、木、水、火、土结合后的五行之说的盛行，则是在战国时期了，故《史记·历书》云："其后战国并争……是时独有邹衍，明于五德之传，而散消息之分，以显诸侯。"而蜀人亦可能就是在这段时间里接受了五行之说，这自然是早期的天象五行与金、木、水、火、土结合后的五行说。据《华阳国志·蜀志》云："九世有开明帝，始立宗庙"，"但以五色为主，故其庙称青、赤、黑、黄、白帝也"。现在我们将蜀地史料与春秋以来的五行说的主要内容稍加对比，便可发现两者间的有机联系。《尚书·洪范》云："一，五行：一曰水，二曰火，三曰木，四曰金，五曰土。水曰润下，火曰炎上，木曰曲直，金曰从革，土爱稼穑。润下作咸，炎上作苦，曲直作酸，从革作辛，稼穑作甘。"《周礼·天官》注云："五色……此据五方，东方木色

① 刘起钎：《〈洪范〉成书时代考》，《中国社会科学》1980年第3期。

青，南方火色赤，中央土色黄，西方金色白，北方水色黑。"这就说明开明九世所立的以五色名帝的五宗庙，接受了中原文化的五行之说。不过中原的五色次序为青、赤、黄、白、黑，而开明氏的五色次序为青、赤、黑、黄、白，两者间排列次序略异，可能是由于蜀人保留了地方特性的缘故。所以我们认为这座墓腰坑里34套5件成组的铜器，可能是中原五行之说在蜀地殉葬制度上的表现。

五兵：腰坑里出土有戈、矛、钺、刀、剑等五兵，共60件。关于每种每式5件成组的问题，已在上文进行了分析，认为可能是与五行之说有关，这里仅再谈谈五兵之用与五兵之制的关系。《周礼·夏官》云："司兵掌五兵五盾，各辨其物，与其等，以待军事。"注："郑司农云：'五兵者，戈、殳、戟、酋矛、夷矛。'"这是指车上所用五兵。而步卒所用五兵，则是无夷矛而有弓矢。可是五兵之制不仅用于军事（当然这是用途的主要方面），在王者大丧之礼亦用作仪仗或明器。《周礼·夏官》云："大丧，廞五兵"。"廞"，一说为"淫"，陈也，即陈五兵；又谓"廞"，兴也，兴铸明器之用的五兵，总之是说大丧之礼也要用五兵。虽然新都出土的五兵，与郑司农所讲的《夏官》五兵不尽相同，但其数为五则是一致的。故新都墓里的五兵之用，仍应视为与中原大丧之礼的五兵之制有关，这也是墓主人地位之高的证明。

九器：腰坑里的188件铜器，除前面说的有170件为5件成组外，其余18件是：缶、瓿、豆、甄、敦、鉴、盘、匜、勺等一套宴享用的九类器物，每器两件。这样九器的组合，当然是与葬制有关，不过其具体含义何在，则有探索的必要。"九"，据《易·乾》曰："九五，飞龙在天，利见大人。"疏曰："《正义》曰：言九五阳气盛至于天，故云飞龙在天。此自然之象，犹若圣人有龙德，飞腾而居天位，德备天下，为万物所瞻睹，故天下利见此居王位之大人。""大人"在《易·乾·文言》中云："夫大人者，与天地合其德，与日月合其明，与四时合其序，与鬼神合其吉凶。先天而弗违，后天而奉天时。天且弗违，而况于人乎！况于鬼神乎！"而这样的龙德，当然只有所谓的理想中的圣人才具备，所以大人应是指的圣君。因此，后来以"九五"称君位，故有"九五之尊"之说。同时，"五"字能与"九"字连用来表示王者之位，亦当是一个很重要的数字。又《易·乾·文言》云："乾元用九，天下治也。"注云："九，阳也。阳，刚直之物也。夫能全用刚直，放远善柔，非天下至理，未之能也。故'乾元用九'，则'天下治也'。"《周礼》有不少用"九"来表示王者崇高地位的记载。如"以九职任万民""以九赋敛财贿""以九式均节财用""以九贡致邦国之用""以九两系邦国之民"，王"城隅之制九雉"和"天子之弓，合九而成规"，等等。据此，我们认为腰坑里用"九器"的组合来殉葬，可能表明了墓主人有君王地位，同时也是蜀人接受中原文化的证明。

总之，新都战国墓腰坑里的188件铜器，分为5件和9件成组的特殊规律，是蜀人接受中原文化的新发现和例证。

其次，从印文的图像和符号来看。

新都战国墓里出土了一方制作精巧的铜印，印为正方形，边宽3.5厘米，高1.4厘米，背面微拱，饰有形如编织的饕餮纹和一鋬钮，正面印文内容丰富新颖，是研究巴蜀文化不可多得的珍贵实物资料。

印文是用习称为"巴蜀图语"的图像和符号组成。它分上下两层，上层中为一符号，似竹编之类的器物，两侧各有一口向上的铎；下层中置一罍，两侧各立一人，共抬一长方形物，物上并列有三"○"符号。它们的内涵可能有所不同，但从组合在一方印文上来看，则应有一个统一要表明的问题。下面我们便对它进行一些初步的探讨。

对于印文上层中部的符号，虽然我们尚不晓其义，但在墓里出土的不少铜器上均繁简不同的刻铸有此符号，故应是蜀人某一氏族的"族徽"。下层中置的罍，可能与鼎有同样的作用，是作为象征最高权力的重器来使用。下面分别对两铎图像和三"○"符号的含义予以探讨。

两铎图像。因为印文上铎的图像为二，正与古代金、木两铎之数相合，故我们认为印文两铎的图像应是古代的金、木两铎。

金铎：《说文》云："铎，大铃也。军法五人为伍，五伍为两，两司马执铎。"这是用于军事上的金铎。《周礼·地官》云："以金铎通鼓。"疏云："此是金铃金舌，故曰金铎，在军所振。对金铃木舌者，为木铎，施令时所振。言通鼓者，两司马振铎，将军已下即击鼓，故云'通鼓'也。"《周礼·夏官·大司马》云："辨鼓铎镯铙之用，王执路鼓，诸侯执贲鼓，将军执晋鼓，师帅执提，旅帅执鼓鼙，卒长执铙，两司马执铎，公司马执镯。"注云："鼓人职曰：'以路鼓鼓鬼享，以贲鼓鼓军事，以晋鼓鼓金奏，以金铙止鼓，以金铎通鼓，以金镯节鼓。'"所以《夏官》又云："振铎，作旗，车徒皆作，鼓进。"这是说在战斗中要进攻的时候是以铎来通鼓，以便执鼓者立即鸣鼓指挥部队冲锋陷阵，去夺取战斗的胜利。而当时部队的组织是：以12500人为一军，天子有六军，诸侯大者三军，次者二军，小者一军，以命卿为将军；师2500人，以中大夫为师帅；旅500人，以下大夫为旅帅；卒100人，以上士为卒长；两25人，以中士为两司马；伍5人，有伍长。虽然执金铎的两司马在军中的职位较低，是一位仅比伍长高的率25人的下级军官，但在作战时两司马是处在最前的第一线，负责及时地振铎把将帅的进攻命令传达给执鼓者，鸣鼓进军，以决战斗的胜负。故两司马在战斗中的地位是比较重要的。因此，金铎在军中是有其重要作用的。

另外，金铎还可用于诸侯大夫的葬礼。故《礼记·杂记下》云："升正柩，诸侯执绋五百人，四绋，皆衔枚。司马执铎，左八人，右八人，匠人执羽葆御柩。大夫之丧，其升正柩也，执引者三百人，执铎者左右各四人，御柩以茅。"疏云："《正义》曰：此一经明诸侯大夫送葬正柩之礼，执铎之差。"

木铎：《尚书·夏书》云："每岁孟春，遒人以木铎徇于路。"《孔氏传》云："遒人，宣令之官。木铎，金铃木舌，所以振文教。"《礼记》云："振木铎于朝，天子之政也。"注云："天子将发号令，必以木铎警众。"《周礼·天官》云："徇以木铎。"注云："古者将有新令，必奋木铎以警众，使明听也。木铎，木舌也，文事奋木铎，武事奋金铎。"同书《地官》又云："徇以木铎，曰：'不用法者，国有常刑。'令群吏宪禁令，修法纠职，以待邦治。"疏云："'徇以木铎'以下者，谓观教象之时，恐阓人杂合，不听用其教，而徇行振以木铎，使静听之。"至于制作法度以号令天下的人员，则必须是学者，故《论语·八佾》："天将以夫子为木铎。"注云："言天将命孔子制作法度，以号令于天下。"这就表明，木铎对于一个企图达到政治稳定，实现"天下偃兵，百姓安宁，歌舞以行，不见灾病，五谷蕃昌"的所谓太平盛世的国家来说，起着颁发政令的重要作用。因为天子、诸侯的一切新的政策法令，均须用它来逐级传达下去，直至广大的人民群众，务必做到家喻户晓，无使触犯新的规定，以达到巩固政权、长期统治的目的。关于木铎对统治者所起的重要作用，还可以从下面的一些记载得到进一步的明确。《周礼·地官》云："以木铎徇于市朝。"疏云："'凡四时之征令有常'者，乡师各于其乡内，以木铎警戒巡于市朝，使民知之。"又《周礼·秋官》云："士师之职，掌国之五禁之法，以左右刑罚：一曰宫禁，二曰官禁，三曰国禁，四曰野禁，五曰军禁。皆以木铎徇之于朝，书而县于门闾。"注："左右，助也，助刑罚者，助其禁民为非也。宫，王宫也。官，官府也。国，城中也。"这就更为明显地看出，统治者为了防范人民反抗自己的残酷统治，便制定了五条禁命，命令地方官吏用木铎予以宣布，书写出来悬于门闾之上，嘱其严格遵守。

另外，木铎还可以用修火禁。《周礼·天官》云："春秋，以木铎修火禁。"注："火星以春出，以秋入，因天时而以戒。"疏："春谓季春，秋谓季秋，二时火星出入之时，以木铎警众，使修火禁也。"又云："火星，则心星也，《公羊》谓之大辰。"注："《春秋》云，火出于夏为三月，于商为四月，于周为五月，故云'以春出'也。季秋昏时伏于戌，火星入，故云'以秋入'。云'因天时而以戒'者，此火谓陶冶铸铜之火，因天出火民则为之，因天入火民则休之，故云'因天时戒之'也。"《汉书·五行志》云："季春昏，心星出东方，而咮、七星、鸟首正在南方，则用火；季秋，星入，则止火，以顺天时，救民疾。"这是说，用木铎来告诉人民，什么时候天出火可以用来陶冶铸铜，又什么时候天入火便停止用之，这样来顺应天时的变化，才能使人民消除一切疾病和灾难。

木铎还可以用来告诫妊娠期的妇女在二月里雷将发时的征兆，以免灾难。故《礼记·月令》云："是月（仲春月）也……先雷三日，奋木铎以令兆民曰：'雷将发声，有不戒其容止者，生子不备，必有凶灾。'"注云："主戒妇人有娠者也。容止，犹动静。"疏云："其父母必有灾也。"

从上面的引文证明，两铎在一定程度上说来是国家最高权力的象征，是统治者使用的重要器物。

三"○"符号。印文下层两人共抬一长方形物上有并列的三"○"符号，因为正好是三个，所以我们认为它可能是三辰的图像。《国语·楚语下》云："诸侯祀天地、三辰及其土之山川。"注："三辰，日、月、星也。"《白虎通》云："天有三光，日、月、星。"故三辰又称三光。而三辰也可能在春秋时期与三统相合，故《汉书·律历志》云："日合于天统，月合于地统，斗（按：'斗'即'星'）合于人统。"而"三统者，天施、地化、人事之纪也"。这应是夏商周三代的正朔，《尚书·甘誓》云："有扈氏……怠弃三正。"即"夏正建寅为人统，商正建丑为地统，周正建子为天统，亦谓之三正"；或称三元，即：天元、地元、人元也。《左传·桓公二年》云："三辰旃旗，昭其明也。"注："三辰，日、月、星也。画于旃旗，象天之明。"疏："《正义》曰：《春官》'神士掌三辰之法'……辰，时也，日以照昼，月以照夜，星则运行于天，昏明递市而正，所以示民早晚，民得以为时节，故三者皆为辰也。三辰是天之光照临天下，故画以旃旗，象天之明也。"意思是说旃旗画上日、月、星三辰，表示统治者对于人民来说是"象天之明也"。印文里两人抬着一物上的三辰图像，其含义也应是这样的。

上面所谈的印文的图像和符号的含义，展现了两铎和三辰的重要用途和内涵，不难看出它与"九器""五兵"的用途一样，可以表明使用这一铜印的墓主人具有相当高的社会地位。所以，印章已初步具有后来"玺"和"宝"的作用。同时，也是蜀开明氏接受中原文化的又一新的重要例证。

我们还认为，因为这方铜印的印文用的不是中原文字，而是用的巴蜀地区常见的图像和符号；同时文中上层竹编形的族徽和下层的罍，均应是蜀人的固有文化特征；至于印章的使用，两铎图像和三"○"符号的含义，则又是中原文化的表现。所以，印章又是中原文化与蜀文化融合的具体实物例证。

从工具上来看。这座墓的腰坑里出土的铜器中有一套少见的完整工具，这对于探讨它们的装置、使用方法和工艺过程，提供了完整科学的实物资料。这套工具计有斧、凿、削、斤、雕刀、锯六种，共60件。其中雕刀和锯均保存了完整的装置。而这六种工具中的斧、斤、凿、削，不仅在四川常有发现，而且在其他地区的先秦墓里亦多有出土，这可能是巴蜀文化接受中原文化或楚文化影响在工具上的表现。但是其中的曲头斤和装置完整的雕刀，却又多出于四川地区，因此，这又有巴蜀文化的特点。

这里还值得一提的是椁内出土的铜的锥形工具，长在16厘米～19厘米之间，身如锥，有圆形夹纻胎漆套，其后有连铸的圆柄。这样形制的小型工具为过去所罕见，但从其形制来分析，可以肯定是用于雕刻或穿孔等细致的工艺。它可能是《左传·昭公六年》里所说的"锥刀之末，将尽争之"的"锥刀"，是一种很犀利的使用锋末接触目标的小型工具。所以《说文》云："锥，锐也。"《史记·平原君列传》亦云："平原君曰：'夫贤士之处世也，譬若锥之处囊中，其末立见。'"因此，锥应是中原之物。新都出土的锥刀虽系本地铸造，但就其形制而论，则应是来自中原。锥，我们过去未见过古代的实物，这次的发现证明，它的形制竟与今天尚在普遍使用的锥形制相同，可见它的形制早在春秋战国时期即已定型，虽然经历了两千多年的长期使用过程，至今尚无变化。另外，我们认为如此犀利的锥刀，还能用于在较为坚硬的甲骨或青铜器上刻书文字，或即为后来刻印时用以代笔的刀，故称为"铁笔"或"刀笔"。

最后谈谈桃核的问题。桃核出土在墓的椁里，这可能亦与周制有关。《周礼·天官》云："馈食之笾，其实枣、栗、桃、干藤、榛实。"注：

"馈食，荐孰也。"疏里释为干枣、湿枣、栗、干桃、湿桃、干蕡、湿蕡和榛等八笾，其中蕡即梅，榛似栗而小。《公羊传·桓公八年》注云："无牲而祭曰荐。"即是不用荤的牺牲，而用素的果实来祭祀称为荐，所以八笾所用祭品均为果实。因此，桃核便可能是八笾中的干桃或湿桃，故亦可作为受了中原文化影响的旁证。

二、楚文化因素

这座蜀墓除了前面所讲的有较多的中原文化因素外，尚有相当浓厚的楚文化因素。关于这个问题，沈仲常已有专文从棺椁制度和器形方面予以详细论证[①]，故本文不拟赘述，仅补充谈谈对有关问题的看法。

邵之飤鼎。这座墓出土了大小有序的列鼎五件，其造型、纹饰均基本相同。不过大的四件铸造工艺较为粗糙，显系本地产品；而最小的一件的铸造工艺却甚精湛，就其造型、纹饰、字体的风格来看，当是楚地之物无疑。盖内铭文四字，徐中舒师释为"邵之飤鼎"。据此，我们谈一点自己的看法。

《宗周钟》："用邵各不显且考先王。"《诗·大雅·云汉》："大夫君子，昭假无赢。"《经典释文》注："假音格。"所以金文中之"邵各"即《诗》中之"昭假"。又《尚书·文侯之命》："昭升于上。"三体石经亦作邵。

《鄂君启节》："大司马邵阳，败晋师于襄陲之岁……""邵"与"邵鼎"所刻之"邵"字形极为相似。这次战争在《史记·楚世家》中云："（怀王）六年（公元前323），楚使柱国昭阳，将兵而攻魏，破之于襄陵，得八邑。"其中三家分晋后之"魏"，金文仍称作"晋"；"陵"字应是"陲"字，当系形近之误；"昭阳"即"邵阳"。金文作"邵"，《诗》《史记》作"昭"，当以金文为正，"昭"是借字。因此我们在《简报》

① 沈仲常：《新都战国木椁墓与楚文化》，《文物》1981年第6期。

上说"昭是楚屈、景、昭三大族姓之一",此鼎当为楚器。

"飤",从人食,《玉篇》:"飤,夕恣切,食也。"又《郫孝子鼎》"庚寅之日,命铸飤鼎鬲。"其中"鬲"字在本器盖上的铭文中作"食",因此,"飤"即"食"。故《沇儿钟》:"乐我父兄,歈飤䢟遟。"后半句即为"饮食歌舞"。"邵之飤鼎"即"邵之食鼎"。

关于"邵鼎"流入蜀地的渊源。《史记·楚世家》云:"肃王四年(公元前377),蜀伐楚,取兹方,于是楚为扞关以拒之。"楚蜀之间的战争,不应只此一次,故新都出土的这一"邵鼎",可能是蜀在与楚的战争中掠夺而来。

另外,关于蜀人尚五的问题,虽然我们在前谈到可能是接受了中原文化的影响,但是由于发现不多,记载不详,自然研究亦随之受到局限,故现在还不能排除它与楚文化有一定关系的可能。当时的楚国亦不例外的有尚五之事,如《国语·楚语》说楚有"五物之官"。同时还要指出的是:蜀开明九世的五宗庙之立,虽然亦是与《礼记·王制》"诸侯五庙,二昭二穆,与太祖之庙而五"的立庙之制相同,是接受中原文化的证明,但楚国亦有宗庙之立,如《国语·楚语》云:"是使制神之处位次主,而为之牲器时服,而后使先圣之后之有光烈,而能知山川之号、高祖之主、宗庙之事、昭穆之世、齐敬之勤、礼节之宜、威宜之则、容貌之崇、忠信之质、禋洁之服,而敬恭明神者,以为之祝。"因此,蜀开明氏立庙之事,同样又可能是与楚之立庙有一定的联系。

这里,我们顺便就《华阳国志·蜀志》记载的开明九世的"乐曰荆,人尚赤"问题也谈点自己的看法。荆乐当是荆楚的地方性乐曲,否则就不会以"荆"名之。至于尚赤的问题,《史记·楚世家》云:"楚之先祖……重黎为帝喾高辛居火正。其有功,能光融天下,帝喾命曰祝融。共工氏作乱,帝喾使重黎诛之而不尽。帝乃以庚寅日诛重黎,而以其弟吴回为重黎后,复居火正为祝融。"《汉书·五行志》云:"古之火正,谓火官也,掌祭火星,行火政。"同时,楚人居南方,而"南方火色赤",故楚人应尚赤。所以蜀人尚赤便可能是从楚地而来,可是《礼记·檀弓上》云"周人尚赤"，因此，蜀人尚赤也不能排除从周人而来的这一可能性。

至于蜀人的尚五、乐名荆和尚赤，之所以可能从楚地而来，则是因为传为扬雄所作的《蜀王本纪》上说，蜀开明一世鳖灵乃是来自楚地的荆人，所以带来楚地的文化便是很自然的事，因此蜀楚在文化上的密切联系是有其渊源的。

综合以上所述的几点看法，也许可以得出这样一个结论：这座战国中期的蜀墓里，已经融合了较为浓厚的中原文化和楚文化。同时，这些文化的内涵更可表明，该墓的主人不可能是《华阳国志·蜀志》里所记载的被秦军所害的开明十二世，以及后来被杀的通国、恽、绾三位蜀侯。因为该墓所用的器物多属于王者大丧之礼的组合，而被杀的先后四位王侯是不可能用此最高的葬制的。故我们在清理报告中认为，该墓的主人应是秦灭巴蜀以前蜀开明九世至十一世中的一人[1]。而当时的蜀国尚处于独立状态，是不受其他强国的约束的，蜀王死后用一些中原的王者大丧之礼葬之，乃是很自然的事，所以墓的时代自当与之一致，为战国中期。

这里有必要谈一下我们对于"西南夷"与巴、蜀关系的认识。古代的四川，乃是一个多民族的地区，其中的巴、蜀便是两个最强大的民族。虽然《史记·西南夷列传》里所记的西南民族中没有巴、蜀，但是已故的蒙文通老师却认为西南民族中应有巴、蜀两族。我们认为：这一不同看法是不难理解的。因为古代巴、蜀两族活动的四川地区，在秦举巴蜀（公元前329年）后即已并入中原版图而设置了巴郡和蜀郡，此后的巴蜀就基本上没有民族的内涵而成为地理概念了，所以司马迁在谈西汉的西南民族时未及巴、蜀，应是符合当时实际情况的。可是在张仪、司马错未入蜀以前，巴、蜀两族尚处于独立状态，自然四川地区亦未成

---

① 四川省博物馆、新都县文物管理所：《四川新都战国木椁墓》，《文物》1981年第6期。

为秦国的辖地。因此，我们研究在此以前的西南民族的历史和文化时，就不能囿于《史记·西南夷列传》所记的西汉时期西南民族的范围，致对巴、蜀两个强大的民族置而不论。另外，就已发现的战国中、晚期的巴蜀文物来看，确是具有比较鲜明的地方性特征，例如常见于巴蜀铜器上的内容丰富的符号或图像，即为其他地区所少见，所以被习称为有特殊含义的"巴蜀图语"；同时，这些文物和资料又表现有浓厚的其他文化的色彩。因此，对巴蜀文化的探讨，是研究先秦西南民族的历史和文化所不可缺少的重要组成部分。本文即是对新都这座可能属于蜀王之墓的蜀墓所表现出的文化问题，谈谈我们粗浅的看法，希望得到同志们的指正。

原载《西南民族研究》，四川民族出版社，1983年（又载《他们铸就辉煌——四川省博物馆建馆六十周年论文集》，四川美术出版社，2002年）

巴蜀文化的分期、断代和渊源试说①

　　"巴蜀文化"一名的提出，最初是在抗战时期。当时外地来蓉的不少学者认为，在成都白马寺出土的战国铜器，与中原同时期的铜器风格迥然有别，具有浓厚的地方性特征，应属于四川地区古代巴蜀时期的文化遗物。此后，凡属此类铜器，无论是否是白马寺出土，均视为白马寺铜器，并以"巴蜀文化"名之。

　　中华人民共和国成立后，随着四川地区考古工作的开展，有不少关于巴蜀文化的重要发现，给巴蜀时期的历史研究提供了新的科学的实物史料。虽然如此，巴蜀文化在时代发展的序列上尚有较多缺环，在地区分布上亦有不少空白点。其中特别是巴人的文化遗存，迄今为止，除留有巴人遗存的战国墓葬外，在四川境内尚未有更早的遗物出土。但据古籍记载，巴国在春秋时期已是与楚国相抗衡的强大力量，自应有其文化遗存而尚未被充分发现和认识。同时，对于已出土的某些重要文物，由于我们尚未读到有关发掘报告，不晓详情，故在运用这些考古资料上亦有困难。因此，现在来谈巴蜀文化的分期、断代等问题，由于客观上存在的材料不足等缺陷，或许失之过早。但我们认为就已有的实物资料结合有关的文献记载，提出一个不成熟的初步设想，以待今后新的考古发现来给予补充和修正，也许有助于对巴蜀文化的深入研究，从而得出较为正确的结论。这便是我们撰写本文的目的。

我们认为巴蜀文化大概可分为早晚两期，每期又可分为两个阶段来谈。至于它的渊源，为了便于叙述，则将结合分期、断代一并予以探讨。

一、早期

首先谈我们对早期巴文化的假设。

虽然在四川境内尚未发现巴族早期的文化遗存，但巴族的存在又绝非子虚乌有，对此问题，我们的推测是：巴族早期的活动范围不在今之四川境内，而在古之荆楚地区，同时，在新石器时代晚期，巴、楚先民的活动范围是非常接近的，或有可能为同一部族的两个氏族。因此，后来形成的巴、楚两族文化，虽各有特征，但也不可能泾渭分明。所以，在荆楚地区发现的早期文化遗存里，是有找到巴族早期文化的可能的。据此，我们认为寻求巴族早期文化遗存的地区，不应在四川，而当在荆楚。当然，这仅仅是一个假设，尚有待证明。

蜀人早期文化的时间段，相当于夏商时期至公元前679年荆人鳖灵入蜀前为止这一时段。现就已掌握的材料看，可暂分为前后两个阶段。

（一）第一阶段

广汉前期文化。20世纪20年代末至30年代初发现的广汉月亮湾和三星堆两处相邻的新石器时代晚期遗址，曾于1934年初步进行试掘，获得了一些资料[①]。1963年，四川大学历史系考古专业师生与四川省博物馆曾在月亮湾遗址进行试掘。1980、1981两年间，四川省博物馆先后在三星堆遗址进行了三次发掘工作，出土一批重要文物。由于发掘报告尚在

① 郑德坤：《四川古代文化史》，华西大学博物馆，1946年。

编写中，详细资料没有看到，现仅就我们现场的观察、《四川日报》的报道①和参加发掘同志的见告，并参以旧有资料，略做如下归纳。我们认为广汉文化应有早晚之别。就1980、1981两年的三次发掘资料来看，前两次发掘的文化层的时间略为偏早，大约相当于中原的夏商时代；第三次发掘的文化层则略为偏晚，其时代约略相当于中原的商殷时期。因此，这里归纳的是偏早的第一、二次发掘资料和与之同期的资料。

广汉陶器。以灰陶为主，红陶次之，夹砂，多为轮制，有的饰有划纹、刻纹和绳纹，火候不甚高，胎骨较松。器形主要有高柄豆、盉、缸、钵、盘、瓮、盆、鼎、杯、勺、小平顶罐、觚形器和喇叭形器，以及网坠、纺轮等，其他还有较多的鸟首形器柄。石器有斧、锛、铲、凿、刀、纺轮等。发现有房基遗址二十一间，完整的九间，呈长方形，面积14平方米~35平方米，四周围墙的地基多为沟槽，槽宽17厘米~37厘米，深15厘米~44厘米，底部有小槽或柱洞，房内似有火膛。就部分房基的叠压情况来看，它的时代似有先后。另外，遗址内有两座小型墓葬，无殉葬品，时代正在测定中。不过就其与遗址的关系来分析，它可能晚于遗址。现就陶器的器形，与有关文化的同类器物略加比较，用以窥其文化渊源的端倪。高柄豆与郑州上街龙山文化层里出土的黑陶竹节把豆和湖北石家河、关庙山等地的龙山文化层出土的陶竹节把豆的形制相类。陶盉与河南偃师二里头夏商文化遗址和湖北红花套、毛溪套遗址，以及甘肃、宁夏等地的齐家文化遗址所出土的陶盉形制均基本相同。喇叭形器与湖北荆州地区龙山文化遗址出土的喇叭形杯器、河南淅川下王岗出土的彩陶杯和禹县谷水河出土的陶杯等器的形制亦很相似。其他陶器如缸、觚、瓮、钵、盘的形制则与甘肃天水秦安大地湾遗址和山丹四坝滩遗址所出的同类器物的形制也有些相似。所以，我们认为广汉文化的前期大体上是与中原的夏商时代相当的。

广汉后期文化。我们所知甚少，仅根据发掘同志的见告认为，1981

① 陈显丹：《广汉县发现四千年前的居住遗址》，《四川日报》1982年5月21日。

年在三星堆遗址进行的第三次发掘所获资料当属于后期文化遗存。因为这次发掘地点是在前两次发掘地以南约百米处，文化层堆积不厚，出土遗物中已出现了与新繁水观音遗址出土陶尖底形器的器制相同的陶器，未出现铜器，所以，我们认为这当是广汉文化的晚期遗存，其时代则当与新繁水观音遗址的时间大体上一致，可能已进入了阶级社会。这里必须说明的是，当时四川地区相对于中原地区较为偏远，它的社会发展一般落后于中原地区，因此只能说它的年代可能相当于中原的商殷之际。

新繁水观音遗址[①]。遗址面积较小，仅约南北300米，东西100米，位于今新都县新繁镇西南半公里。四川省博物馆先后于1957、1958年两次进行发掘。出土遗物：石器有斧、锛、凿、刮削器及饰件等，均不甚大；陶器有罐、豆、钵、鬶、碗、纺轮、扁壶等，以灰陶为主，次为红陶，黑陶最少，制作以轮制为主，间有模制和手制，火候较高；尖底器较多，是其文化的主要特征。徐中舒师研究认为："新繁出土的陶鬶、陶豆，和湖北、河南、安徽、江苏出土的后期黑陶，即已受彩陶影响的黑陶，从形制上观察，可以说是一系的宗支。"[②]此说甚为精当。铜器均出土于墓葬里，计有斧、削、矛、戈、钺等，形制与河南殷器相类，但器身较薄，实用价值不大，可能是专制的明器。遗址附近有土坑墓，方向基本一致，可能属于氏族公墓。就其出有铜器而遗址不出铜器的现象来看，墓葬的时代略晚于遗址。综观出土文物，石器已不是唯一的生产工具，不能划为新石器时代，而是发展到了铜石并用时代。其文化上承广汉前期而与广汉后期同时。

据此，我们认为广汉文化第一阶段遗存和水观音遗址的发现表明了两个问题：其一，过去认为成都平原在望帝杜宇率领蜀族由山区迁来以前，由于洪水泛滥，涝灾严重，没有土著民族在此生息的看法，是不符合当时实际情况的。其二，相当于夏商（殷）时期的成都平原上的土著

---

① 四川省博物馆：《四川新繁县水观音遗址试掘简报》，《考古》1959年第8期。

② 徐中舒：《巴蜀文化初论》，《论巴蜀文化》，四川人民出版社，1982年。

文化，同中原地区文化已有了比较广泛的接触和交流，而其中对这一阶段的蜀文化影响较大的可能是夏商（殷）文化，这在文献中亦有可征。

《大戴礼记·帝系篇》云："黄帝……娶于西陵氏之子，谓之嫘祖氏，产青阳及昌意。青阳降居泜水，昌意降居若水。昌意娶于蜀山氏，蜀山氏之子谓之昌濮氏，产颛顼。"其他书里亦有大同小异的记载，如：《史记·五帝本纪》："黄帝居轩辕之丘，而娶于西陵之女，是为嫘祖。嫘祖为黄帝正妃，生二子，其后皆有天下：其一曰玄嚣，是为青阳，青阳降居江水；其二曰昌意，降居若水。昌意娶蜀山氏女，曰昌仆，生高阳。"《山海经·海内经》："黄帝妻雷祖，生昌意。昌意降处若水，生韩流。韩流……取淖（按：郝懿行《山海经笺疏》：'浊，蜀古字通。浊又通淖，是淖子即蜀山子也。'）子曰阿女，生帝颛顼。"

另外，帝喾时中原与蜀有关的传说有：《华阳国志·蜀志》："生子高阳，是为帝喾。封其支庶于蜀，世为侯伯。"《通典·州郡》："或曰：蜀之先，帝喾封其支庶于蜀，其后称王，长曰蚕丛，次曰伯雍，次曰鱼凫。"

关于禹的生地记载有：《史记·六国年表》："禹兴于西羌。"《集解》引皇甫谧言曰："孟子称禹生石纽，西夷人也。《传》曰'禹生自西羌'是也。"《太平御览·皇王部》引扬雄《蜀王本纪》："禹本汶山郡广柔县人，生于石纽，其地名痢（当作'刳'）儿畔。禹母吞珠孕禹，坼副而生于县。"

以上引文，虽然含有一些传说成分尚待分析，但仍足以与考古资料相互印证：在夏商时期蜀人已和中原有了密切的关系，而且在文化上受中原的影响较深，是这一阶段巴蜀文化的渊源之一。同时，这一阶段的蜀文化对中原文化也是有所影响的。关于这个问题，有必要略为谈说我们的看法。

蜀山氏，就其地望来看，当在岷江流域的上游山区。"蜀"，《说文》："葵中蚕也。"《淮南子·说林训》："蚕之与蜀，状相类而爱憎异也。"可知蜀即野蚕也。因此，可能蜀人在远古时期已开始驯养野蚕，故称蜀山氏。后来到了蚕丛时期，野蚕便已驯养成功，不再称蜀而称蚕，故改蜀山氏为蚕丛氏。岷江上游有蚕陵县（今叠溪），旧传系蚕丛死后其陵墓置此而得名。再从"陵"字来看，应与"山"字同义，故蜀山氏与蚕丛氏可能是蜀人一族在不同时期的先后名称。而蜀人这一先进的养蚕技术，则由嫘祖传到了中原，遂成为中原地区养蚕的创始人。若此说可以成立，那就有力地表明这阶段不仅蜀文化受中原文化影响较深，同时中原文化在一些方面也是接受了蜀文化影响的（例如养蚕业）。灿烂的古代中华文明，是由境内各民族人民共同创造的。其实，古今中外各种文化总是互相交流、互相影响的。

（二）第二阶段

关于此阶段的文化遗物有以下发现：

彭县竹瓦街铜器窖藏。四川省博物馆在1959年[①]、1980年[②]先后两次在彭县竹瓦街发现青铜器窖藏，两窖仅相距约十米，其出土铜器各盛于一口大陶缸内。1980年出土的陶缸，胎为夹砂灰褐色，火候较高，圆唇、鼓腹、小平底，上部饰雷纹。两次共出土铜器40件，计有罍9件，觯2件，尊1件，戈18件，矛1件，戟3件，钺5件，锛1件。另外，1980年，广汉县文化馆在中兴场收集铜戟1件，新都县文化馆收集铜钺2件和戈1件，就其形制纹饰来看与竹瓦街同类器物完全相同，故疑为1980年同一窖藏出土，因当时未能全收而流于邻县。其他，1976年初在成都交通巷出土1件蚕纹铜戈，就其风格而论，当是与竹瓦街铜器同时期的遗物。上述铜器的形制纹饰均与中原地区殷周同时期的铜器大体相同，这在冯汉骥师的遗作中[③]已有详细论述。但特别值得注意的是，1973年在辽宁省喀左县出土的一件龙凤纹铜罍[④]，竟与竹瓦街的兽面饰象头铜罍基本相同，这是冯汉骥师生前所未见到的新资料。这件铜

---

① 王家祐:《记四川彭县竹瓦街出土的铜器》,《文物》1961年第11期。

② 四川省博物馆、彭县文化馆:《四川彭县西周窖藏铜器》,《考古》1981年第6期。

③ 冯汉骥:《四川彭县出土铜器》,《文物》1980年第12期。

④ 喀左县文化馆、朝阳区博物馆、辽宁省博物馆:《辽宁省喀左县山湾子出土殷周青铜器》,《文物》1977年第12期。

罍的出土，足以说明殷周时期祖国各地的文化，虽有其地方特点，但亦有了一定程度的共性。另外，1959年出土中的"覃父癸""牧正父己"两觯的字体与中原金文相同，徐中舒师对此两觯已有专文研究①。据此，我们认为竹瓦街青铜器的祖源应是中原殷周时期灿烂的青铜文化。而其中器体硕大壮丽和工艺精湛的铜罍，以及小件的觯、兵器等，显非本土所产，当是中原传入蜀地的殷周铜器。至于工艺较差、纹饰简单的罍，则可能是蜀人接受了中原青铜文化后的仿制品。

广汉月亮湾玉器窖藏。该窖藏是月亮湾农民燕道诚于1929年春在一水沟底发现的②。玉器出土时叠置如笋，横卧泥中，显系有意窖藏。中华人民共和国成立后又在当地收集到几件。玉器中计有：石璧20余枚，石珠（多为绿松石）十余枚，琬圭4件，琰圭4件，琮3件，圈数十件，其他有璋、矛、刀和玉玦等。这批玉器的形制多与周器形制相类，当属礼器。另外，1956年，四川省博物馆在清理成都羊子山土台时，在台基中发现有制作石璧时的废品残片，璧的形制与广汉的相同，可能是广汉石璧的另一作场。

关于两地窖藏的入土原因，可能与古代祭山川之礼制有关，即沉埋。《礼记·王制》："天子祭天下名山大川，五岳视三公，四渎视诸侯。诸侯祭名山大川之在其地者。"例如鲁、晋属诸侯，故只能分别祭其辖地之泰山与黄河。蜀王亦应属诸侯之列，若祭山川，其境内可祭的唯有岷山与岷江的神祇。《山海经·中山经》云："凡岷山之首，自女几山至于贾超之山，凡十六山，三千五百里。其神状皆马身而龙首。其祠：毛用一雄鸡瘗，糈用稌。文山、勾㭫、风雨、騩之山，是皆冢也。其祠之：羞酒，少牢具，婴毛一吉玉。熊山，席也。其祠：羞酒，太牢具，婴毛一璧。干儛，用兵以禳；祈，璆冕舞。"这就表明蜀人确曾有祭岷山之事，这点郑德坤先生在《四川古代文化史》中已有所推论。至于蜀

①　徐中舒：《四川彭县濛阳镇出土的殷代二觯》，《文物》1962年第6期。
②　郑德坤：《四川古代文化史》，华西大学博物馆，1946年。

地祭川之事，虽无记载，也不应排除。或谓祭川应用牺牲而不用铜礼器，故竹瓦街铜器窖藏非祭川之物。不过不少考古资料表明，用于祭祀的牺牲多盛于铜礼器内，如新都战国木椁墓便是如此。同时我们认为，竹瓦街铜器窖藏中出土有兵器，这可能与蜀人的重大军事行动有关，即是在出征前祭山川以祈祷胜利。《周礼·春官》云："祭兵于山川，亦如之。"故疑窖藏为蜀人参加武王伐纣联军，出征前祭山川（当为岷山、岷江）时入土的沉埋之物，因系"祭兵"，故增以兵器。因此，竹瓦街铜器窖藏和广汉玉器窖藏，无论从其铸造制作而论，还是就其礼制来看，均与殷周文化，特别是周文化有密切关系。

成都羊子山土台遗址[①]。台系用拌有杂草的泥砖垒砌而成，砖长40厘米～50厘米，宽约20厘米，厚10厘米。残余的土台下部表明，土台应是方形，惜高度不详。关于建台的时间问题，据我们1956年参加此台清理工作所掌握的资料分析，从台基中杂有与广汉相类的西周时期石璧残片来看，建台时间的上限不可能早于西周；同时，又就台基周围有大批战国晚期的墓群看，这批墓的入葬当在土台废而不用之后的一段时间，故建台时间的下限自不应延至战国晚期。因此，台的修建时间大体上在西周至春秋这段时间里。关于台的用途可能有二：其一，《五经异义》云："天子三台：灵台以观天文，时台以观四时施化，囿台以观鸟兽。"羊子山土台也许是其中之一。其二，《周礼·春官》云："凡祭祀，社壝用大罍。"注云："壝谓委土为墠坛，所以祭也。"疏释曰："四边委土为壝，于中除地为墠，墠内作坛，谓若三坛，同墠之类也。"《周礼·地官》云："凡封国，设其社稷之壝，封其四疆。"清孙诒让《周礼正义》云："壝者，委土之名。凡委土而平筑之谓之墠；于墠之上积土而高若堂，谓之坛；外为庳垣，谓之壝埒。通言，墠、坛、埒皆得称壝。"因羊子山土台系用土砖垒砌而成，与墠、壝的积土法相类，故又可能为墠坛，亦称壝，用以祭祀社稷。因此，蜀人建此土台很可能仍是受了周文化的影响。

---

① 杨有润：《成都羊子山土台遗址清理报告》，《考古学报》1957年第4期。

成都青羊宫遗址[①]。我们曾参加1954年对遗址的第一次发掘。据遗址所在地点和文化层的堆积形成情况来看，它不是一处标准的古代文化遗址。其理由有二：其一，从遗址的地层来看，各层中均有卵石和砂，显然有原为古河道的可能；其二，从各层中的文化遗物来看，每层中均有明显来自不同时代的遗物。据此，我们认为青羊宫遗址系冲积而成，是经过再搬运的，当为上游不同时期的文化遗存被水先后多次冲流而来的。虽然如此，仍可大体上判断其中遗物的早晚，进而说明一些问题。例如遗址中出土有燋契、龟甲，徐中舒师便据此鉴定："卜用龟甲而不用骨，这已是西周以后的现象。"

上述资料的初步分析表明：第二阶段的蜀文化中，不仅有前一阶段的文化因素，而且有了中原殷周时期的文化因素，特别是周文化的因素较为浓厚，这是周、蜀关系密切很好的说明。《尚书·牧誓》记载的参加武王伐纣联军的西土八国"庸、蜀、羌、髳、微、卢、彭、濮"中，也有蜀人，这可与考古资料相互印证。

二、晚 期

（一）第三阶段

这一阶段的考古发现不多，据现有资料来看仅有1980年春四川省博物馆在新都马家场清理的一座战国中期大型木椁墓[②]，这是极为重要的发现，是研究蜀文化有关问题颇有科学价值的资料。关于它的墓主和文化性质等问题，已有几篇文章加以论述[③]，且有不少精辟新意，这里

---

① 四川省博物馆：《成都青羊宫遗址试掘简报》，《考古》1959年第8期。
② 四川省博物馆、新都县文物管理所：《四川新都战国木椁墓》，《文物》1981年第6期。
③ 徐中舒、唐嘉弘：《古代楚蜀的关系》，《文物》1981年第6期；沈仲常：《新都战国木椁墓与楚文化》，《文物》1981年第6期；李学勤：《论新都出土的蜀国青铜器》，《文物》1982年第1期。

就不予以一一介绍。为了说明这一阶段的文化问题，现仅将我们在该墓报告中和拙作里的看法[①]归纳简述如下。

（1）关于墓主问题。我们认为，既不能因为该墓有特别浓厚的楚文化因素而判其为楚人墓葬，也不能因仅用五鼎和五件一套的编钟的葬制与蜀王地位不称，而断其为秦灭蜀后蜀侯恽的墓。

据《蜀王本纪》，蜀王鳖灵是来自楚地的荆人，建立开明氏王朝，历十二世至公元前329年而亡于秦，其葬制自必多与楚类，故此墓中的楚文化因素特浓应是不难理解的。同时应注意最能代表墓主地位和族属的文物，是一方象征最高权力的用"巴蜀图语"组成印文的印章。若用此印之墓主为楚人，则印文当用与同墓出土的"邵之飤鼎"铭文相类的金文，而不会用"巴蜀图语"。因此，我们认为墓主应系来自楚地的鳖灵之后，开明王中之一，而且是接受了一定程度的蜀文化的。此其一。

其次，若以"五鼎配编钟一至三套，在战国时期各列国的制度则仅约相当于下大夫之墓"[②]为由，而认为该墓是蜀侯恽之墓的话，那可能有片面之失。因为，既然墓的殉葬制度属于下大夫之列，而下大夫在先秦时期天子诸侯均置之，其位自必低于诸侯。据此推之，蜀侯恽墓也不应该用下大夫的葬制。我们认为，此墓使用五鼎与五件一套的编钟，其意义与中原同期的墓葬物有所不同。因为此墓五件成套的铜器除鼎和编钟外，还有罍、壶（两式）、釜、鍪、豆型器和三足盘型器（以上两器沈仲常同志认为应合为一器，称作"铪"）、斧、匕、斤（两式）、凿（大小四种）、削（大小三种）、雕刀、锯、剑（两式）、刀、矛、钺（大小两种）、戈（四式六套）。共二十类器物，计一百七十件，凡三十四套。这样多的五件成套的铜器，也许是蜀人在春秋战国时接受了中原的五行说而尚五的反映。《华阳国志·蜀志》说开明九世"但以五色为主，故其庙称青、赤、黑、黄、白帝"，同书中还有"五丁力士""五丁冢""石牛五头"和"五妇冢"等记载，这些均可与墓里五件成套的现象相互印证。

再次，墓里另有九种铜器即：缶、甗、豆、甑、敦、鉴、盘、匜、勺，每器两件，以及成组的所谓"五兵"：戈、矛、钺、剑、刀。我们以为，这与印章一样，是墓主地位的重要象征。《易·乾》云："九五，飞龙在天，利见大人。"故后世称君位为"九五之尊"，此墓中"九器""五兵"之用，当亦同义。又《周礼·天官》云："大丧庀五兵。""大丧"乃王者之丧，其用"五兵"殉葬与此墓同，这也足以表明此墓墓主地位是最高的"王者"。

这里有必要再补充几句。墓中的印章不是一般印章，而是最高权力和地位的象征，因为它所用的"巴蜀图语"的印文中有两铎、三辰和罍等图像。两铎即金铎和木铎，是王者分别用于指挥战争和发布政令的。日、月、星三辰，是表明王者自诩的对人民施仁政之义。罍是王者珍藏的国家重器。这些最尊图像，都是非王莫属的。故我们有理由认为，蜀侯恽的墓是不可能享有新都墓这样高的葬制的，而只有在秦灭蜀以前不受制于人的蜀王才能有这种最高葬制。

（2）关于墓的文化类型问题，即这一阶段的文化特征和渊源。我们认为，除注意到墓里有主要由荆人鳖灵带来的浓厚的楚文化因素外，还必须注意到由物质文化所表现出来的意识形态上的精神文化因素，即前面所提到的"五行""九器""五兵"和用"巴蜀图语"组成的印文图像等，因为这些的含义均属于中原文化的范畴。而印章用"巴蜀图语"来表现中原文化的现象，更可说明这是两种文化交流融合的证物。另外，关于巴文化的问题。墓里出现的巴文化因素远不如蜀地战国晚期墓浓厚，除漆羽觞上的两蒂纹、矛上的鼠纹和两颗印章的"巴蜀图语"印文外，其余则少有明显例证。特别是没有虎纹的发现是值得注意的，因为徐中舒师认为虎纹应是战国晚期巴族板楯蛮的族徽，传入蜀地自亦当在战国晚期，故墓的时代不可推迟到战国晚期，应在战国中期。总的说来这一阶段蜀文化的特征，与下一阶段巴蜀文化的特征是有一定的区别的。

（二）第四阶段

关于这一阶段的时间断代问题，就现有资料分析，大致可以从公元前329年秦灭巴蜀前后起至秦代止，也许还可以下探到西汉初年。这一阶段的巴蜀文化遗物，中华人民共和国成立前仅在成都白马寺等个别地区有少量发现，大量的出土还是在此后。出土的地点几乎遍及全省，成都市区、新都、郫县、彭县、简阳、广汉、广元、绵竹、新津、峨眉、犍为、蒲江、芦山、重庆市区、涪陵、巴县、忠县、奉节等县（市）均有出土。出土遗物包括：铜器中兵器有剑、戈、矛、钺、刀、镞等；容器有甑、釜、鍪、盘、豆、鼎、壶、缶、罍、敦、鉴、尖底盉形器等；工具有斤、斧、削、凿、锯、锥刀等；乐器有编钟、铎、錞于等；其他有印章、钱币、镜、带钩、胄顶等。铁器有斧、削、矛等。漆器有盘、盒、羽觞、壶等。陶器有釜、罐、钵、豆、壶、盆、盘、碗、纺轮等，胎骨以青灰和赭红夹砂为主，宽沿和圜底器较多，纹饰有方胜纹、绳纹，间有兰纹。现就以下两个方面对这一阶段的巴蜀文化予以初步分析。

（1）关于墓葬问题。这一阶段发现的巴蜀墓葬中，可以肯定为巴人遗存的有：1954年起原西南博物院在广元宝轮院和巴县冬笋坝清理的两批船棺葬[1]，四川省博物馆、重庆市博物馆和涪陵县文化馆于1972年开始清理的涪陵小田溪土坑墓[2]，以及四川省博物馆在奉节风箱峡收集的岩棺出土文物等[3]。这些遗存均发现于巴人活动范围之内，而且其中有一部分是四川境内所发现的最早的巴人文化遗存。关于船棺葬，不论其葬俗的渊源来自何族，因在广元、巴县成批发现，当属巴人墓葬无

---

① 四川省博物馆编：《四川船棺葬发掘报告》，文物出版社，1960年。

② 四川省博物馆、重庆市博物馆、涪陵县文化馆：《四川涪陵地区小田溪战国土坑墓清理简报》，《文物》1974年第5期。

③ 四川省博物馆李莉：《四川奉节县风箱峡崖棺葬》，《文物》1978年第7期。

疑，对此，徐中舒和冯汉骥两师早有详细论证①。船棺在川西蜀人活动地区即彭县、大邑、绵竹、蒲江等地零星发现的情况，当是战国末年蜀人接受巴文化的例证，甚至有可能这些墓即是巴人的墓，故不能据此便推断船棺葬为蜀人葬俗。涪陵小田溪土坑墓，当从《简报》之说，即因巴子"其先王陵墓多在枳"（枳即今涪陵），并就其遗物较丰来看，应属巴上层统治人物的墓葬②。至于川西地区这一阶段的墓葬，即称为蜀人的文化遗存的，则又有了浓厚的巴文化因素。

这一阶段的近两百年间，墓葬略有早中晚之别，现主要以船棺葬为例分析如下。偏早的墓：船棺葬中的一部分和狭长土坑墓（长宽比约为4:1），出土遗物中铜兵器多为"巴蜀式"的，铜容器有鍪、甑、盘、釜等，陶器多圜底绳纹，但不出铁器、半两钱，其时间大约在秦灭巴蜀前后。中期的墓：船棺葬中的另一部分和狭长土坑墓（长宽比约为3:1），遗物中有了铜器秦半两和少量铁器，以及带钩和铙，印章增多。兵器中的戈除有中原早晚各式共出外，又新增了中原战国晚期所称的"拥颈""鸡鸣"式内上有刃的戈。陶器则有了平底罐，其时间比偏早的墓略晚一些。偏晚的墓：墓坑为长方形（长宽比约为2:1），墓里铁器增多，钱币有了西汉初的八铢和四铢两种，印章文字又有了"中仁""富贵""万岁""敬使"和"百"（荥经出土）等汉文，其时间可晚至西汉初年。（冬笋坝方坑墓的时间已降至西汉晚期，不能再属巴族文化遗存，故未提及。）

（2）关于文化的特征和渊源。这一阶段的文化特征，由于巴、蜀接触增多，两种文化亦随之得到了进一步的交流融合，致难以将两者严格区别开来。虽然如此，仍可略窥两者间一些不同的特征。如：巴文化的遗物中，铜剑脊薄而刃宽，习称为柳叶形的"巴式剑"；巴地多出钺，基本形

① 徐中舒：《巴蜀文化初论》，《论巴蜀文化》，四川人民出版社，1982年；四川省博物馆编：《四川船棺葬发掘报告》，文物出版社，1960年。

② 四川省博物馆、重庆市博物馆、涪陵县文化馆：《四川涪陵地区小田溪战国土坑墓清理简报》，《文物》1974年第5期。

制为圆刃折腰式或月刃式；矛，狭身短骹交双耳，形制与楚矛完全一样；所谓"巴蜀图语"中的虎、龙、蛇等图像，可能是巴族中不同支系的族徽。蜀文化的遗物中，铜剑脊厚而身窄，习称为"蜀式剑"；蜀地多出矛，其中两耳间饰长喙鸟头纹的特多，可能为蜀鱼凫王渔猎，以捕鱼之鸟为图腾流传下来的图像；又郫县出土一铜矛，两耳间各饰一相同的小飞鸟，似为杜鹃鸟，故又可能是蜀望帝杜宇时期，农业生产兴起后以杜鹃为图腾的表现。至于巴、蜀文化的融合，可见于两件铜器的纹饰：一件是新都出土的脊厚而身窄的蜀式剑，却饰以属于巴人图像的蛇；另一件是郫县红光公社出土的铜戈，纹饰中既有属于巴人的虎纹，又有踞地椎髻的蜀人形象，这一剑一戈便是巴、蜀两种文化融合过程中的证物。

至于这一阶段的文化渊源问题，我们认为应该是多方面的。因为，不论是巴地的墓还是蜀地的墓，均有浓厚的楚文化因素，同时，又有了秦文化和中原文化（包括汉文化）的因素。例如涪陵小田溪三号墓出土"武，廿六年"铜戈，则如《简报》中所说的当为秦器，另外有些墓还出有半两钱等。又前面提到的汉文铜印章，即显系受了汉文化影响的证明。据《华阳国志·蜀志》云：秦灭巴蜀（公元前329年）后，因"戎伯尚强，乃移秦民万家实之"，这不仅带来了秦文化，而且带来了中原文化。由于这时巴蜀地区已不再属于西南夷的范畴，而是纳入了中原的版图，且秦国首次在秦地以外置郡，即巴郡和蜀郡，自然汉文化亦就相继而来了。此也为巴蜀文化至汉代完全与汉文化融合奠定了基础。最后谈一下"巴蜀式剑"的祖源，我们同意"宝鸡一带西周时期墓葬中所出柳叶形青铜短剑有可能是巴蜀地区青铜短剑的祖源"[1]的推测。

我们以上分析，未必正确，尚希专家学者多予斧正，以匡不逮。

原载《四川史学通讯》1993年第3期

① 宝鸡市博物馆：《宝鸡竹园沟西周墓地发掘简报》，《文物》1983年第2期。

关于"巴蜀图语"的几点看法^①

    四川地区所出土的战国铜器上常见一些图像符号，这些符号有的是个体单符，有的是成组联符。绝大多数符文铜器是出土于战国土坑墓中（个别出土于岩洞中），另外在个别陶纺轮上、木梳上、漆耳杯上也有图像符号。此种图像符号，已见的大约有单体符文两百个，成组的联文符图则有约两百组。虽然它们难以组成篇章词句，但显然是当时人们表达语意的特殊符号——图像的语言。因命名为"巴蜀图语"。

    另外，在近十余年来，又在郫县、新都县、万县出土的四件铜戈上发现了一种方块象形文字。从形体上看，这种方块象形字较前所说"巴蜀图语"的符号进步多了。由多个方块象形字组成立行的文句，在表意上也大有发展。但这些成行（从上至下）的方块单字，却与中原的甲骨文、金文系统不相同。目前尚不能认识与音读。

    本文拟就巴蜀人（或巫师）借以表意的图画"巴蜀图语"，提出粗浅的看法，望能得到师友的指正。

———————————

① 本文由李复华、王家祐合著。

一、从象形的直观可辨性试探图意

"巴蜀图语"这种象形图画是成语的图案提示。在汉、彝、纳西、藏、普米等族都有物象成语的习惯，这可能是古代氐羌族系的普遍习惯。在汉语中的许多吉祥图语和纳西族的东巴象形字，都是氐羌族系物象成语的遗留。这种现象标志着文化同源与族的同源或融合。就现在所见的约两百个巴蜀单体图像看来，即前面所说的，它们尚不可能组成辞句和文章。但是用这些单体图像（单符）组成的复合图语（复篆），可能是民族传统所用的吉祥语与谚语。《太平经》中的汉字复文也可能就是这种复篆的汉字译写。巴蜀铜器上铸成的组符（复篆）旁又有刻文，这可能是读韵上加刻的标音旁注。这种用图像标志示意的习用成语是由巫师（古代知识分子）或兼任巫师的"神王"（酋长、祭酒）来读诵韵释的。由于它不是准确的辞句、文章，而是仅仅具有暗示或启示（占卜或预言）性质的图像，所以解释的活动性（伸缩性）很大，可以随巫师的具体需要而灵活变化。这种复篆（成组的联文符图）既有传统的韵语诗句，也可以临时按需编念。

就单体图像（单符）直观"会意"看来，单符的象形直接提供了"看图识字"或"望文生义"的直觉感。从图像上可看出（当然这仅是试探性地猜测），动物与植物的图像是最容易认识的。如：龙、虎、蛇、蛙（蝌蚪）、龟（鳖灵）、蝉、鱼、鹿、蜂、雉（野鸡、"文翰"）、孔雀（凤凰、鸾、比翼鸟）、鹰、蜥蜴（壁虎），这些鸟兽鱼虫似具有部落或氏族徽号的意义。它们是族团的"图腾"象征，即"神奸"（族团的物像）。《左传·宣公三年》："远方图物，贡金九牧。铸鼎象物，百物而为之备。使民知神奸。"作为族团象征的物象多是神化了的。如虎有角它是"开明兽"，周初译写为"麒麟"，后来又称为"白虎"。蜀人进贡的"文翰"，《逸周书》说"文翰若翚雉……周成王时，蜀人献之"，又云"成周之会……氐羌以鸾鸟，巴人以比翼鸟，蜀人以文翰"。这就给我们两点启示：一是物与人相连，某族人献某物。二是所献是其族人居住地的土产（方物）。最常见的"六畜"（马、牛、羊、猪、鸡、犬）中只有鸡与犬有图像，可能因为鸡与犬是族团物象的缘故。"鸡"有"宝鸡"之神，或与周族有关。"犬"或即"犬戎氏"之神物，"槃瓠"即其祖。另外，对照中原传统的"十二生肖"，"巴蜀图语"中没有（至今未见）鼠、兔、猴、马、牛、羊、猪，而只见有虎、龙、蛇、鸡、犬，及一双牛角图像，也值得探索。传说中的夏、周族系的龙、虎、凤是"图语"中最常见的物象，说明巴蜀与西北戎狄（氐羌）是有族源关联的。

植物的图像也较易辨识。有各种树（或草）的形象，又有插于垒上、立于坛上的树枝，篱墙与编栏，船上的大树。特别是竖立在船头的树帜，它又像凰鸟，应是具有神意或徽号，是旗帜的专用标识。

人像多是头部，约有六种不同的发式：（一）双鬟人，头顶上左右并立一双空心瓜子形双环，与民间传说的仙女发型相类。奉节县盔甲洞内出土的战国木梳上，有两个双鬟人像，广袍长袖，脚着靴，相向对立。这两个高鬟广袖的仙女，最能代表系出"西王母"的巫山神女（瑶姬——即云华夫人之族）。在峨眉县符溪战国土坑墓中出土的铜矛上，有一个双鬟人（似为裸体）腰插短剑，高举右手且伸展五指，似为跳摆手舞的画像。在西汉时代的题名为"西王母"的铜镜上，西王母发式即是双鬟形。西王母部族居于河源昆仑山原（巫山或玉山）。她是神仙的始母，又是夏禹的母族，又称为"西和月母之国"或"崇"（钟山、冢山）。西王母坐"龙虎座"，她以鸟王（凤）而统率龙虎，是与巴蜀人以鸟为贡及后来又分龙虎两婚族有密切关联的。（二）单椎髻人，头顶正中竖立一角形发髻。《史记·西南夷列传》："滇、邛都皆魋结，耕田，有邑聚。"这是古蜀国西南部的人，他们可能是"氐类"，即低地（山原）的农业生产族"氐羌"。"氐羌"有别于"羌"，是居于蜀地的"乞姓"之"氐"（或又释为铁姓、盼姓）。以上两种人像或可视为巴（双环结）蜀（单椎结）的酋王族图像。（三）戴尖帽人，帽中凹而前尖翘。见于峨眉符溪铜戈"以人祭虎图"上，尖帽人是被枷而跪于虎口之下。可能是巴人俘虏而来的异族，但巴人也可选统治下之族以祭虎神。（四）裹巾人，头前顶髻上裹巾，巾尾飘向后，见于川西郫县出土铜戈上，裹巾人是持刀杀虎的勇士。他们很可能即是《蜀王本纪》与《华阳国志》等书里所称的"荆人鳖灵"族人，后来又称为"賨"或"白虎复夷"。该族人溯江而上，战胜了巴（双环）蜀（单结）人，在川西平原治水成功而建立了蜀开明王朝。（五）光头人，头上无结亦无巾帽，有一双大耳。这种光头人也许是南方的佬人或曳人，可能属于壮泰系民族，巴蜀荆楚可能有越人的活动。在湖南錞于上面的图语中，光头人是上袍下裙（百折）着靴。新津县飞机场出土铜矛上有三个光头并列的人像。新都县蜀王墓出土铜印上的男（祖）女（妣）皆光头。这种早已汉化很深的"越"人，很可能本是系出东夷的"夷越"或"干越"。是江汉"濮人"中的"越"，或蜀王保子帝"雄长獠僰"中的"獠"（不同于出于南越，自牂柯来的"狫"）。新津铜矛上的三联光头人像，与楚帛画四方十二神人中的三头人相同。《山海经·海外南经》："三首国在其（昆仑墟）东，其为人一身三首。"《淮南子·地形训》亦有三头民。这些记载与楚帛画提供了三头人的线索。（六）长发人，这类人头有二式，一为三撮毛或三顶髻式，二为披发人。见于云南晋宁石寨山铜戈上，及《说文月刊》所绘、云出土于成都白马寺者，很可能是羌人或西夷人。由此可见巴蜀及江汉流域居住着许多民族，他们在迁徙交往中不断地融合和发展着。例如：巴、蜀、荆、楚、吴、越都是多民族国家，统治王室以一族为主联合或吸纳了许多民族而建立地区政权。汉族更是融合了许多民族混血而成的大族。因此，文化亦必然随着民族的融合和发展而不断地综合与创新。民族与民族文化在历史年流中不断发展着。

　　船的图像有几种，这表明了当时水上交通十分发达。船上又立有鸟状神树，更说明船与巴蜒人有密切的关联。船头高翘，还设有望楼。大船上设有"建鼓"与"茅旗"（树子），是与祭祀或战争有关的。四川、湖南、云南三省"巴蜀图语"中的"船"是形象一致的。这似可说明三省的巴夷（蜒、獽）文化是相同的。巴蜀的水上居民（夷）用船交通与捕鱼，用船作战与祭祀，死后又用船为棺（也可能以舟为居）。这种船户可能就是"蜑"或"鱼凫"族民。船形图语中的独木建鼓和茅旗与中原文化有着密切关联。《仪礼·大射》云"建鼓在阼阶西"。《易经·泰》的"拔茅",是指拔去用小树为旗的旗帜(即小树或茅丛)。《公羊传·宣公十二年》云:"郑伯肉袒,左执茅旌,右执鸾刀,以迎庄王。"注云:"茅旌:祀宗庙所用,迎道神,指护祭者。"这是巴蜀文化与中原文化共同事例的一个明显例证。

　　手与花蒂(葩,过去曾释为心)这一单符(实际上也是复文)最为常见;也有单手,两个单手重在一起的;花蒂有个别的则很像是画的"海螺";花苞上又常有十字形花纹。手符可能是表示作战与舞蹈、祭祀;也有人认为此符(手)是铸兵器者对质量保证的誓言(阿坝铸工有此风俗);也可能是得到胜利的象征。旧释花蒂为"心",手与心释为"得手应心"。在昭化县出土铜剑上的"手与蒂"纹中的"花蒂"则画作"海螺"形。海螺本是祭祀的法器,也可用作号角,许多民族使用白海螺为神器。氐羌民族常用的号角是牛羊角,如羌人有"四角羌王"等名号。"巴蜀图语"中常见"双牛角"图符。西南夷常用铜鼓与牛角为号令。"白海螺"代替"芭蕉花蒂"正是象征神物。无论是"白海螺"或"芭蕉花蒂",都可能有族徽的意义,可能是巴蜑人的王族徽章。从峨眉县符溪出土的铜矛上所铸"双鬟裸体巴人跳摆手舞"图符看来,这种巴人应是自称"毕兹卡"的"土家族"人民。

　　"巴蜀图语"的单符,还有兵器:戈、矛、刀、钺;生活用器:各式的瓶、罐、壶、罍;各种树、草、篱笆、编笼(祖神);搭在树间的"干栏"式住屋;伞盖、牛角、方舟、土垒、四瓣花等物像。

　　有些单符是属于"会意"或"指示"的,因远离当时具体社会而很难知其本意。如:

其中卍字单符见于勺形带钩上与广汉县高骈铺附近出土的铜烤炉的镂空花盖上，是个值得注意的符号①。

二、从相同图语看地域分布

在同一地区的出土物或在遥隔千里不同地区的出土物间，常见有完全相同的单符与复箓（图组）。这种由同模铸造或翻铸的现象，说明了使用这种"巴蜀图语"的族团的迁徙和分布。就其地域分布广阔看来，"图语"已经不是某一小族人的文化现象，而是由许多兄弟族团融合而成的文化共同体所共享的。从起源上说，"图语"大约是巴人巫师创作的。自荆人鳖灵溯江而上，在川西平原建立蜀国开明氏王朝以来，"图语"才代替蜀国原有的方块象形字而得到应用。直到汉初，巴蜀族人尚在应用古蜀方块字，但渐被汉字代替。

同一地区相同的出土物：如巴县冬笋坝一地所出的三把铜剑（冬笋坝收集第30号剑后编号为冬M12-1、冬M34-2、冬M84-20）上的图语都是"双髻人头半身像；牛角一双；虎"，似由同模所铸。峨眉符溪出土的十余把铜矛上的图语也是同模铸造。一模多器的图语铸造，说明剑、矛等武器不是个人图记，而是一小族人的共同徽章。冬笋坝三剑上的图语也许可释为"掌握双号角的白虎部巫蜓人"。

两地相同的图语，异地相同的出土物：如冬笋坝出土的两件兽面纹短剑（长23厘米，冬M5与冬M35），它俩完全相同而又与峨眉符溪出土的一件兽面纹短剑全同。在符溪出土的插置铜剑盒内的双短剑（匕首），又与成都所出同式同纹。"双戈连柄；鹿；手与芭蕉花蒂"一组图语，分别见于昭化县宝轮院0-21剑上、广汉县高骈铺附近出土矛上，又见于《缀遗斋彝器款识考释》。圆形印章上常见的图语（单）符

---

① 以上所述"巴蜀图语"的单符和复箓（重叠文）已见于：《四川船棺葬发掘报告》（文物出版社，1960年版）；《文物资料丛刊》第7辑（文物出版社，1983年版）；《文物》等书刊。

（合）篆，在广元县、大邑县、巴县、犍为县、芦山县等各地出土物上是基本相同的。这种情况说明巴蜀各部族、部落、氏族等人群共同体（族团）已经统一应用了这种巴巫传统的图语。我们认为"巴蜀图语"不仅是集体或酋王的图记，也不是临时的记事造句，而是一种由巴蜀巫师诵读出韵语的成语诗句（或吉祥谚语）与图示历史典故。

关于成都城西北白马寺与云南石寨山两地出土同纹同式的"披发裸体联舞人"铜戈、图像完全一致的问题，我们认为：两地相距遥远，但同是"蜀"的势力区域。《史记·三代世表》褚先生的补文说："蜀王，黄帝后世也。至今在汉西南五千里，常来朝降，输献于汉。"《大越史记全书》也载有"蜀王子（安阳王）筑螺城"的史事。至于蜀文化与蜀人的南下路线，一是从成都向南经芦山县、越嶲县，到云南省姚安县，再南至越南；二是从乐山市经峨眉、峨边，南渡金沙江入云南。两线上都有出土文物证实。

如果再把四川省三州一地（凉山彝族自治州，阿坝和甘孜两个藏族自治州，雅安地区）、云南省、贵州省等地区的各类墓葬（大石墓、石板墓、板岩葬等）的相同出土物加以比对研究，更能加深我们对巴蜀与滇、夜郎等部族国家在文化交流方面的认识。例如凉山石板墓与茂汶板岩葬同出土镂空花纹柄铜匕首。岷江上游、青衣江（羌江）、雅江石棺葬中出土的三叉形（山字形）剑格的铜剑与铜柄铁剑，在云南德钦县亦有出土（德钦南接缅甸，北接甘孜州南境）。又如茂汶石棺葬中的典型器物黑灰陶双耳罐（西汉时期的部分双耳黑陶罐上有方块形象形字或方块符图），在冬笋坝战国晚期土坑墓和大邑县西汉初期土坑墓中均有出土。岷江沿岸茂汶、大邑、巴县均用过黑陶双耳罐。在川南宜宾地区的高、珙、庆符、长宁、筠连等县，有岩棺葬与贵州省北边连成一区。岩棺葬侧的悬崖上有许多以人物活动为题材的红色崖画，表现了舞蹈、战斗、狩猎等各种丰富的生活图像。崖壁的生活图像应与巴僚、五斗夷、都掌蛮等族称有关。这种祭祀、战斗等场面还可在广西宁明县与云南沧源县类似的崖上画图上见到。这种崖画是西南民族迁徙或文化交流

的实证，可能与巴蜀人有关。

成都市旧城北、西、南环城一带出土了许多战国蜀墓：外北簸箕中街东侧街后、天回镇、羊子山，西北的白马寺，向南经市苗圃，再南至外西北巷子、交通巷、南薰巷、回回坟、无机校（花牌坊）、营门口，再南至通惠门外的中医学院、罗家碾、青羊宫、百花潭中学，再南至武侯祠、衣冠庙，以及城内的西较场和四川剧场等多至二十余处地点，均出土过巴蜀文化遗物。城内北较场内的"武担山"更是著名的"蜀王妃墓"，并有战国浮雕虎纹的"石镜"为实物证据。也许："武都山""武担山""五担山""五茶夷""五斗夷"正指示了"蜀"与夷僚等族的迁徙及族的关系。

四川省境内曾发现过巴蜀文化墓葬，出土过巴蜀文化遗物的有成都市区、灌县、郫县、彭县、新都、新繁、双流、新津、大邑、绵阳、绵竹、什邡、广汉、中江、三台、乐山市、峨眉、蒲江、重庆市区、巴县、丰都、涪陵、忠县、奉节、合川、巫山、宜宾市区、泸州、犍为、峨边、越西、芦山、荥经、西昌市、广元（昭化）、渠县、阆中、南充等三十八个市县。

四川相邻的省份陕西、湖北、湖南、云南，也有巴蜀文物出土。远在河北的中山国的铜兵器上，也有类似"巴蜀图语"的符文。在四川彭县竹瓦街出土的一件铜酒罍竟与在辽宁喀左县出土的商代铜罍形式纹样完全相同。

几百件铜器和许多单符已具备"看图传语""图画语意"的功能。

三、图语的序列与念诵的推测

据现有的"巴蜀图语"看来，单符约有两百个。它们绝大多数是具体的实物图像，没有动词、形容词、接续词等词汇，也没有数目字，似不能构成文句或篇章。因此，我们认为它可能是一种看图像以解语意的图画语意符号。有似《山海经图》《易经图》（即"卦影"，一种以图像占卜吉凶的奇怪图画）和中国传统的生肖吉祥画语的画像提示传意。它是不用文字解说的"连环画"，人们通过直观组符的复箓而理解其所示。有如画个蝙蝠以示福星高照，以羊示祥，以戟磬示吉庆，画蝠鹿兽鹊代"福禄寿喜"。

峨眉县符溪"双鬃裸身摆手舞人"铜矛上，在模铸的"蛇"旁又另外加刻了三个符号，其他铸箓（组符）上也偶见加刻。这种加刻的单符或组箓，似在提示铸符与铸箓的音读，刻符是为标音助读或注释而后加刻的。这样加刻的现象可能是经历了多年文化继承脱节而使两代人接不上气造成的。我们还可依据逐渐采用汉字与图语体势变成线条画两种现象来加以推想。估计加刻现象的产生是在秦灭巴蜀（公元前329年）后，逐渐中原化的结果。由于中原汉字在巴蜀地区的逐渐代兴，巴蜀巫师的后代子孙越来越不能诵读"巴蜀图语"，于是加刻单符标音，进而用汉字标音。甚至原来精美的图语画也简化为线条式图形了。汉代所出的《太平经》中的"复文"，由几个汉字合成类似符箓的复字也许就来自巴蜀的"五斗米道"，巴夷事"鬼道"，本是来自巫术。

关于念诵的猜测，按图语序列推测，可能有三种识读方式：其一，按从上至下序列顺读。铜兵器上铸造的组图（复符、复箓、箓图），大多数是尖锋向己（向念读者）认读。即柄端为上，尖锋（刃）端为下，由上而下认读。如峨眉符"双环裸舞人"矛，"枷手跪人"戈，都是尖刃向下读识。其二，环读。錞于环符与铜印章（方形、圆形）多为环读。其三，横读。冬笋坝出土的秦小印（方形、长方形）则立读与横读（印文是横列的）都有。个别陶纺轮与铜钺上亦有横排单符。羊子山第172号墓出土铜盘边沿上横列了一组复箓，也只能横读。

这种图语用单符（单体象形符号）重合为复箓（原为盛符的筐夹，后引申为"箓图"，颛顼师箓图即师前人之复符宝箓），虽有一定序列，但不是由单字或单词组成文句。它是整体示意的图像，所以组图（箓）中的某些整体示意画，是有如《易经》卦影图一样的，需整体诠释而不存在读诵语序。如新都马家场出土的蜀王方印与天回镇南沙河出土的方印，它是"祖妣祭祀与王权双铎"与对称的"手荷人头"，显然不能依句序去念读。此种方3厘米以上的印是少见的贵物。

四、"巴蜀图语"与汉字、纳西象形字的关系

图语中最常见的汉字是"王"字，它上两横笔紧靠而下长横离得较远，字形完全与金文"王"字相同。这是不是偶然巧合，很值得探索。王字原意是象征王权的钺斧。姬周、巴蜀、吴越，都以斧（钺、铧）为王权的象征。图语中的"王"字或当释为部族酋长，"祭酒"（如"米巫祭酒"），"酓"（楚王名前所冠尊称，又译写为"熊"）。冬笋坝出土的铜剑上有加刻的"中"字。另一剑上图语"虎"的旁边加刻了"王目"两字。另一剑一面铸着图语"手"，一面铸着图语"葩"（花蒂纹），显然剑的两面加在一块就成为最常见的"手与花蒂"纹。但在其一面的花蒂纹中铸成有一个"目"字。如果芭蕉花蒂纹有着族团象征的作用，那么"虎"神旁的"王目"两字，也许是"酋王目夷"或"虎部族的目夷酋王"。在成都出土的一剑上，"虎"尾后铸有"花蒂"，也显示了虎部与花蒂是密切的。冬笋坝"虎"纹剑上还有加刻"平巨"两字的，似可释为"平大"或"太平"。张鲁曾铸"太平百钱"（出土于成都与昭觉），或与"五斗夷""五斗米道"有关。《山海经》多倒语词，如"广都"作"都广"之例，则"王目"可释为"目（夷）王"。"平巨"可释为"巨（太）平"。冬笋坝出土的小（印）秦中有"中人"印两枚及"氐人"印一枚。"中人"或即"賨人"；"氐人"或即"氐羌乞姓"的"乞姓氐"。"氐羌鸾鸟"的"氐羌"显然与"巴人以比翼鸟，蜀人以文翰"是同属鸟部，都是蟠冢颛顼之后裔。这里的"氐羌"（乞姓之氐）在蟠冢山及甘肃武都地区，而巴、蜀当在汉水上源的原褒、苏两国地方。乞姓之氐即巴氐，又称檗瓠之后，即"巫彀"之夷蜒。印文中还有"福""高""扞关""万岁""敬事""富贵"等汉字印。在荥经县出土有"百"字铜印。在广元县宝轮院出土方印上有近似汉字"田（狗形）民

印""日利毋治"的图语。荆州出土铜戈上有"大越"铸文。

成行的方块象形字均铸在有胡"神虎"纹铜戈上。共出土五件：郫县独柏树、郫县张家碾、新都县、万县、湖南常德县各一件。共有文字五行，五十余字。这种象形方块字不属于汉字（金文、甲文）系统。是商、周传统以外的中国方块象形字，不是战国地区的汉字异体或"奇字"。蜀国方块字有别于商、周甲骨钟鼎文字，它可不可能来自"夏"呢？"夏部族"在建国于中原前本称为"崇"，如"崇伯鲧"与"崇禹"皆有"崇"号。旧籍称禹生于"西羌"或"西夷"，地在碛石山以东的山原。"禹学于西王国"，当即学艺于"西王母国"或"女和月母之国"，这大概是回到母系部落去养育成长。鲧剖腹生禹的故事也还是"只知有母"的情况。禹藏书于洞庭包山与酉阳逸典的传说既透露禹有文字图箓，又说明与崇信道教"苗""土家"等族团有关。昆仑山及黄河源的神仙道教，原有图箓，巴蜀方块字也许就是昆仑与嶓冢山原（即崇山、蜀山、钟山、岷山）的古文字，是蜀或"西陵氏"文化。后来应用于"蜀"巫、"五斗米道"及"鬼道"的种民"天师"。这种方块字也曾引入古汉文中成为四川地方"奇字"，中原人不能识读，而汉字字典中多未收入。如《山海经》《穆天子传》《太玄经》《司马相如赋》以及《道藏》中的部分奇怪字，都遗留了"蜀文"。这种蜀地象形字和秦篆交融后便成了《道藏》中的"天书"或"云篆"。在四川茂汶双耳罐上和贵州威宁陶器上，还可见到一些有别于汉字的方块字。

湖北省荆州出土的"大越"铜戈上铸造有裸体鳞身、足踏日月的巫师。这件具有族系的铜戈所标"大越"（一释为周民族的"大武共兵"）可能是"杨越"，也可能是指古代的"夷"或"巫诞"（巴蜑、巫载民）。裸体鳞身的巫师或大神显然与云南化装巫师图像（穿甲、持弓头、饰牦尾）不同。从此戈采用汉字系统看来，河南、湖北（汉水、丹水）的巴蜑人（龙种之褒），早在周初封姬姓于巴以来，已渐汉（周）化。四川采用中原方块字应始于尸佼（也可释为"夷佼"）入蜀。中原著名学者能入蜀讲学，蜀必有接受的基础，应早有文字的传习。商鞅被杀，其师尸佼逃入蜀，著书二十篇，蜀人必可解其文。楚地的贲人著《鹖冠子》，巴人早通汉文。西汉初汉字已代替古蜀方块字与"巴蜀图语"为士大夫通用文字。汉字占优势后，巴郡妖巫张修与其母承"鬼道"的张鲁皆用汉字代替原来的"巴蜀图语"。先是蜀字汉篆混用，并继承组符图篆而作"复文"；后依篆书作云篆，再采汉隶变体为天书。五斗米道崇拜北斗与蜀人天象以"天市天庭"为中心有关。张陵改造五斗米道与太平道为正一教（天师道），立二十四治于川僚集居处，是有其民族渊源的。从资阳县岩墓中出土的道教铜印和彭山县出土的道教玉印，以及流行于四川的神和子（龙宫宝藏镜），《云笈七签》"人鸟山真形图"题字等看来，仿汉字或继承古蜀象形字，两线并行的文字应用，从东汉直至唐宋，都在道士群体中沿袭着（已汉化与篆隶化）。至明代，尚有道士认识"雷篆"。资阳的"资"是与黄帝传说有关的。颛顼师篆图（一作绿图，旧释为人名），当即师篆图。资阳及川中岩墓应是巴僚的石室洞府及仙葬，汉岩墓常为唐宋道士用作神仙洞府。彭山县多崖墓并富崖刻画像，是"彭"人的居地。传说的"彭祖"就是巴蜀人的"僚君"，后变为成都汉夷两族交会之肆（青阳肆）的"老君"。至唐，方与《老子》作者老聃合而为一。

　　纳西族东巴教象形字大约兴盛于唐代，历年有不断的补充。它也是用"图组"提示，由巫师念诵的"图画韵语"。它很接近"巴蜀图语"而有较大的发展。东巴文有二十个字与"巴蜀图语"相同，不能说全是巧合，而可能是有承袭关系。纳西族、彝族、土家族都与古代的巴、蜀人有密切的关系。下列是见于纳西东巴文的"巴蜀图语"单符：

五、印章铭文的探讨

"巴蜀图语"多是铸成的符纹，直接镂刻的较少。从时间上说，铸图较早（春秋），刻文略晚（战国—秦汉），但个别的刻文也颇早。剑、矛、戈、方印、圆印多是铸文，钺、斤、刀、盘、小印（方、长方）多是刻文。铸纹和阴刻文拓下来都是"白文"（阴文）。方印章（沙河）、秦小玺、线形"图语"出现了"朱文"（阳文）。还有少数金银嵌错的"图语"。

现有的几十枚印章中，"图语"的印文占绝大多数，约有四分之一是仿汉文或汉字吉语的。首先引进仿刻汉字吉语似乎也暗示巴人自己的图语也是吉祥成语性质的符箓。扁圆形鼻钮印最多，大的直径约3厘米，小的直径约1厘米多。印文除"王"字（干立地上；或源自钺斧）外，都是"巴蜀图语"。故此王字不一定是引进的汉字，而有可能是原有的符号。大约由大型（3厘米直径）渐变小，又变成八角形印（符溪）。大正方印两枚（新都、沙河）全用"图语"组成。小方印与犀牛钮长方印是"鸟（鸡）"（朱文）与三个单符"图组"。再有汉字"万岁""敬事"（朱文）小方印，立长方（半通印）的"中人""氏人"印。宝轮院出土的中型（径约2厘米）方印"田（狗形）民印"与"日利毋治"则是初仿汉字，尚不熟习。故方印也是由大变小的。还有半圆印"扞关"与"福"，大约是篆代印章。关于印章已有《记四川巴县冬笋坝出土的古印及古货币》一文记载（见《考古通讯》1955年6期）。印钮都是凸出于印背的半圆小孔钮。仅有冬笋坝长方形扁体印（冬M50-17）背上铸一立体犀牛形象。印文是"图语"三个单符组成的"ㄅ王丿"（凶王印？）。《国语》："巴浦之犀、厘、兕、象，其可尽乎？"说明"巴"有犀象。广元宝轮院出土有全犀牛形的嵌金银带钩，陕西兴平出土有全犀牛形的错金银犀尊。犀牛当来自巴、楚、滇、夜郎等热带地区，从安徽省寿县出土（1956年）错银铜卧牛看来，春秋战国时，江南的牛耕已传到江淮以至黄河流域了。

扁圆形印大小不同，最为普遍，与楚地圆形"火印"近似。在广元、大邑、犍为、芦山都有出土。它们都是由单符组成复篆的"巴蜀图语"印。这类印曾以"肖生印"的名称见于各印谱。《汉铜印原》《古今印则》《金薤留珍》《十钟山房印举》《澂秋馆印存》（其卷十《古语》中的"万岁"印，收集于陕西，与冬 M49-10"万岁"印全同）《滨虹藏印》《瞻麓斋古印徵》《古印谱》等印谱中皆有图可证。瞿朝宗在《古印谱》序里说：光绪二十八年（1902）记于成都寓庐。四川省文史馆曾佑生老师告知：瞿氏于清朝末年居新玉沙街，诸印多得于成都古董商。瞿氏藏有"巴侯印"，现藏重庆市博物馆；其印谱存四川省博物馆。此种扁圆印的最早发现记录，可能是唐末著名的青城道士杜光庭。他的《录异记》卷八云："李师泰理（治）第于成都锦浦里……于（墓）砖外得金钱数十枚，各重十七八铢，径七八分，圆而无眼，去缘二分，有隐起规，规内两面各有蕃书二十一字。"这很可能是波斯古币或"巴蜀图语"圆版形印章。

六、巴蜀与西南民族

巴蜀古史传说的"三皇"是后来道教的"天皇、地皇、人皇"。又传说，黄帝、颛顼（嶓冢山）、西王母（积石、昆仑山）、崇伯（鲧）禹都是源出于江河岷山之区。杜宇教民务农，巴亦化其教，他是农业之神；也许就是"西周之国"（嶲周）的"后稷"。巴、蜀农业基础同源自"嶲周—杜鹃之国"。杜宇，蜀人称为"杜主君"（土主、本主）；似即《山海经》中的"耕父""铚父""夸父"。"夸父追日"的故事，应是农业之父观测日月运行以定节气的天文学历史影射。蜀国开明氏王朝是"荆夷鳖灵"（丛帝）继杜宇（望帝）建立的王朝。从廪君射飞虫"天乃开明"，"开明兽"为"白虎"，而廪君死化为白虎的传说看来，开明王鳖灵之称"荆夷"，很可能就是"廪君出自巫诞"的"巫诞民"。"巫诞民"是夷民，即出自槃瓠之"氐"人。后称"巴蜑"或獽、蜑之夷。蜀望帝杜宇退居青城天谷山（成都戴天山）后，开明氏蜀王传十二世，历三百五十余年。此巴夷（賨人）所建于成都平原之"国"有三都（成都、广都、新都）。

巴夷"巫蜑"族的巫师"图语"（符箓）大约是巴人鳖灵王建立蜀开明王朝因而大行于蜀地（川西）的。蜀国原有的方块象形字（鸟系：鱼凫、柏鹳、杜宇等王所用）的隐没与图语的盛行有关。但图语并未完全取代蜀文字，所以在蜀戈上还是两者并存。不仅如此，在西汉时期的古籍中尚保存有古蜀文字。《道藏》的"复文"可能继承了"巴蜀图语"的篆组。

"巴蜀图语"通行于巴蜀地区及其族人迁居处，今陕西、湖北、湖南、云南皆有单符与组篆。铸在巴蜀铜兵器上的龙、虎、凤、鹰、蛙、蝉、鹿、龟、鸡等显然是族徽性的单符。巴蜀铜兵器上的"虎"，头顶上有肉角（ᘛᘚ），足上有圆爪（ᘛᘚ）。但也见于商、周铜器上，似有同源关系。有角的"白虎"表征西方金，或即周初的"麒麟"。《山海经》中有"开明兽"，有"吉量""乘黄"，可能即其意译与音译。乐山麻浩崖墓外所陈列的一个汉代石棺侧，西王母图雕侧的"白虎"明显地刻作"麒麟"。开明蜀国的"金马"与"碧鸡"两部，也许正是"麒麟"与"比翼鸟"的合婚两方。"使四鸟：虎、豹、熊、罴"，是嶓冢山颛顼神王的子孙。参加周王伐殷的八个土邦：蜀、羌、髳（牦、厘、氂）、庸、彭、卢、微、濮，应是四对"婚姻对偶族"。前四个黑系（穆）可能来自戎、狄（翟），是高原牧畜兼农业的族团；后四个白系（昭）可能出自槃瓠之"氐"，是山原低谷农业捕鱼的族团。槃瓠之"氐"，很可能就是《山海经》中的"巫载民"。先秦巴廪君出自"巫诞"，又称为獽、蜑之夷，"巴蜑"。汉之"甸氏""刚氏""渵氏"。昭穆（白、黑双婚族）相雠的情况，在江、河上游是普遍的传统习惯。姬（狄）姜（氏）两姓（母姓）构成周的昭穆制，直至北朝王室中的氏羌两族婚媾，明代《汶山族人分布图》上的黑人与白人，都是婚姻族。西陵岷山的母系制，又通过女婿上门的承继而逐渐改变为男系世代。南诏奇王细奴罗就是以女婿继承王位的一例。崇鲧剖腹而生禹，由母子而改叙为父子，也是母系制的改造。

"氐羌"是文化发达的古族。"氐羌"是"乞姓"的"氐"（而不是西羌）。《山海经》说他们是"乞"姓或"盼"（槃）姓，又与"都广"地方的"辛氏"或"丰氏"有关。《山海经》中的"西周之国"与"赤国妻氏"（鄀、邦）并类。西周很可能是"雟周"杜宇（子规）之国，妻氏即三台县鄀江公社"鄀王城"族的先民或邦戎。"乞姓"之氐亦即西夏王族的"乾"姓，汉文又写作"仡"，它源自甲骨文的"艺"方（犬戎、槃瓠）。古籍中的音译有许多异写，如：勾芒、开明、金马、葭萌、嘉良、嘉陵、勾漏、敢当、犵狫⋯⋯

西山（昆仑、岷、嶓）的氐与羌很早就掌握了炼铜技术。传说中的"禹铸九鼎""昆吾作冶""宁封火师"等都与炼铜有关。氐羌最早育成了麦种与玉蜀黍（古称"木禾"），最早育成高原牦牛，开盐泉，制丹砂（氧化汞），种茶叶，烧玻璃，铸铜镜（汉代有"青盖""黄羊""白羊"等镜）。巫载、巴蜑、巴僚这系的巫术（鬼道）经"巴郡妖巫张修"改为"五斗米道"，再经张陵祖孙三代改造为"正一教"（天师道），是为我国土生土长的伦理宗教——道教。巴蜀文化与巴、蜀民族的研究是祖国历史的重要环节，值得认真探索。

原载《贵州民族研究》1984年第4期

试说青川战国墓的文化性质和分期问题[①]

　　《文物》1982年第1期所刊四川省博物馆、青川县文化馆合著的《青川县出土的秦更修田律木牍——四川青川县战国墓发掘简报》（以下称"《简报》"）一文，报道了四川青川地区有重要价值的战国古墓考古发掘资料。它的发现对于研究先秦时期的巴蜀文化，以及探索秦、楚文化的有关问题无疑具有重要的参考价值。例如M50出土的载有秦武王二年（公元前309）王命丞相甘茂更修《田律》的木牍，就引起了我国考古界、史学界极大的关注。不少学者对牍文均做了很深的研究工作，发表了专文，取得了可喜的成绩。而本文则拟就青川战国墓的文化和分期问题，谈一点我们不成熟的看法，作为引玉之砖。

　　关于青川战国墓的文化性质和分期问题，《简报》作者在文里已有所论述。可归纳为：青川墓群可分为早晚两期——早期时段相当于战国中期，晚期时段相当于战国晚期。它的文化内涵是以巴蜀为主，兼有秦、楚文化。我们基本上同意这一看法，但认为有进一步探讨的必要，下面便从两个方面进行初步分析。

一、文化性质

青川战国墓群所表露出来的文化性质，包含了楚、秦文化和巴蜀文化，三者的具体情况是：

楚文化。《简报》说道："青川墓群各类型墓葬中，都大量施用白膏泥，这是楚墓葬制特点之一。其晚期随葬品，虽没有楚墓'鼎、敦、壶'的陶器组合，但'鼎、盒、壶'的器形还是与之接近的。其他如羽状纹地菱纹镜等小件铜器，也是楚墓中较为常见的器物。"此外，我们认为青川墓群的棺椁制度亦应源于楚制。不难看出，青川战国墓群早期、晚期的墓葬里均有楚文化的因素。但是早期的楚文化因素却较晚期的浓厚一些。至于这一现象产生的缘故，文后将予以分析说明。

秦文化。《简报》说："青川M50所出木牍，记载了秦武王二年，王命左丞相甘茂更修《田律》等事。按《史记》所记，武王元年（公元前310）甘茂伐蜀，二年定相位正与此合。该墓所出的'半两钱'，'半'字下横较短，'两'字上横也较短，有秦钱的特征，说明与'秦文化'有关。"这座墓我们认为是属于青川的晚期墓葬，从它出土的秦木牍和秦半两来看，晚期墓葬不仅保留有楚文化因素，而且有了较多的秦文化因素。另外，墓群中个别墓有二层台和腰坑，这是明显的秦代墓制特征。《简报》结论还说道："陶器的组合，也与中原地区同期文化一致。"青川墓中中原文化的出现，可能是当地间接地受到秦文化或楚文化影响的缘故，不过这个问题尚有进一步探讨的必要。

巴蜀文化。《简报》："青川出土的有些器物，可能为本地产品。如Ⅰ式陶釜、Ⅰ式陶罐、铜鍪、Ⅰ式带钩、琉璃珠等，在四川地区船棺葬和其他战国墓中，也较为常见。"以上所举器物多出自四川地区战国晚期墓，个别器物在四川西汉早期墓里亦为常见之物。如M64所出的蒜头陶壶（《简报》图版三：4）即是西汉时期流行的壶形之一。因此，我们认为青川墓群里所见的巴蜀文化，可能多是属于战国晚期时段的青川晚期墓葬文化。其中最能代表巴蜀文化中蜀文化的遗物，乃是占随葬器物数量约41%的177件漆器。就《简报》所列的出有漆器的11座墓（即M1、M2、M3、M22、M23、M26、M29、M37、M40、M41、M50）来看，这些墓坑的分布几乎遍及整个墓区，表明漆器可能在早晚两期的墓里均有发现。关于巴蜀漆器的文化关系问题，《简报》说："巴蜀与楚的漆器工艺虽然分属两个不同的地方工艺系统，各有个性，但又有共性，在战国时期就相互影响。"对此论点，《简报》作者又在《"巴蜀"与"楚"漆器初探》（载《中国考古学会第二次年会论文集》，文物出版社，1982年）一文里做了精深的阐述。我们拟在这里就巴蜀髹漆工艺的渊源问题，谈点自己的看法。

《华阳国志》中的《巴志》和《蜀志》均有产漆的记载，这是发展髹漆工艺的基本条件，因此四川最早使用漆的时间不会晚至战国时期，而要更早一些。近年来在广汉三星堆遗址有夏商文化因素的地层里所出的精美陶质酒器中，有的涂有漆，这便是文献记载的有力物证[①]。髹漆工艺的兴起可能不在游牧、狩猎时期，而是在农业生产兴起以后。《华阳国志·蜀志》云："后有王曰杜宇，教民务农，一号杜主。"又云："巴亦化其教而力农务，迄今巴、蜀民农时先祀杜主君。"这就表明巴蜀地区在杜宇时期即已兴起了农业生产，自然漆的应用亦就随之而来了。不过有一点必须说明的是：广汉三星堆遗址的夏商文化时代可能要晚于中原夏商文化的早、中时期，这是由于四川相对中原地区较为偏远而文化发展较中原略晚的缘故。据此，我们认为漆开始使用的地点不会是在四川而是在中原，其时间亦应晚于中原。

我国目前发现漆的最早资料应为《考古》1983年第1期刊载的《1978—1980年山西襄汾陶寺墓地发掘简报》所提示的遗存，文中说"一些木器的造型和器表彩绘所用调合、粘接剂的物理性能，与漆器较为接近。有关的发现，对于揭示我国古代北方漆器的祖源，不无意义"。陶寺正处于晋西南"夏墟"的范围内。墓葬的时代，从该《简

---

① 《四川广汉三星堆遗址出土大批文物》，《光明日报》，1986年8月24日第1版。

报》报道的情况分析，略与夏代初期相当。因此，就这一发现来看，我国漆器的祖源极有可能是夏代冀州地区的陶寺。其次，略晚的漆器资料是河北藁城台西商代遗址出土的镶嵌有绿松石的漆器残片[①]。这可能是渊源于山西陶寺的髹漆原始工艺。在古文献里亦有漆的记载，如《尚书·禹贡》：兖州"厥贡漆丝"和豫州"厥贡漆、枲"，兖州的一部正当今河北西南部和山东西北部，豫州则当今之河南地区。这些记载是可以与考古发现相互印证的。再次就是西周时期楚地的发现，对此王劲同志认为："在湖北境内的部分西周遗址中，还出土有假圈足木瓢和圈足漆杯，在木杯表面髹有黑、褐色漆地，用红彩绘制出回纹、涡纹。这种颜色鲜艳、具有较高艺术水平的彩纹，富有浓厚的楚文化的地方色彩。……它为春秋战国时期楚文化中彩绘漆木器的高度发展奠定了基础。"[②] 这是符合楚漆器的发展情况的。而楚的髹漆工艺则有很大可能承袭了中原商代的此项工艺。

从上面的分析来看，大概可以得出这样一个结论：巴蜀与楚的髹漆工艺虽属两个不同的工艺系统，但两者均可能是直接或间接地承袭了山西陶寺的原始髹漆工艺而发展起来的。到了春秋战国时期，巴蜀与楚的接触逐渐增多而频繁起来，这就自然会进行包括髹漆工艺在内的文化交流。因此，四川出土的战国漆器多有楚文化的因素就是自然的现象了。反之，四川的漆器又有流入楚地的。如马王堆和凤凰山出土的汉初有"成市""市府"戳记铭文的四川漆器表明，巴蜀的髹漆工艺对于楚的髹漆工艺也是有一定影响的。由此两地出土的漆器，势必呈现出既各具特色、判然有别，但又难于把两者完全区分开来的情况。

关于巴蜀与楚的密切关系，在古籍里是有较多记载的。例如《左传》上楚与巴接触的记载有：桓公九年（公元前703）"巴子使韩服告于楚，请与邓为好，楚子使道朔将巴客以聘于邓"。庄公十八年（公元

① 河北省博物馆文物管理处：《河北藁城台西村的商代遗址》，《考古》1973年第5期。
② 王劲：《楚文化渊源初探》，《中国考古学会第二次年会论文集》，文物出版社，1982年。

前676）"巴人叛楚而伐那处，取之，遂门于楚。阎敖游涌而逸，楚子杀之，其族为敌。冬，巴人因之以伐楚"。文公十六年（公元前611）"秦人、巴人从楚师，群蛮从楚子盟，遂灭庸"。《华阳国志·巴志》里亦说"战国时，尝与楚婚。及七国称王，巴亦称王。周之季世，巴国有乱，将军有蔓子请师于楚，许以三城，楚王救巴。"以上所引是春秋战国时期巴楚接触的部分记载。再追溯更早的巴胞族的形成情况，此亦是巴、楚文化有密切关系的有力证据。据田宜超同志考证的大致结论是：原始的巴部落最初是由生息在洞庭附近的"华胥""孟涂"两个胞族所组成。以后才是"大皥"接替"华胥"而上升为胞族的名字。到了后来被帝尧战败，自洞庭地区向西北迁徙到秭归定居。此后便与邻近的雎人、浊人等结成了部落联盟。夏王朝亡后，商王朝统治中原，至公元前十四世纪，第十九代帝王阳甲（卜辞作"象甲"，又称"和甲"）为了扩张疆土，征伐巴部落联盟，逼使巴族再向西迁徙至大巫山地区定居，这便进入了今天四川的境内[①]。巴早期的活动地区多在楚的范围，而晚期又与楚接触频繁，因此，巴、楚文化虽然是两个不同的文化系统，但就其形成来看，有着不可分割的历史渊源，自然两种文化的共性较多。

至于蜀、楚文化的关系问题，亦可从古籍里得到一些启示。《蜀王本纪》："望帝积百余岁。荆有一人名鳖灵，其尸亡去，荆人求之不得。鳖灵尸随江水上至郫，逐活。与望帝相见，望帝以鳖灵为相。……（望帝）惭愧，自以德薄不如鳖灵。乃委国授之而去。……鳖灵即位。号曰开明帝。"关于"荆"，《左传》载庄公十七年（公元前677）"秋，九月，荆败蔡师于莘"。注："荆，楚本号。后改为楚。"荆人鳖灵，当系楚地之人。田宜超同志考证认为，鳖灵是属于居住在秭归的"雎人"，他被楚囚在地牢里，后逃到蜀国[②]。这进一步说明了鳖灵在楚的具体所

---

① 田宜超：《巴史勾沈》，《中华文史论丛（一九八六年第一辑）》，上海古籍出版社，1986年。

② 田宜超：《巴史勾沈》，《中华文史论丛（一九八六年第一辑）》，上海古籍出版社，1986年。

在地。再推算一下鳖灵入蜀的时间，是会对认识楚文化入蜀的问题有所帮助的。《华阳国志·蜀志》："（开明氏）凡王蜀十二世。"又云："（十二世）王遁走，至武阳（今彭山县），为秦军所害。"这是秦并巴蜀之年，为公元前329年（一说为前316年）。开明氏王蜀十二世，若每世以30年计，则应共为360年。因此，鳖灵入蜀之时，当为公元前329年上推360年至公元前689年，这与《路史·余论·卷一》"周襄王至鳖令王蜀，十一代，三百五十年"的记载基本上是相符合的。因此，我们认为楚文化可能随鳖灵入蜀而相继传来较多，所以蜀地战国墓里表露出来的文化性质有浓厚的楚文化因素。

综观以上分析，巴蜀文化的内涵是复杂的，丰富多彩的，它包含了中原、楚、秦等多种文化因素，上述虽主要是从宏观上来看巴蜀文化的构成内涵，但是与有具体条件的青川战国墓所反映出来的多种文化特征的现象却竟一致。因此，说明我们的宏观分析亦是符合青川战国墓的文化情况的。

二、分期问题

我们在青川墓清理之初曾参加过短期的工作，当时经过反复考虑分析后便形成了前面所谈的对分期的看法。不过从《简报》上看不出前后两期在器形、葬制上的演变发展，以及遗物品种增减等方面的更多情况。因此，我们无从就这些方面对分期问题提出看法。而我们对分期提出的看法，乃主要是以当时有关的历史事实为依据来推论的。这是必须要说明的一点情况。下面便谈谈我们的意见。

青川县位于四川北部，民国三十年（1941）析划平武和原昭化两县的部分地区置县，治清溪镇。中华人民共和国成立后，于1950年徙治乔庄镇。乔庄镇地处四面环山的峰峦叠嶂之中，虽然交通极为不便，但却保存了战国时期内容丰富的文化遗存。它留存下来的原因，可能是由于青川地处川、甘、陕三省交界处。青川在春秋战国之际为蜀之领地，东有白水关，地势甚险，《四川通志》说此地"在今（昭化）县西北一百二十里，东接阴平，西达平武，北连文县，最为要险"。所以青川成为秦、楚、蜀三国必争之地，因此留下它们的文化遗物乃是理所当然的事。青川东经白水县，沿白水江至昭化，北转由金牛道经广元，过勉县而达于汉中郡地区。汉中郡，更是十分重要的兵家必争之地。据有此地，不仅可西出金牛道退居巴蜀外，还可北出褒斜道入长安。沿汉水向东可远行至鄂境，交通方便，形势险固，历代视为重镇。故刘邦为汉王时即以此为都。诸葛亮去世后蜀汉亦先后以蒋琬、费祎镇此。不仅如此，汉中早在战国时期就曾是秦、楚争夺最激烈的地区。所以《华阳国志·汉中志》说："汉中郡，本附庸国，属蜀。……六国时，楚强盛，略有其地，后为秦，恒成争地。"据《史记·六国年表》：秦惠公十三年（公元前387）"蜀取我南郑"。这说明汉中原属于秦，在公元前387年被蜀所占有。至于楚从蜀夺取汉中之地，则应是《资治通鉴》所说的"周显王七年（公元前362），楚自汉中，南有巴、黔中"以前。而楚自春秋以来便不断扩张，到了战国时期竟已发展成为当时两大强国之一，与新兴强国秦平分秋色，各自拥有"半天下"之地了。秦、楚为了统一全国，对有战略意义的要地汉中进行了较长时间的激烈争夺战，最后为秦所有。其时间即《史记·楚世家》所云"（楚怀王）十七年（公元前312）春，与秦战丹阳（今河南丹水之北）。秦大败我军，斩甲士八万，虏我大将军屈匄、裨将军逢侯丑等七十余人，遂取汉中之郡。楚怀王大怒，乃悉国兵复袭秦，战于蓝田，大败楚军。韩、魏闻楚之困，乃南袭楚。至于邓（今河南邓县）。楚闻，乃引兵归"之际。此后楚国的军事力量就再没有到过汉中地区了。至此，秦与巴、蜀连成一片，解除了楚对秦本土的威胁。

我们想用上面这段历史事实说明的问题是：据秦、楚先后占有汉中的时间，不难看出，楚在公元前362—前312年占有汉中的50年间，其文化必然随其兵锋所至而到达汉中地区。同时楚为了进一步占据有利地势，对秦形成钳形攻势，又自然会从金牛道经昭化，沿白水北而上占据战略要地青川。因为当时昭化为蜀王弟苴侯所在的葭萌之地，而苴侯与楚有矛盾，故楚假道葭萌而迅占青川是很不可能的事。楚军事力量到达青川后，也当然会留下其文化遗物，这就是在青川发现战国墓群，以及在其时段相当于战国中期的早期墓葬里有浓厚楚文化因素的历史背景。

秦虽然直至公元前312年在蓝田大败楚军后才最后占有汉中，但是夺取青川的时间，则可能早在公元前329年秦并巴蜀之时。因为此时秦已有葭萌之地，自然截断了青川楚军与汉中楚军的联系，青川就会不攻自破而为秦所有了。此后，秦人在青川地区也势必留下其文化遗物，这就是在时段相当于战国晚期的青川晚期墓葬里有浓厚秦文化因素的历史原因。其中最具代表性的墓当是出有秦武王二年（公元前309）木牍和半两钱的五十号墓。

最后，还要谈一点青川战国墓发现的意义，即秦、楚占有青川在古籍里均无记载，而青川墓的发现正补充了史书没有记载的这一事实。因此，它是有其补史作用的。

原载《川南文博》1986年第1期

从战国印文之铎像谈蜀有关问题

四川西部地区近十余年来先后发现有五处铎的图像，均刻铸于铜、骨质的印章上，并与其他"巴蜀图语"符号组合成印文，现分别介绍于后。

一，1980年3月，在新都马家场发现的一座战国大型木椁墓中出土有铜印章两枚，印形为一方一圆。其中方印制作极为精巧，宽3.5厘米、高1.4厘米（图一）。背微拱，中有錾钮，底为四兽纹组成的图案纹饰。正面印文为一组"巴蜀图语"符号，分上下两层：上层为一符号，似竹编之类的器物，两侧各有一口向上的铎；下层置一罍，两侧各立一人，共抬一张条形物，界于上下层之间，物上并列有三"○"形符号①。

二，1982年9月，在蒲江县清理发掘出的战国土坑2号墓中出土一枚方形铜印。背微拱，中有桥形钮。四面印文由五个"巴蜀图语"符号组成：居中为矢；左上方为铎，其口上柄下，直锐，凹口；左下为罍；右上似璧形饰；右下为四蒂纹。套背纹饰为点纹底，上饰饕餮纹。此印的背纹和印文中的铎、罍均与新都马家场出土铜印上的基本相同②。

---

① 四川省博物馆、新都县文物管理所：《四川新都战国木椁墓》，《文物》1981年第6期。
② 四川省文物管理委员会、蒲江县文物管理所：《蒲江战国土坑墓》，《文物》1985年第5期。

三，1988年1月，在荥经县罗坝村战国5号墓里出有骨质印章一枚（图二）。印形为方形，背面正中为桥形钮，两侧有凸起的"草叶纹"，因骨质干缩，有一侧已模糊不清。表面呈乳白色，阳纹。印文上部左为口上柄下的铎，右置一罍；下部为一横向的长条纹。印边长2.3厘米、高0.4厘米①。

四，1992年元月，在什邡县战国船棺墓22号墓里出土铜印一枚（图三）。"长、宽为3.5厘米，厚度为0.2厘米，呈方形，背有小圆穿孔鼻钮，正面有印文，背面有印铭"。正面印文分为上下两部，界以横线。上部左为罍、右为铎，其间为"闪"纹；下部为雷纹②。原文的这段叙述可能把印章的上下倒置了。因为，从荥经县骨质印来看，印文中的铎、罍图像放置的上下位置均是一致的，即铎口上柄下，罍口上足下；此外新都印章人像，头向上足向下，与铎、罍放置的上下位置相同，可见铎的放置是口上柄下，这当与振铎有关。即以此印的印文插图来看，其中罍的放置也可能是倒的。为了避免在铎的使用方法上造成错误，特予以校正，但不知正确否？

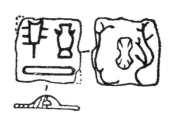

图一　新都战国墓出土铜印　　　图二　荥经战国墓出土骨印

图三　什邡战国船棺葬出土铜印

---

①　荥经严道古城遗址博物馆：《四川荥经南罗坝村战国墓》，《考古学报》1994年第3期。

②　郑绪滔：《什邡船棺葬出土一枚"十方雄王"印章》，《四川文物》1994年第5期。

上述印章的印文内容丰富，要探索的问题较多。笔者仅就其中铎的使用习俗所反映的有关问题，谈点个人的看法，期能收到千虑一得之效。

铎是春秋战国时期中原地区盛行的撞击乐器。关于铎在川西地区的盛行时期，据出土的五枚有铎像的印章来看，其所属墓均系战国中晚时期，故铎的时代亦应相同。使用铎的习俗和意义则因目的不同而各异，如有"舞者振铎"和"商人悬铎"等，这方面非本文所要讨论的内容。本文所要探索论证的是铎在文教、军事方面的使用习俗所反映的权力问题，以及有关蜀史问题。

一、关于有铎文印章所属墓主人的身份和地位

首先让我们了解一下铎的重要使用习俗。铎有木铎和金铎之别，用途意义等自然有所不同。关于木铎，《尚书·胤征》云："每岁孟春，遒人以木铎徇于路，官师相规，工执艺事以谏，其或不恭，邦有常刑。"《孔氏传》云："遒人，宣令之官。木铎，金铃木舌，所以振文教。"疏云："礼有金铎木铎，铎是铃也，其体以金为之，明舌有金、木之异，知木铎是木舌也。"《周礼·天官·小宰》云："正岁，帅治官之属而观治象之法，徇以木铎，曰：'不用法者，国有常刑。'"郑氏注云："正岁，谓夏之正月，得四时之正以出教令者，审也。古者将有新令，必奋木铎以警众，使明听也。木铎，木舌也。文事奋木铎，武事奋金铎。"贾公彦疏云："铎，皆以金为之，以木为舌则曰木铎，以金为舌则曰金铎也。云'文事奋木铎'者，此文乃《檀弓》并《明堂位》所云'振木铎于朝'，天子之礼皆是也。又云'武事奋金铎者'，《鼓人》云'金铎通鼓'，《大司马》云'两司马振铎'是也。"同书《地官·小司徒》亦云："正岁，则帅其属，而观教法之象，徇以木铎。曰：'不用法者，国有常刑。'令群吏宪禁令，修法纠职，以待邦治。"疏云："谓观教象之时，恐闾人杂合，不听用其教，而徇行振以木铎，使静听之。告之曰：'不用法者，国有常刑。'言此者，使人惧而用之。"从上面引文

我们可以明确，木铎非一般用于音乐舞蹈之乐器，而是天子颁布文教新令的专用乐器。至于所颁新令则以学识渊博的学者作之，即《论语·八佾》所说的"天将以夫子为木铎"，注云："言天将命孔子制作法度，以号令于天下。"又《礼记》云："振木铎于朝，天子之政也。"注云："天子将发号令，必以木铎警众。"天子用木铎颁布新令的目的是想稳定政局，达到"天下偃兵，百姓安宁，歌舞以行，不见灾疾，五谷蕃昌"的所谓太平盛世。因此，可以表明木铎乃是当时统治者用来巩固政权的重要之物。下面再进一步看看木铎使用习俗的具体含义。

（1）田狩、修封疆、戒容止。《周礼·地官·小司徒》云："凡四时之征令有常者，以木铎徇于市朝。"注云："征令有常者，谓田狩及正月命修封疆，二月命雷且发声。"疏云："乡师各于其乡内以木铎警戒，巡于市朝，使民知之。……谓田狩：春蒐、夏苗、秋狝、冬狩。……云'及正月命修封疆'者，案《月令》，孟春之月，命修封疆，谓田之界分也。云'二月命雷且发声'者，案《月令》，仲春之月，先雷三日，奋木铎以令兆民曰：'雷将发声，有不戒其容止者，生子不备，必有凶灾。'言此等政令皆有常时。"注云："主戒妇人有娠者也。容止，犹动静。"疏云："其父母必有灾也。"以上引文表明，木铎的使用习俗并不限于天子颁发新的文教法令，对于例行的四时田狩、正月命修封疆和二月命雷且发声等旧的习俗，也是要以木铎徇于市朝，提醒广大民众注意，俾免遗忘。

（2）五禁。《周礼·秋官·士师》云："士师之职，掌国之五禁之法，以左右刑罚：一曰宫禁，二曰官禁，三曰国禁，四曰野禁，五曰军禁，皆以木铎徇之于朝，书而县于门闾。"注云："左右，助也，助刑罚者，助其禁民为非也。宫，王宫也。官，官府也。国，城中也。"五禁为当时统治者用以巩固政权的重要法令之一。

（3）火禁。《周礼·天官·宫正》云："春秋，以木铎修火禁。"注云："火星以春出，以秋入，因天时而以戒。"疏云："春谓季春，秋谓季秋，二时火星出入之时，以木铎警众，使修火禁也。"又云："此火谓陶冶铸铜之火，因天出火民则为之，因天入火民则休之，故云'因天时戒之'

也。……火禁，谓用火之处及备风燥，是二月预之，三月重掌，事各有所为，不相妨也。"从引文来看，当时的统治者对陶冶铸铜用火极为重视，特制禁火之法，每年按时以木铎警众，规定在一年之中的三月至九月才能用火烧制陶器和冶铜铸器，其余时间禁止用火陶冶，这当然也是一种常年的习俗。至于陶冶工业之所以得到如此重视，这可能是由于陶器是广大民众日常生活的必需品，铜器则是统治阶级的高级日常生活用品和祭祀礼器，又特别是军事行动所不可缺少的兵器。

接下来看金铎的作用和使用习俗。据《周礼·夏官·大司马》云："两司马执铎。"疏云："在军二十五长中士，号两司马……以司马主军，军事主严，虽卑得同号也。"军中长25人的两司马，约当今之长30余人的下级军官排长之职，战时当在最前的第一线。虽然两司马的军职卑微，但治军必须要以严为主，所以振铎的中士仍得称司马，可见执铎的两司马在战争中是起重要作用的关键人物。再进一步来看金铎在军中的具体使用情况。当时的军队编制是：以12500人为一军，天子六军，诸侯大者三军，次者二军，小者一军，以命卿为将军；师2500人，以中大夫为师帅；旅500人，以下大夫为旅帅；卒100人，以上士为卒长；两25人，以中士为两司马；伍5人，以下士为伍长，亦称公司马。战时，"王执路鼓，诸侯执贲鼓，军将执晋鼓，师帅执提，旅帅执鼙，卒长执铙，两司马执铎，公司马执镯。"《周礼·夏官·大司马》云："鼓人皆三鼓，司马振铎，群吏作旗，车徒皆作，鼓行，鸣镯，车徒皆行，及表乃止。三鼓，摝铎，群吏弊旗，车徒皆坐。又三鼓，振铎，作旗，车徒皆作，鼓进，鸣镯，车骤徒趋，及表乃止，坐作如初。"又云："中车以鼙令鼓，鼓人皆三鼓，群司马振铎，车徒皆作，遂鼓行，遂衔枚而进。"这是记载的当时军旅修战法和田狩的情况。其中所说的鼓人，是指执鼓的将军、师帅和旅帅三人，在行动前由将军击鼓将命令传达给师帅，师帅击鼓将命令传达给旅帅，旅帅击鼙将命令传达到处于第一线的两司马，即所说"鼓人皆三鼓"。所以行动命令是由上而下层层下达，最后由众多的两司马振铎而前，进行战斗或狩猎。若要停止，亦由上而下三鼓以摐铎，群吏弊旗而止。由此可见在军事行动中金铎所起的作用是十分重要的。

其次，金铎还可用于诸侯大夫葬礼时的仪卫兵仗。《礼记·杂记下》云："升正柩，诸侯执綍五百人，四绰皆衔枚，司马执铎，左八人，右八人，匠人执羽葆御柩。大夫之丧，其升正柩也，执引者三百人，执铎者左右各四人，御柩以茅。"疏云："此一经明诸侯大夫送葬正柩之礼，执铎之差。"此当为葬礼习俗之属。

综上所述，可以明确：木铎是最高的王权象征，金铎是最高的军权象征，其理由除前文所论述外，还可以找到一条旁证。《左传·昭公二十年》载"亲执铎"，这在《北堂书钞》（卷一百二十一）说是"将军执铎"，可见不仅是下级军官两司马执金铎，发布军令的将军也执金铎。明确木铎和金铎使用习俗的重要意义后，下面就来看看上述四印铎像所反映的问题。

新都马家场出土的战国铜方印上的两铎图像，必然是木、金两铎，因此可以表明使用此印的墓主人绝非一般等闲之辈，而当是有崇高地位的王者。再从组合印文中的罍、族徽等图像来看。罍被蜀人视为中原之鼎，是拥有国家最高权力的象征，这点是不少学者的共识。族徽图像似竹编物，此图像的简化形象在该墓出土的不少青铜器上均有，这就可证墓主人的地位之高。因此，这一铜印已具有了玺的作用。此外，还可以结合该墓的规模及腰坑形状来考虑，这两者之大均为四川省发掘的战国时期墓所鲜见。如墓长竟达10米，椁用硕大楠木板料砌成，有八个边厢和一棺室；腰坑为正方形，其高、宽均为2米，亦用楠木砌成，内盛成套不同组合的青铜器170余件，如此规模宏大的木椁墓和腰坑，以及大量的青铜祭器，也非王者莫属，这与前文就铎的使用习俗来分析得出的结论是一致的。关于墓主人的问题，笔者在发掘报告中已有推证，即应是开明九世至十一世这三位蜀王之一，这里不再赘述[①]。

---

① 四川省博物馆、新都县文物管理所：《四川新都战国木椁墓》，《文物》1981年第6期。

蒲江出土的铜印，其铎图像应是金铎，因印文中有兵器矢，故可证此铎当是用于军事的金铎。再结合罍为当时蜀人的重器而论，出土此印之墓的主人恐非地位卑下的两司马，而可能是军中职位较高的旅帅，或者是以上的师帅、将军。

荥经出土的骨印，印文中仅有铎、罍图像而无兵器及其他图像；再就出土此印的5号墓的出土器物情况来看，并未发现兵器，可见该墓的主人可能不是军职人员，而是有较高地位的文职人员，自然铎就是木铎了。

什邡战国船棺葬出土的方形铜印，印文除铎、罍图像外仅有一纹饰，其背有铭文四字，有人释为"十方雄王"①，可备一说。首先有必要对出土印章的船棺葬时代谈谈笔者的看法，因为这是与印章的年代密切相关的问题，若年代有误，势必导致结论的失实。原文作者认为该印的年代是"距今已两千五百余年"，其船棺墓的年代亦应与印相同。笔者认为这批出土文物中有早于秦灭蜀之时的遗存，其时代自然可断为距今两千五百年；但是一部分文物则应是属于战国晚期的文物，即秦灭蜀后的遗存。再就印章铭文的字体看，也非战国早、中时期蜀地所流行的，因为它与在郫县、新都出土的铜戈铭文字体不同。虽然出土文物中有战国早、中时期的，但在成都平原的考古发掘资料中却没有早晚之物同出于一墓的情况，其墓的断代就只能以晚期遗物为准。因此，什邡船棺墓的年代也应依据出土的晚期遗物来断，即当断为战国晚期秦灭蜀后。下面我们就把什邡铜印放在秦灭蜀后的时间里来予以研究。铜印铭文"十方雄王"中的"王"字，结合印文铎、罍的重要含义来看，则可能即是"王者"之"王"，那么在秦灭蜀后什邡地区称王的又是谁呢？《华阳国志·蜀志》云："其相、傅及太子退至逢乡，死于白鹿山，开明氏遂亡。"这是秦军攻占成都后，向北退至逢乡的蜀人，当是包含在《蜀志》中所说的"戎伯尚强"这群人之中。"逢乡"之逢与彭古音同，其

① 郑绪滔：《什邡船棺葬出土一枚"十方雄王"印章》，《四川文物》1994年第5期。

地在今彭州附近。"白鹿山"在今彭州北三十公里的原白鹿公社[①]，这里又正与今什邡县南境相邻。因此，在什邡地区清理的这批秦灭蜀后的船棺墓群很可能便是退至逢乡的开明氏族人的文化遗存。此外，相、傅及太子退至逢乡后是绝不会自轻称侯的，而是要千方百计保存其蜀王名号，故可认为在什邡出土的这方王印与退至逢乡之蜀人有密切关系，也许即是在这里称蜀王者之印。因此，印文中的铎便是木铎。

二、从铎文印章的出土地望看开明氏族人的迁徙路线

关于秦攻占成都后开明氏的迁徙路线，《华阳国志·蜀志》云："周慎王五年秋，秦大夫张仪、司马错、都尉墨等从石牛道伐蜀。蜀王自于葭萌拒之，败绩。王遁走，至武阳，为秦军所害。其相、傅及太子退至逢乡，死于白鹿山，开明氏遂亡。凡王蜀十二世。"这段记载表明，蜀在成都被秦攻占后是分两路退走的，即开明十二世经武阳退走的南路，以及相、傅及太子率部退至逢乡的北路。此外，还应有一部分以公子通为首的蜀人降于秦，公子通旋即被秦贬封为蜀侯，不久为蜀相陈壮所杀。其后相继被秦封为蜀侯的有公子恽和公子绾，并均以复辟罪被诛。秦灭蜀后即置蜀守，同时又为了缓和蜀人的敌对情绪而采取权宜之策，封开明氏之后为蜀侯。可见当时是守、侯并存，最后，蜀侯公子绾被诛，便废侯而仅存蜀守。因此，这部分蜀人的势力至此便为秦人所消灭。

至于北退蜀人的情况，前文虽已有所述，但尚有未尽之处，故再予以补述。什邡船棺墓群的发现和铎文铜印的出土，不仅是有关北退蜀人记载的印证，而且表明了当时北退之蜀人尚保存有一定的实力；而秦人为了消灭其势力，迅疾地于周赧王四年（公元前311）在近逢乡的今之郫县马街筑起了"周回七里，高六丈"的郫城，以保证军事上的需要。虽然后来达到了目的，但从近来的考古发现分析推测，逢乡蜀人的

---

① 刘琳校注：《华阳国志校注》，巴蜀书社，1984年。

势力可能并未被秦人彻底消灭，其残部或是迫于秦人强大的军事压力，退到了岷江上游。1992年2月，在茂县牟托发现清理了一座有三个陪葬坑的大型石棺墓，出土有大批战国晚期的具有蜀文化特征的青铜器，这也许即是北退逢乡之蜀人再退至岷江上游的文化遗存[①]；同时，亦是这部分蜀人未被秦人彻底消灭的物证。

关于南退蜀人的路线问题。蜀人南迁路线在文献记载上是语焉不详的，仅知其大概情况是：开明十二世率部退至武阳时被秦军所杀，而余部继续南退，并且尚保存有较为强大的军事力量。秦人为了防其反攻复辟而采取的措施有：一方面"乃移秦民万家实之"，另一方面建"临邛城，周回六里，高五丈。造作下仓，上皆有屋，而置观楼射兰"，以作攻防之用。蜀人余部在南迁至青衣河流域时，留有如《水经注》说的"蜀王开明故治"；经㮋道赤岩山时，留有如《华阳国志》说的"蜀王兵兰"等遗迹。这也表明蜀人在南迁中仍保存了王的称号。最后到了越南定居。

此外，还可从考古发现来看蜀人南迁路线。除在蒲江、荥经发现的战国晚期蜀墓和出土的两方铎文印章可以佐证南迁蜀人所经路线外，在新津、峨眉符溪、芦山、宝兴、犍为和石棉永和乡等地发现的成批的战国晚期蜀墓也足以佐证蜀人南迁所到之处和所经路线，以及蜀人当时保存实力的一些情况。总之，这些考古发现可与文献记载相互印证和补充，进而使我们了解到较前略详的蜀人最后一次南迁的路线情况。

原载《成都文物》1995年第3期

---

① 茂县羌族博物馆、阿坝藏族羌族自治州文物管理所：《四川茂县牟托一号石棺墓及陪葬坑清理简报》，《文物》1994年第3期。

论广汉三星堆两座窖藏坑的性质及其相关问题[①]

广汉三星堆遗址中所发现清理的两座大型窖藏坑，是巴蜀考古工作中前所未有的极为重要的发现。其出土文物不仅数量大、类别多和工艺精湛，而且有不少颇具地方特征的文物是首次发现，这为探索古蜀文化提供了极有价值的科学的实物史料，因而引起了国内外学术界的特别关注。关于两坑的性质问题，已有不少同志撰文提出了一些不同的看法，归纳起来主要有陪葬、犁庭扫穴和祭祀等三说，惜学术界至今尚未求得共识，尚有待进一步深入探讨。我们对此亦曾撰文提出过自己的意见[②]，即：从宏观上来看认为两坑是蜀人的祭祀遗存，现在仍持此说未变；从微观上来看认为可能是蜀人祭天（即大禘）的遗存，因为两坑规模之大非祭天不足以当之，而其他的祭祀则均不可能达到如此大的规模。后来进一步检阅研究有关史籍后又有了不同的新认识，特再撰文予以论述，以求教于方家。

---

① 本文由王燕芳、王家祐、李复华合著。

② 王家祐、李复华：《关于三星堆文化的两个问题》，《三星堆与巴蜀文化》，巴蜀书社，1993年。

一、关于两坑的性质问题

（一）陪葬说

陪葬之俗古已有之，在有关史籍上多有记载，这里不拟赘述，现仅以川西地区的考古发现来说明在先秦时期远在边陲的蜀人亦有此陪葬之俗。例如，1992年2月在茂县牟托发现清理的一座战国大型石棺葬墓即有三个陪葬坑[①]；1980年3、4月间，在新都县马家镇发现清理的一座战国大型木椁墓，在墓的中部棺室底板下有一座长、宽、高均约为2米的大型木砌腰坑，内盛180余件成套成组的各类铜器。我们认为此坑亦当是陪葬坑之属，它之所以未置于墓外附近相应之处，而深深地埋藏在墓底下面，当是为了避免后世盗掘的缘故，此一目的在清理工作中证明是已经达到了。因为，该墓已在早年被盗一空，而盗墓者并未放弃探盗腰坑的罪恶意图，所以在墓的棺室中部底板上留下了当时探凿腰坑的穿孔，由于此孔距腰坑尚有十厘米之差而使此坑得以完整地幸存至今[②]。虽然两例都可以证明先秦时期蜀地确有陪葬之俗，但是若要断定三星堆的两坑为陪葬坑，那就必须要在坑的附近地区有同一时期特大型墓葬的发现才足以证明，否则两坑为陪葬之说就会由于没有陪葬对象而难以成立。惜在两坑的区域内至今尚无相应的大墓发现，致使陪葬说立论无据，故此说可暂时置而弗论。

（二）犁庭扫穴说

《汉书·匈奴传下》云："艾朝鲜之旃，拔两越之旗，近不过旬月之役，远不离二时之劳，固已犁其庭，扫其闾，郡县而置之，云彻席卷，后无余菑。"其中"犁其庭，扫其闾"的意义与一般所谓的犁庭扫穴相

---

① 茂县羌族博物馆、阿坝藏族羌族自治州文物管理所：《四川茂县牟托一号石棺墓及陪葬坑清理简报》，《文物》1994年第3期。

② 四川省博物馆、新都县文物管理所：《四川新都战国木椁墓》，《文物》1981年6期。

同。下面我们先谈对"犁庭"与"扫穴"的理解。

"犁庭"的意义与《国语·周语下》的"夷其宗庙"和《孟子·梁惠王下》的"毁其宗庙"是一致的，即是说两国交绥，胜者为了巩固其对新占地区的统治而将败者的宗庙彻底毁坏，使其"子孙为隶，下夷于民"，"上不象天，而下不仪地，中不和民，而方不顺时，不共神祇"，以使战败者永无复辟之日。这样理解恐怕是没有什么异议的共识。

"扫穴"则可能有两种不同的理解。第一，《国语·周语下》云："火焚其彝器"，即是说交战国的胜者，除将败者的宗庙毁坏外，还要把祭祀的礼器一件不留地一火而焚之，这一极端的举措当然是在我国历史上有过的事实，否则，《国语》上就不会有此记载。但这不是"扫穴"的唯一情况，而还有另一种可能。因为，一国的宗庙礼器是可以继续使用的一笔很大的财富，所以有的战胜国并不把缴获的战败国的宗庙礼器予以焚毁，而是"取而宝之用之"。例如《尚书·汤誓》云："夏师败绩，汤遂从之，遂伐三朡，俘厥宝玉。"注云："三朡，国名，桀走保之，今定陶也。"疏云："桀必载宝而行，弃于三朡，取其宝玉，取其所弃者也。《楚语》云：'玉足以庇荫嘉谷，使无水旱之灾，则宝之。'韦昭云：'玉，礼神之玉也。'言用玉礼神，神享其德，使风雨调和，可以庇荫嘉谷，故取而宝之。"以上引文表明，战败之桀要保存礼神宝玉，战胜之汤亦必欲获其宝玉，意在继续做礼神之用，以期获得农作物的丰收，而不是将其焚毁。《孟子·梁惠王下》里所说的"迁其重器"，亦可能是迁后仍做礼神之用，而不是迁后再毁之意。所以，我们认为战胜国多不会轻易将所俘重器毁埋的。

其次，再看战败国对其宗庙礼器所持的态度和采取的措施。《国语·越语上》云："越国之宝器毕从！寡君帅越国之众，以从君之师徒，唯君左右之。若以越国之罪为不可赦也，将焚宗庙，系妻孥，沈金玉于江。"这段引文表明，当时较弱的越国在受到较强的吴国的军事力量威胁下，感到国家已处在存亡的关头，于是做出了应变之策，即：首先力争保护好国之宝器和越国之民，若不能则采取断然之举，焚宗庙以示其将不再祭祀血食，系妻孥以示其"生死同命不为吴所擒虏"，以及"不欲吴得"其国宝而沉金玉于江。当时受到国家珍视的立国之宝不仅限于礼神重器，据《国语·楚语下》云："圉闻国之宝，六而已：圣能制议百物，以辅相国家，则宝之；玉足以庇荫嘉谷，使无水旱之灾，则宝之；龟足以宪臧否，则宝之；珠足以御火灾，则宝之；金足以御兵乱，则宝之；山林薮泽足以备财用，则宝之。"这六宝均要受到国家的特别保护，以杜绝毁损掠夺事件的发生。因此，我们可以认为"扫穴"的两种可能中，后一种取而宝之用之的可能性较大，所以三星堆两座窖藏坑为"犁庭扫穴"的可能性较小，故此说仅可备一说而有待证明。从战败国一方来看，败时将国之重器毁而窖之的可能性亦是比较小的。

（三）祭祀说

我国在原始氏族社会时期，与世界其他古国一样即已形成了鬼神和灵魂的观念，进入阶级社会进一步产生了统一的上帝（天）的观念，因而在夏商周时期形成了极为完备的奉祭上帝、鬼神以及祖先的理论体系，所以上至统治者，下至一般平民均十分重视对诸神和祖先的崇祭。祭祀的种类名目繁多，这在《周礼》《仪礼》《礼记》和《尔雅》等书里均有详细的系统记载，其他史籍里亦有不少的记载。我们认为所记的祭祀礼仪的规模均可能不及三星堆两座窖藏坑之大，因为一般的祭祀所祭之神多为单个的神或少数的几个神，如《尔雅·释天》所记的祭祀有祠、礿、尝、蒸、燔、柴、瘗埋、庪县、浮沈、布、磔、师祭、马祭、禘、绎、肜、复胙等，这些祭祀的规模最大者当是祭天的大禘。因此有必要对禘祭进行分析，从而看三星堆两坑是否为其遗存。

禘，《说文》段注云："禘有三：有时禘，有殷禘，有大禘。""时禘"是夏、商两代的祭礼，即"春曰礿，夏曰禘，秋曰尝，冬曰烝"中的禘，为四时祭之一，故称时禘。"殷禘"，为周之祭礼，即"春曰祠，夏曰礿（即礿字），秋曰尝，冬曰烝"也，对夏商时禘略有所改。殷，盛也，故名曰殷禘，以示其规模较为盛大之意。可是时禘和殷禘乃常年的例行祭祀，其规模当不会太大，故三星堆的两坑绝非其遗存。再就"大禘"而论。《周礼》曰："五岁一禘。"《尔雅》云："禘，大祭也"，注云："五年一大祭"，这是天子郊祀天的大祭。《国语·鲁语上》云："天子祀上帝，诸侯会之受命焉。""解"云："上帝，天也。"疏云："天子于日南至祀昊天上帝于圜北，则谓之禘祀。感生帝于南郊，则谓之郊。……韦解上帝天也，盖言帝不足以包天，而言天足以包帝，举昊天上帝以统五德之帝也。"这就表明，祀天则各代应是一致的，没有什么不同，而所祀之帝则各代便有所区别了。故《国语·鲁语上》又云："故有虞氏禘黄帝而祖颛顼，郊尧而宗舜；夏后氏禘黄帝而祖颛顼，郊鲧而宗禹；商人禘舜（'解'云：'舜当为喾字之误也。'）而祖契，郊冥而宗汤；周人禘喾而郊稷，祖文王而宗武王。"这就表明，各代除主祀天外，还要以其祖陪祀，故《大传》《小记》均说"王者禘其祖之所自出，以其祖配之"也。从以上引文来看，虽然大禘为天子祭天祀祖的隆重大祭，但五年一禘，则一个朝代不知有多少次这样的大祭，若以三星堆两坑为此大祭之遗存，其所需财力物力之大，则是当时各代所难以承受的，更何况是地处边陲，比较落后的蜀人。因此，我们认为三星堆的两坑不可能为蜀王的大禘遗存。

虽然我们在上面否定了三星堆两坑为所列各种祭祀之遗存，但仍认为其性质是祭祀。因为当时各代在开国之时均要举行一次祭百神之礼，这是一代唯一的特大型综合性对百神之祭礼，犹如今之向世界宣告新的国家政权建立而举行隆重的开国大典。而古代开国大祭的目的则是在于"亿宁百神而柔和万民"，以期国泰民安，巩固新建政权。《礼祀·祭法》云："有天下者祭百神。"注云："有天下者谓天子也，百者，假其成数也。"疏云："祭百神者，即谓山林川谷，在天下而益民者也。天子祭天地四方，言'百神'，举全数也。"现举一代开国祭百神的两例于后。

例一，《尚书·舜典》云："帝曰：'格！汝舜，询事考言，乃言底可绩，三载，汝陟帝位。'舜让于德，弗嗣。正月上日，受终于文祖，在璿玑玉衡，以齐七政。肆类于上帝，禋于六宗，望于山川，遍于群神。辑五瑞。既月乃日，觐四岳群牧，班瑞于群后。"疏云："《正义》曰：舜既让而不许，乃以尧禅之。明年正月上日，受尧终帝位之事于尧文祖之庙。虽受尧命，犹不自安，又以璿为玑，以玉为衡者，是为王者正天文之器也。乃复察此璿玑玉衡，以齐整天之日、月、五星、七曜之政，观其齐与不齐，齐则受之是也，不齐则受之非也。是七政皆齐，知已受为是。遂行为帝之事而以告摄事类，祭于上帝，祭昊天及五帝也。又禋于六宗等尊卑之神，望祭于名山、大川、五岳、四渎，而又遍祭于山川、丘陵、坟衍，古之圣贤之群神，以告已之受神也。告祭既毕，乃敛公侯伯子男五等之瑞玉。"

例二，《国语·周语中》云："王弗许，曰：'昔我先王之有天下也，规方千里，以为甸服，以供上帝山川百神之祀。'""解"云："以其职贡供王祭也。上帝，天神、五帝也。山川，五岳、海河也。百神，丘陵、坟衍之神也。"

第一例引文表明，舜在受尧禅位之初即举行过一次对自然崇拜的诸神以及五帝、古之圣贤等的大型综合性的告祭之礼；再就其告祭的时间而论，是在舜受禅后的正月，而不是分别在不同时间、地点所举行的常年例行性规模较小的祭礼。《舜典》记载舜在正月"告祭既毕"后，又立即巡守四岳，即"二月东巡守，至于岱宗，柴"，"五月南巡守，至于南岳，如岱礼"，"八月西巡守，至于西岳，如初"，"十有一月朔巡守，至于北岳，如西礼。归，格于艺祖，用特。五载一巡守，群后四朝"。这就表明，一代开国之初所举行的大型综合性的告祭百神的祀礼，不仅存在，而且与后来常规的一系列祭神之礼绝不能混为一谈。

第二例，引文中"王弗许"的"王"是周襄王，因此有天下的"先王"自然就是周武王了。武王亡纣建立周王朝之初，承舜行告祭百神之特大祀礼，当是必然之举，这里就不予以赘析了。

此一开国大祭之礼，其所用之礼器自然要按各神不同的祭礼需要来予以配备，因此其礼器必然是品种多、数量大。据此，我们认为广汉三星堆遗址这两座遗存十分丰富的大型窖藏坑，很可能是某两位开国蜀王效中原举行告祭百神之礼后所遗留的大批礼器，故其两坑的性质当属于祭祀。

虽然上文已论述了两坑的性质，但尚有两个有关的问题需要予以说明。

第一，关于"腊"祭的问题。

《说文》锴注云："腊，合也，合祭诸神者。"段注云："腊本祭名，因呼腊月、腊日耳。"《史记·秦本纪》云：惠文君"十二年初腊"，《正义》云："十二月腊日也。秦惠文王始效中国为之，故云初腊。猎禽兽以岁终祭先祖，因立此日也。《风俗通》云：'《礼传》云"夏曰嘉平，殷曰清祀，周曰蜡，汉改曰腊。"'《礼》曰：'天子大蜡八……岁十二月合聚万物索飨之。'"同书《秦始皇本纪》云："三十一年十二月，更名腊曰嘉平。"《索隐》："《广雅》曰：'夏曰清祀，殷曰嘉平，周曰大蜡，亦曰腊，秦更曰嘉平。'盖应歌谣之词而改从殷号也。"就引文来看，腊系一种人们一年生活周期结束后举行的祭礼，其意义是既庆祝一年来的丰收，又祈求来年的丰收，因一般多行于十二月，故称十二月为腊月。但亦间有在冬季十月举行的。如《礼记·月令》云："孟冬之月"，"天子乃祈来年于天宗，大割祠于公社及门间，腊先祖五祀"。注云："此《周礼》所谓之蜡祭也。天宗，谓日月星辰。大割，大杀群牲割之也。"此一腊祭既然是一年一次的例行祀礼，其规模当然较小，与开国大祭显然有别，故不能因两者均为祭百神之礼而彼此混淆。不过腊祭则可能是由开国大祭演变简化而形成的一种常年例行性祭礼节日。

第二，关于综合祭祀坑的有无问题。

由于我们在编辑工作中读到有的文章以当时尚未有发现综合祭祀坑的报道为据，从而否定三星堆两坑，认为其并非综合性的祭祀遗存，故特在此举一新的考古发现以证明我国历史上确有综合祭祀之礼。据《中国文物报》1996年2月18日第1版刊登的《九五年、八五期间十大考古新发现分别揭晓》一文中的"郑州小双桥商代遗址"记载："祭祀坑分人祭坑、牲祭坑2种，牲祭坑计20余处，又可分为综合祭祀坑、牛头（角）坑、狗坑等几种，出土文化遗物十分丰富。"虽然此坑与三星堆两坑有明显的不同，但在这里举此发现仅拟证明综合祭祀在历史上的存在而已，故无问题。

二、年代

两坑发掘《简报》的编者将其年代断为商周之际，其中一号坑略早于二号坑，对此判断有的同志是基本上同意，但亦有同志认为应降至春秋时期，至今尚未求得共识，仍需继续予以探讨。我们对两坑年代没有什么新的不同意见，四川省文物考古研究所研究员曾中懋同志曾以测定出的两坑铜器之年代见告，我们认为，虽然判定古代遗存年代的方法较多，铜器取样测定仅是其中之一，而且有一定的正负误差，致难以达到十分精确的程度，但它毕竟不失为现代新的科学方法，其所测定之遗存年代结果，当不会与两坑的实际年代相去太远，故曾中懋同志的测定结果是基本可信的。因此，我们拟以其测定之年代为据推断两坑的窖藏者，所以特将其两坑铜器测定结果略述于此。

一号坑铜器的取样测定年代为商周之际，这与《简报》所断之年代基本相符。二号坑铜器的取样测定年代结果是：所测定的铜样中大铜立人像最早，与一号坑的铜样年代大致相同，即商周之际，其他的铜样年代均为春秋时期，不过亦略有早晚之别，最晚一样为铜神树，因此二号坑的年代应以最晚的铜神树年代为准。

此外，顺便谈一个与判断我省古代文化遗址年代有关的问题，即如何正确认识使用在我省遗址中发现的外来文化因素的年代。我们认为在判定我省古代文化遗址的年代时，使用其中发现的外来文化因素的年代为参考，是无可非议的，但不能等量齐观。如依据我省某遗址中发现的外来文化因素的年代是属于龙山文化某期偏早或二里头文化某期偏晚，遂认为该遗址中发现外来文化因素的文化层的年代与之相同，这种简单画等号的方法是不科学的。因为某一文化因素的次生地年代必然是略晚于其原生地的年代，这是必须注意的问题。否则就可能把遗址的年代判定偏早。这种文化因素的原生地与次生地的年代早晚差别，不仅在新石器时代和青铜时代存在，而且在铁器时代亦是屡见不鲜的。例如：中原地区，铁器在春秋时期已有出土，而在四川地区则在战国晚期始有发现。中原地区，砖室墓在西汉时即已是盛行的葬俗，而四川地区则要晚至西汉末年（近年始偶有发现）、东汉才普遍盛行。中原地区著名的唐三彩器，在四川地区则要迟至南宋时期始有发现，我们称之为"宋三彩"。此一差异，既然在四川地区到唐宋时期尚且存在，那在先秦时期则当更是如此。

三、两坑的窖藏者

据记载历代蜀王有蚕丛、柏灌、鱼凫、杜宇和来自荆地的开明氏等，过去多认为上述蜀国统治者之间存在先后承袭关系，有类中原统治者的父子、兄弟之间的继承关系，或者是儒家美化的所谓禅让。我们认为这种看法也许只适用于开明氏先后十二世的承袭关系，而不符合蜀国四王先后更替的历史事实。因为开明氏先后十二世之间的王位继承，很可能是在父子（或兄弟）之间正常进行的，而蚕丛、柏灌、鱼凫、杜宇等四王间的王位相承，则很可能是在蜀族的部落联盟中的部落之间或蜀族胞族内的氏族之间通过暴力而出现的权力更替。如《史记·三代世表》，《正义》引《谱记》云："蚕丛国破，子孙居姚（今云南姚州）、嶲（今四川西昌）等处。"这就有力地证明，破蚕丛的所谓"国初代之为王者"，自当是文献中所记的柏灌，其王位的先后更替便当然不是正常的和平进行，而是使用武力夺取的。据此可以认为，蜀国前四王的关系绝非是父子或兄弟，当是同时并存的部落联盟内的部落或蜀胞族内的氏族，由于彼此力量强弱消长的变化，而形成先后不同时期的联盟或胞族的领导者，即酋长，其先后更替自当是采用暴力手段进行的。

其次，再就杜宇与外来的鳖灵之间的王位更替的原因和形式而论。《华阳国志·蜀志》云："后有王曰杜宇，教民务农，一号杜主。……会有水灾，其相开明决玉垒山以除水害。帝遂委以政事，法尧、舜禅授之义，遂禅位于开明，帝升西山隐焉。"《太平御览·州郡部十二·剑南道》引《十三州志》曰："当七国称王，独杜宇称帝于蜀。……时有荆人，是后荆地有一死者名鳖冷，其尸亡至汶山，却更生，见望帝，帝以为蜀相。时巫山壅江，蜀地洪水，望帝使鳖冷凿巫山，治水有功。望帝自以德薄，乃委国禅鳖冷，号曰开明。遂自亡去，化为子规。故蜀人闻鸣曰'我望帝也'。又云：望帝使鳖冷治水而淫其妻，冷还，帝惭，遂化为子规。杜宇死时适二月，而子规鸣，故蜀人怜之，皆起。"从上面的引文来看，鳖冷（灵）代杜宇为蜀王（即丛帝）是因其有除水害之功而望帝自以德薄和望帝淫其妻而自惭两个原因，但均系出于望帝的自愿。我们认为，所谓自愿让位很可能是溢美之词，恐非王位更替的真正史实。因为，杜宇"教民务农"，使蜀人从游牧经济发展到农业经济，而且是"巴亦化其教而力农务，迄今巴、蜀民农时先祀杜主君"，可见其功当不在开明之下。故杜宇去帝位死后，蜀人报感其德而怜之，农时闻子规（又名"杜鹃""子鹃""子嶲""思归""催归"，传为杜宇之魂所化）鸣便起而积极从事农耕，并祀为社神，可见蜀人是十分尊崇杜宇的，岂有如此得民心之帝而自让其位耶？所以，可以认为杜宇与开明之间的帝位更替，并非出于杜宇的自愿，而是由于受到开明的强大压力的缘故，这显然不属于正常的帝位更替，而是武力夺取的性质。

究竟谁是两坑的窖藏者呢？蜀王之间前后王位的更替有四次（开明氏十二世间的更替未计），即：蚕丛与柏灌、柏灌与鱼凫、鱼凫与杜宇，以及杜宇与开明。其中第一次柏灌代蚕丛为蜀王，其更替时间不仅最早，而且因早期蜀人的活动地区是在岷江上游的山区，并不是在成都平原，故三星堆两坑不应是柏灌夺取王位之初祭百神的遗存。第二次是鱼凫代柏灌为蜀王。由于蚕丛为柏灌所败，被迫迁至姚嶲，其原有之岷江上游领地，自然为柏灌据以称王，柏灌可能未曾进入过成都平原，因为在平原地区并无其遗迹存在。至于鱼凫的遗迹，在平原地区则比较多，如传说的温江鱼凫城和彭山鱼凫津等。再就三星堆遗址中的遗物看，其中有不少陶器的"流"作鸟首形，这是此地文化因素的主要特征，在其他地区很少发现，显系蜀文化的因素。因此有不少同行认为此类鸟首，其嘴甚长，当是善于捕鱼的水鸟。所以三星堆文化的此一因素很可能是鱼凫氏作为族徽（图腾）的鱼凫鸟，其遗址则当是鱼凫时期的文化遗存。因而可以推测认为：鱼凫氏在战败柏灌后，为寻得更好的生活地区便进入了成都平原，成为最早由山区迁至盆地建立政权的蜀人。故可能即在三星堆称王，建王城，发现的城址即为其遗存；同时举行盛大开国的告祭百神大典。再就一号坑出土铜器取样测定的时间为殷周之际来看，大概与鱼凫氏迁至成都平原相近，故一号坑即可能是鱼凫氏称王告祭百神的遗存，自然其窖藏者是鱼凫氏了。

其次，二号坑的窖藏者。蜀国第三次的王位更替是杜宇代鱼凫，但据传说杜宇的王城是在郫县北郊，即现在所谓之杜鹃城遗址，就其出土的陶片看，它的年代要晚于三星堆文化早、中两期而又要早于春秋。再结合二号坑铜器取样测定的年代为春秋而论，二号坑的窖藏者可能不是杜宇。第四次蜀王的更替是开明一世代杜宇，为了判定年代，有必要用秦灭巴蜀之年来予以推断。可是秦灭巴蜀之年有两种不同的看法，即秦惠王的前元九年（公元前329）和后元九年（公元前316），虽目前学术界尚未求得共识，但两者必居其一，故本文是两说并存，分别推算。由于开明氏据蜀执政历十二世，而每世的年代又有两种不同的计算标准，即30年与25年，这也未统一，故亦并存，分别结合秦灭巴蜀的两种看法进行运算。

首先以惠王前元九年（公元前329）计：每世30年，十二世共360年，加上公元前329年，应是公元前689年；再以每世25年计，十二世共300年，加上公元前329年，应是公元前629年。其次，以惠王后元九年（公元前316年）计：每世30年，十二世共360年，加上公元前316年，应是公元前676年；再以每世25年计，十二世共300年，加上公元前316年，应是公元前616年。以上推算出公元前689年、公元前629年、公元前676年和公元前616年等四个年代，均有可能是开明一世代杜宇为蜀王之年。而且这四个年代又同在春秋时期。因为春秋的年代跨度是源于孔子所作《春秋》，始于鲁隐公元年之年，迄止于鲁哀公十四年之年，即公元前722—前481年，共242年。二号坑所测定的年代亦是春秋，这与前文推测的开明一世代杜宇为蜀王的年代基本相符，故我们认为二号坑很可能是开明一世为蜀王之初所举行告祭百神大典的遗存，其窖藏者自然就是开明一世（鳖灵）了。

虽然我们并列了所推定的四个可能为开明一世与杜宇之间的王位更替年代，但其中必仅有其一，而我们亦有所倾向，故特赘述以供参考。我们认为秦并巴蜀之年以秦惠王前元九年（公元前329）为可从之说，至于一世年代的计算标准则以25年为宜，故四个年代中，以公元前629年最有可能是二号坑的窖藏时间。

最后，略谈一下我们撰写本文的动机和指导思想。由于三星堆的两坑规模之大为前所未见，绝非一般臣民所为，故对其研究只能从国家、王者这个高度和范围来探索论证，而且还必须注意其时间和空间的局限。因此，结合现存文献进行研究时，也只能就蜀国、蜀王在三星堆地区进行的最高活动来考虑。而本文便在此一思想指导下，仅就其性质、年代和窖藏者等问题撰写而成，当然错误不少，绝非定论，但愿能起到引玉之砖的作用而已。

原载《四川文物》1996年增刊《四川考古研究论文集》

三星堆宗教内涵试探①

一

　　大自然天地间有许多未知未解之谜。对很多奇妙事实的不理解，导致了人们对客观天象与地球怀有神秘感。人们对生物界的动物、植物以及异族人也常感难以理解，称呼异族人为夷、蛮、戎、狄、鬼方、天方，视之若鬼怪妖魔。原始巫术的交感与致感实际上是人们对现实改造的期望与自慰。巫术是人们的认识、理解、期望和人际间特有的感情心理对客观现实的反映，是迷惑、误导、热情、求助与自拔的幻觉。巫术在中国具有"天人合一""万物大同""仁恕合群""人际整合"等善良而又神秘的特色。

　　红山文化中的大肚怀孕女神，仰韶文化中蛙神鱼蛇多子的画面，都揭示了原始社会的生殖崇拜。红山猪婆龙与仰韶鱼蛇龙都以水为生命之源。水中产子的蛙与鱼以水为命，水为生之源又演化出众鱼（蛇）之神物——龙，其崇拜者至少有华夏（黄帝与夏禹、仰韶文化与良渚文化）、匈奴等族。大陆群山的兽类最为原始人所了解。虎豹熊罴最为

①　本文由李复华、王家祐合著。

凶猛，于是有饕餮食人之虎头（兽面纹），有"吞口"辟邪，"石敢当"却鬼，夏商周三代古器物的"兽面纹"实即虎面。最显著的兽图标是姜（羌人）族的青羊、白羊、黄羊。也有蜀山（岷山、崇山、蒙山、钟山……）的文马，或写作"吉量""乘黄""吉光""麒麟"。马有多种。"车如流水、马如龙"不仅是文学的夸饰，还有神马出自龙种（天马）。凤（从马）是狐；九尾狐又错为九尾凤。"骞林"又可写作骞林，从马与从鸟相同。麒麟原是龙马或马鹿，汉后译音为"开明"，译意作白虎。文马变成"白虎"，是马马虎虎，又称为岷（汶）山蜀族的"开明兽"。今甘肃、青海、四川俄洛地区有"黑虎女神"与"不周山"。兽类无红、蓝色，虎亦似羊似马，有黑有白。颛顼大巫师裔孙之国以鸟王为主皆是"使四鸟，虎豹熊罴"。三代之前，黄帝之后，在陕、甘、川嶓冢山（大蒙山）的鸟王颛顼神权教化下有许多兽部族。鸟王下的四大分部"虎豹"与"龙龟"（熊罴似误写或误记），正是姜姓（虎）与姬姓（龙）两母系。这正是昆仑鸟母（凤）亚婚族，姬姜皆入赘（古母系男儿从母配姐妹）于骊轩女。此古骊山女为"天子"者，当即"西王母"西貘族。黄帝"妃"貘母，周穆王访西王母，汉武帝和于文山西貘，皆西疆女国鸟族（凤母）。

蜀山西陵氏以瞿堆（离堆）大鸟为氏，西貘以鸟母坐龙虎跻座。文山的黑马（虎）称为雅（佳、雏）。事实上是"黄帝"有两母，二妃，黄帝入赘于两个互婚鸟部。龙凤呈祥，姬姞偶。夏禹学于"西王国"，也是回归其母"崇伯鲧"蜀山西陵貘族（蒙、峧）。

凤鸟有多源：商为乙鸟（燕）；山东有龙山鸟系；河姆渡有东南凤凰；蜀山（文山）有瞿上、鱼凫、白鹳、杜宇；还有"骊山女"大有始出中亚鸟母之迹。"鸟"文化在世界各地广泛存在，有如巨石文化遍布亚欧。但神龙奇蟒、灵虎（麒麟、开明）怪兽则是中华独特的文化现象。龙、虎、凤三母系互婚，变为父系"一娶二女"却为华夏特色。三星堆的凤鸟主体文化（昆仑天鸡文化），是原始宗教的再现。

人间昆仑山当在今川青黄河第一曲的山原俄洛地区。此区本属考古学仰韶文化地区（传播至川西岷汶）。昆仑先民（仙人）必须首先有衣食，纺织业与农业是其生存生产的基础。农业必须定"四时八节"。此处也是《山海经》中的"掌握日月"的测天女和月母之国。此地野鸡繁衍，雉鸟蛋为最佳食品。"阿细的先鸡"可能即姬姓祖源（先周人祀鸡）。古神话"执天之道"（日月黄赤之道）的女巫即正副两执天象之女。这就是以大树（巨格之桑）观日月，用十二山头测日时，凭北斗以定农时的"西王母"。西王女系本为凤母，又以西貘称，或西陵、瞿唐、道教神格中唯一大神"斗姥"（西灵圣母斗姥元君）即此神。昆仑化为须弥，斗姥也化成"摩利支天"。

二

三星堆宗教内涵极为丰富，值得探讨。

（一）祭祀神坛

这个三层神坛似与楚帛画的天、人、地类同。是中国"天人合一"的根源。下层两神兽既是兽又有翅尾，或是虎凤复合体。中层花冠神巫是沟通天地的巫师，他们手握树枝或与通天神树有关。上层两神鸟特立。人面及周围的装饰合成虎首（兽面纹）。最上层的虎面人似可联系荆州"大武（越）"铜戈上的珥蛇大巫师、琉璃阁战国铜壶上的羽人。这一类型是中国神仙的共性。三层神坛给探索者联想很多：

（1）昆仑三层与佛教的须弥山一致。两山为"独山"（蜀山）、"天柱"。两山乃天神所居。天柱独撑与"天目"独眼慧观又有联系。

（2）彩陶上的卐字纹、三星堆的五旋纹两相近似。20世纪30年代认为楚国立鹤莲花壶的莲花是印度文化的代表，中国也有古莲。三星堆挂饰莲瓣铜铃等似有中印文化交流。

（3）道教神斗姥与佛教引入的摩利支天同为三头八臂，莲座前有七只猪代表北斗七星。由于存在中印文化交流、中亚与西方文化交流，在天文二十八宿考订上谁早谁迟难定。从濮阳蚌壳堆塑龙虎中的七星看北斗崇拜至少有5000年的历史。肇自黄河源昆仑山的斗姥（西王貘凤族）道教却是以太乙（北极星）、九皇（北斗）、五斗（在七星中）为根蒂的。夏禹、张陵同是北斗精灵所化生。

（4）原始佛教（释迦牟尼所述《阿含经》）出自"塞种"，并非印度土著（荼罗维图棕色人），亦非东欧迁来的雅利安白人。中亚游牧白人译为：徐西亚、斯基泰。称为西北利（亚）与鲜卑时已是白黄混血民族。这一系西亚族当与"戎、狄"有关。

（二）神树（通天树）

神树最初当是原始山林的巨木，看太阳在巨木何方以测日。称之为若木、建木、矩格之桑、扶桑，已经是观测日与月的标志、祭祀活动中心的社树了。

三星堆铜神树已是神殿中祭祀中心树。正是用鸡代表太阳的"十日上下"的测天神树。树顶的凤凰是由鸡（雉）变来的，是野鸡的神化，而不是汉朝以后传入的孔雀。神树是"观天之道，执天之行"（日月运行）的测天量天的原始天文测景台，是"西和月母"二女浴月的母系西王载的宗教中心。神树以雉凤为主，树根部还有一条中华龙。树座是三角形很重要。昆仑三角：西为西王貘（西陵即蜀柱山），可能有斯基泰白人文化，骊轩女为天子文化，戎与狄文化；东麓是北姬（氏、龙）；南是姜（羌、虎）。

（三）太阳与眼睛

圆轮中以内五角星圆为多。它们代表天上的日和月。人们的眼睛也是人身的日月。"心生于物，死于物，机在于目"（《阴符经》，《阴符经》的解释书名《天机经》）。此处之"物"作族标（图腾）解。心（思想、灵感）来自族徽之神物。关键在两眼与天道日月相感应。水中龙眼是筒形的，澳洲怪神亦筒眼。天空鸟眼是圆形的，如蜀之瞿堆、瞿上皆指大鹏鸟（或鹰）。陆上的虎眼作棱形（兽眼）。二里头所见夏文化中的"目"字与蜀人的"罒"字，其形意皆指独具支眼的"天目"慧眼（神灵化的"松果体"）。蜀字与厦字皆含独立意，就是基于人体前额松果体这只直立的第三只眼睛。中印神像很多立眼为亚洲古神的特色。铜面具额上空格也许就是留来嵌天目的。额饰与鼻前中饰必具神化意识。

（四）群神头面

可称为混合群神的万象神宫中，神像千姿百态。筒眼、大耳、鼻饰的"杜鹃"瞿灵，鹤腿鸟王，各式大巫，金面天神，虎脸神各显神通。特别是还有西方高鼻人种（塞种？）。这些神头都没有神身。也许他们是插在木柱（树桩）上，用麻衣或兽皮为身服。杜鹃头和立人像是天上鸟母和人间大巫。这样的万象神宫不亚于商周王朝规格档次。也许正是蜀山承继华夏文化的具体象征。无怪乎三星堆玉器与华夏一致。三星堆玉器与良渚文化却具相同模式。

金杖上的并列三人与楚帛画四方十二生肖图中的三头人近似，又与双流机场战国时蜀人铜矛上三头人类似。特别值得一提的是跪坐棱眼人像，发自后反卷向前。他与良渚文化中的骑虎人像完全一样，足以说明良渚骑虎人与此同一属系。

（五）龙、虎、凤

中国的龙、虎、凤的主导意义似不宜完全比照"图腾"模式来框范。三大神物按海、陆、空三界总归复合，不似一个部落、部族的族徽，而是众神之神的吉祥"物"。禹铸"万物"于九鼎，却是标志万国的族标（物）。

（1）上古母系社会从姐从姒、姑、姚、娲、妊、姅、娄、媿、娄、婷、嬴、姬、姜，不可能用统一族徽。

（2）男系地域性部落联合的"氏"，更不可能各部全用统一族徽。

（3）在广大地域，江、淮、河、济、诸水、群山地区难于统一标号，只可能联祭神坛上的"百神"与"万物"。

（4）源自美洲易落魁图腾所用"部族""部落""氏族"的人数有多少？能否与中国古"国"相当比对？

（5）明显古有蛇、龟、鱼、鸡、马（多种马）、鹿……归入了龙（姬周）。黄羊、白羊、青羊归入了虎坛。众鸟归入了凤或瞿、鹏。

（6）古姓氏的父母两系分合发展及迁徙造成的宗族分布是非常复杂的。如鬼方在殷代是犹族。周代称为狄，又称有易。媿、嬇是鬼方的姓。媿姓女娲是赤狄（龙）；姬姓伏羲是白狄（凤）。禹、禺、兕、蜀本为纵目（慧眼曰目）一系。禹号文命，蜀号岷、汶（民为刺目，蜀亦刺目）。

（7）黄河源之昆仑有虎神，长江中下流亦有虎神，这虎神（饕餮、吞口、大面、兽首）绝不是甲骨"虎方"、宝鸡虢国能概括的。红山文化玉龙猪婆龙，仰韶文化的蛙蛇鱼综合龙，姬周的龟龙（"我姬出自天鼋"），各有渊源。花蒂（华）纵目（夏）综合龙才成秦汉龙样。由龟龙麟凤变成"龙虎龟雀"，显然麟误译成白虎。此"白虎"本为马或鹿神化的"吉良""乘黄""开明兽"，误"兽"为虎，变神鸡为朱雀。

王家祐《道教鸟母与昆仑山文化的探索》（见《成都文物》1996年第1、2两期）曾提出这样几点看法：（1）西王母与姬姜是互婚的昆仑山原三大部族。（2）"西王"女系多女皆称"（西）王夫人"。其男嗣王方平（战国秦汉神仙）创立"鹄（白凤）鸣神山治"。方平名远，说他的神道来自"月氏"（或即塞种斯基泰）。（3）道教鸟母（玄母、玄女）人头鸟身。（4）鸟王颛顼（高阳氏、楚祖）有易（狄）。有两女子曰琬曰琰（女和、月母），掌日与月（易）之运行。（5）以昆仑三角为中心的神仙"五岳"，除昆仑三角外，是：东岳广桑（扶桑？）、南岳长离（佳离）、西岳丽农（骊陇）、北岳广野（大漠）。（6）蜀山神系和蜀山神鸟瞿。（7）斗姥（西王貘）与蜀天文。（8）昆仑三恪互婚中的鸟母（西王母，龟山西灵圣母）。这篇探索似可为三星堆昆仑神树的人面鸟身神作一序言。

王家祐在《中国龙虎凤文化考古新发现》(《四川文物》1999年第1期）中提出：蜀山崇伯鲧剖腹而生夏禹；夏禹之母"崇伯"即蜀山之西陵氏（貘母）。屈家岭至大溪文化这一彩陶与黑陶复合文化（西疆彩陶与龙山黑陶、良渚玉饰）很可能与巴人蜀人有关。屈家岭陶纺轮上的颠倒双鱼形"太极图"却系"岷山丹法"——《太清金液神丹经》的标准图像。仰韶文化的庙底沟阶段（公元前2800年左右）已出现广大地区的文化统一体。略后的龙山文化期（至少在公元前2000年前）整合统一更加明显。到夏朝的二里头文化（公元前1900年到前1500年）已经是夏商蜀（崇、蒙、岷）的青铜美玉时代。

（六）鸟母（凤）与众鸟

三星堆鸟类最多。虎有几件（若兽面是虎则多十余件）。龙只见于巨树下侧作龙形柱饰。人头鸟身像立于柱顶必是此间（昆仑神山）大神。是否与嶓冢山鸟王颛顼大巫有关？凤鸟是鸡神，有许多凤凰皆自雉变来，皆有冠似为雄性，是否西王母戴"胜"的♀？还有鸟头、鸟形饰、鸟形铃，标准的有冠雄鸡，神鸟。兽冠人像参照最大的"杜鹃"头，应是鸟冠（虎口）。特别值得探讨的"鹤腿"下半鸟神立人像，似为有别于昆仑雉凤的"神人踏鸟"。还有许多鸟纹和铜器肩上的鸟饰，神坛顶层的双鸟。这正是《山海经》中的凤凰乡，食卵民（野鸡蛋）。

成都市博物馆收藏的两件青铜鸟器物上有巴人用鱼凫捕鱼的形象，时代是战国。下迄到汉代画像石亦见鱼凫画像。还有河南的《鹳鸟石斧图》，湖北红花套（白庙文化）曾出土相当于二里头文化的残陶船（长7.2厘米）。陶船可能是巴人采用船棺葬和水上生活的祖源。湖北宜昌中堡岛出土的"鸟首形器柄"又见于四川的阆中、成都十二桥、广汉三星堆等处。它就是鱼凫的象征，沿长江自湖北、奉节直至成都平原都有"鱼凫"的地名，四川战国铜器上亦有各种鸟纹。川江的瞿堆（从骓）、瞿唐、瞿上及离堆、魁雀，都是神鸟对偶的神鸟崖。黄帝的妻族（貘母即西陵氏）本凤凰系。汉画像鸟母坐于龙虎座上。蚕丛（鸔）、伯灌、鱼凫、杜宇、开明（虎与雄雉）似皆奉鸟神。

三星堆尚未全面揭露，今见文化似仅其一小部分。相信随着探讨的深入，对其会有更全面的认识。

原载《宗教学研究》1999年第3期

蜀文化大转移的政治意义

关于三星堆文化与金沙文化的关系问题，笔者同意俞伟超和林向两位教授所提出的观点，即两者应同属于蜀文化，但有先后之别，后者紧承于前者且有所变化。本文拟主要以两地出土的玉器所表现出的文化差异为基础，再结合文献，研究探索其政治意义之所在。

一、三星堆窖藏出土玉器

一号祭祀坑出土有：璋40件、环1件、戚形璧3件、瑗2件、戚形佩1件。二号祭祀坑出土有：璋17件、璋形饰件3件、璧2件、环1件、瑗7件。两坑出土玉器均属礼器。其时代虽有早晚之别，但应属于同一文化的遗存，即古蜀文化。从数量上来看，以璋最多，两坑共有各类璋57件，二号坑还有璋形饰3件。其中"标本K2:③"璋上刻有图案，原发掘报告认为可能与《国语·楚语》记载的"黎抑下地"的传说有关，是值得一提的珍品。就这一现象而论，两坑所处时代的蜀王（也许是同一个蜀王）对璋情有独钟。璋是一种超于其他玉质礼器之上的重要祭器，具有特殊意义的用途。璋为圭之半，《尚书·顾命》云："君执圭瓒祼尸，大宗执璋瓒亚祼。"注云："圭瓒、璋瓒，祼器也，以圭、璋为柄。"此外，《礼记·曲礼》云："天子建天官，先六大：曰大宰、大宗、大史、大祝、大士、大卜，典司六典。"注云："此盖殷时制也。周则大宰为天官，大宗曰宗伯，宗伯为春官，大史以下属焉。"从上引文可见，大宗乃周之官名，执璋瓒之大宗低于执圭瓒之君，璋自然亦应低于圭。这是璋的用途之一。

二、金沙遗址出土玉器和其他文物

金沙遗址的出土情况，因仍在继续清理中，还无完整的正式发掘报告，故本文仅以一些阶段性的报道资料为据，特予说明。

据《中国历史文物》2002年第2期的《2001年中国考古新发现》一文所载，金沙遗址的文物出土情况是："出土的重要文物共2000余件，包括金器40余件、玉器900余件、铜器700余件、石器近300件、象牙器和骨器40余件等，主要有金王冠带、金面具、太阳神鸟金箔、铜立人、铜牛首、铜戈、玉琮、玉璧、玉璋、玉圭、玉钺、玉戈、玉凿、玉矛、玉人面、玉跪座人像、石虎、石蛇、石璧等。此外，还出土了数量众多的象牙和数以万计的陶器、陶片等。其中陶器主要有小平底罐、高柄豆、瓶、盂、尖底盏、尖底杯、高领罐、圈足罐等。遗址时代约相当于商代晚期至西周早期。"就金沙遗址与三星堆窖藏出土玉器来看，虽然其种类大致相同，但在璋的数量和琮的质量方面却有较大的变化。例如：三星堆的玉璋竟有57件（另有3件璋形饰）之多，而金沙的玉璋数量却降下来与一般玉礼器相同。但另一重要现象是：金沙的玉琮虽然只出土有2件，可是其制作工艺之精和琮体之大都是前所未见的，故被成都市考古队队长王毅研究员誉为"旷世精品"，可见此玉琮绝非一般凡品，而是蕴藏有重要的特殊意义。两件玉琮，据张擎、朱章义《成都金沙遗址的发现与文物抢救记》（载《中国历史文物》2002年第1期）介绍：一件于2001年2月10日出土，"玉琮呈方体圆孔，四节，器型极规整，通体精心打磨。每节有四道阴刻线，阴线非常均匀平滑，无毛刺和停顿痕。琮孔用管钻两端钻成，经精心打磨。孔壁十分光滑，孔的上下两端的直径基本相同，现已观察不到钻孔痕迹。射径15.2厘米，高16.5厘米，内厚1.8厘米～2厘米。相对的面宽相同，分别是10.6厘米和11厘米，射口高1.6厘米"。另一件于同月12日出土，"青玉琮，共十节，其上的简化兽面纹和微雕与良渚文化的玉琮如出一辙"。璋、琮为什么先后分别在两地受到如此的重视呢？现刍议如下：

《周礼·春官·大宗伯》："以玉作六器，以礼天地四方：以苍璧礼天，以黄琮礼地，以青圭礼东方，以赤璋礼南方，以白琥礼西方，以玄璜礼北方。"注云："此礼天以冬至，谓天皇大帝在北极者也；礼地以夏至，谓神在昆仑者也；礼东方以立春，谓苍精之帝而太昊、句芒食焉；礼南方以立夏，谓赤精之帝而炎帝、祝融食焉；礼西方以立秋，谓白精之帝而少昊、蓐收食焉；礼北方以立冬，谓黑精之帝而颛顼、玄冥食焉。"

关于祀天地的问题。《周易正义》卷一："夫玄黄者，天地之杂也，天玄而地黄。"据《周礼注疏·春官·大宗伯》，疏云："今地用黄琮依地色，而天用玄者，苍玄皆是天色，故用苍也。"这是祀天地用色的原因。同书注云："礼神者必象其类：璧圜，象天；琮八方，象地；圭锐，象春物初生；半圭曰璋，象夏物半死；琥猛，象秋严；半璧曰璜，象冬闭藏。"这是用六器的依据。同书又疏云："郑彼注云：'上宜以苍璧，下宜以黄琮，而不以者，则上下之神，非天地之至贵者也。'彼上下之神是日月，故陈玉与此不同也。"从上面引文来看，周代六器之用有一套完整的制度。再结合周代时的大祀、次（中）祀、小（群）祀而论，三祀之别由祀者的政治社会地位之高低而定，祀天地是大祀，乃天子之祀，诸侯不得僭制而祀天地。这在《礼记·曲礼下》有较详的记载："天子祭天地，祭四方，祭山川，祭五祀，岁遍。诸侯方祀，祭山川，祭五祀，岁遍。"疏云："天子祭天地者，祭天谓四时迎气，祭五天地于四郊，各以当方，人帝配之。《月令》：春曰'其帝太皞'，夏曰'其帝炎帝'，季夏曰'其帝黄帝'，秋曰'其帝少皞'，冬曰'其帝颛顼'"，"祭山川者，《周礼》：'兆五帝于四郊，四望、四类亦如之也。'祭五祀者：春祭户，夏祭灶，季夏祭中霤，秋祭门，冬祭行也"，"诸侯方祀者，诸侯既不得祭天地，又不得总祭五方之神，唯祀当方，故云方祀。祭山川者，《王制》云：'在其地则祭之，亡其地则不祭。'是也"。

例如，祭山川，天子所祭为全国性之名山大川，而诸侯所祭则为辖地内之名山大川。又如灵台乃天子用以观天文，诸侯则不得建灵台。由此可见礼地之黄琮，除天子外，其下侯、伯之君是不能用以礼地的。据此，我们可以认为金沙出土之琮为礼地之黄琮，而且很可能是蜀文化在金沙时段里的蜀王称帝之证。

关于璋的问题。不可否认玉璋是蜀文化在三星堆时段里的重要礼器之一。在57件玉璋中很可能有礼南方赤帝之赤璋，不过我们在目前尚无法辨认而已。若此设想成立，则必首先涉及蜀人尚赤的问题。因为，《华阳国志·蜀志》云："九世有开明帝，始立宗庙，以酒曰醴，乐曰荆，人尚赤，帝称王。"这里的"人尚赤"记于开明九世之后，这当然表明蜀人尚赤之始的时间。可是三星堆祭祀坑出土的赤璋，则同样表明蜀人尚赤的年代。关于这一矛盾，笔者认为可能有三种情况：其一，本文据出土玉璋有57件之多而判定为，蜀人如按前文所引《曲礼》的"诸侯方祀"，不得总祭五方之神，仅能祭所在当方之神，其蜀之当方应系南方，故以赤璋祭南方之赤帝——赤熛怒天帝。若此判定有误，则蜀人并非商末即有尚赤风。不过笔者认为其判定错误的可能性较小，故据以立论耳。其二，从金沙遗址出土之黄琮来看，这时周初之蜀人已从尚赤转而尚黄矣，或许至开明九世之时又复改为尚赤，这亦是可能的事，其矛盾并不存在。其三，即是常氏对历史事实的错位记载，这在《华阳国志》里是存在的。这对本文之论证无伤。

其次，从三星堆祭祀坑出土的玉璋还可看出，当时的蜀王虽然处于商末时局动乱之际，而并无称帝之举，仍是遵守中原之礼制，以诸侯方祭之礼来祀南方之天帝的。继后"武王伐纣，蜀与焉"，这又说明蜀王对新的周朝亦是承认的，也无二心。

上面分别对璋、琮做分析后，再将两者结合而论，不难看出：蜀文化从三星堆时段向金沙时段的转移，不仅是文化方面的地域转移，而且是政治经济中心的大转移，特别是政治中心的转移。所以我认为，这不是一代蜀王从原都城迁至新都城的问题，而是前后两代蜀王的更替问题，并且后一蜀王更进而称帝。前面的论证已较为清楚地表明了这一重大的政治意义，这即是本文所要论证的主要问题。关于金沙时段蜀王的称帝问题，尚有可信的其他旁证，现列举于后。

羊子山的土台、石璧制作工场遗址与金沙蜀文化的关系。关于这个问题，在不久前王家祐同志和我合写的《羊子山地区考古的几个问题》（载《四川文物》2002年第4期）一文中亦曾提及，但似乎太略，未尽其意。为了本文论证的需要，这里特就两地遗存的关系谈点我的观点，也是对前文的补充。

羊子山土台于1956年春夏之际清理结束后，我曾去工地现场，看见土台下基址面较平整，显然是建前加工所致。只是在其基址面上却发现了一些石璧和其半成品，以及制作时的废品，数量虽然不多，但可表明该基址在土台建筑前是一处石璧制作工场。只是未在后来正式发表的《成都羊子山土台遗址清理报告》（载《考古学报》1957年第4期）中提及此工场，特再予以补记，以供学术界研究之用。

羊子山石璧发现后，必然联想到1954年我们去广汉月亮湾调查时所见到的石璧，两者虽有大小之别，但其制作工艺却是相同的，所以两者是同一文化的遗物。而且羊子山的石璧，亦是以蜀文化内涵的身份随此次文化大转移来成都的，去年金沙遗址的惊人发现，竟亦有此一般民用石璧而证实。据此，再结合羊子山土台的兴建来看蜀文化大转移的政治意义。

羊子山的清理证明，所谓的山是一座大型的人工土台，残高10米，呈正方形，方向北偏西55度。建筑为回字形砌三道墙填土夯实，分三层垒高而成。台底外层每边最宽约103.6米，二道墙每边宽67.6米，内层每边长31.6米。据此，可知土台应是三级递增的建筑，每层必有登台土阶。墙砖系用泥土和草调匀，置入匣内压成土坯，其长65厘米、宽

36厘米、厚10厘米。墙的构造，是用平置和上下齐缝相叠的砌法，砖间用灰白细泥黏接，这当较后代的压缝砌法要原始一些。

关于土台的性质，许慎《五经异义》云："天子有三台：灵台以观天文，时台以观四时施化，囿台以观鸟兽鱼鳖。诸侯卑，不得观天文，无灵台，但有时台、囿台也。"（引自《太平御览》）可见灵台只能是天子用于观天文之台，诸侯不得用也。《礼统》曰："夏为清台，商为神台，周为灵台。"这表明台这一特殊建筑被统治者作为权力地位的标志之一，是早在奴隶社会时期的夏代即已形成，至周仍沿用其制。《诗经·大雅·灵台》郑笺云："天子有灵台者，所以观祲象，察气之妖祥也。"这是灵台除用作观天文之外的又一用途。刘向《新序》云："周文王作灵台及于池沼，泽及枯骨。"这表明文王在未亡殷纣之时，即已筑灵台而以天子自居了。可见灵台的兴建在统治者看来是非常重要的事。

羊子山土台除规模宏伟外，恐怕在土台兴建前的奠基工程亦是十分重要的。首先，土台的基址选在石璧制作工场是有其特殊意义的，因为，石璧应是民间祭祀的重要礼器之一，统治者用其工场和产品作为建台的基址与奠基之器，其意可能是祈求吉祥和增强土台的重要性与神秘感。同时结合金沙出土的天子祭地之黄琮而论，羊子山土台恐非天子之灵台莫属。因此，羊子山土台表明蜀文化大转移的政治意义是前后两蜀王的换代，并且是后一蜀王称帝的又一重要证物。

最后，试对前后两位蜀王换代问题做点探索。关于三星堆时段的蜀文化问题，自三星堆二期文化里发现陶鸟头勺柄器后，特别是相继发现两座祭祀坑以来，学术界多认为这一时段的蜀文化应属于鱼凫文化，这一观点至今仍占有较大的优势，几可视为定论，余从其说。至于鱼凫文化的下限，我认为即是本文所推断的三星堆文化的结束之年，亦可能是金沙文化开始之年，总之就是蜀文化先后两个时段的大转移之际。据笔者推算其相对年代是：公元前316年为秦并巴蜀之年，即开明氏末代蜀王灭亡之年。若以此年为基点计算，开明氏为十二世，按史学界习用的一世以30年（亦有用25年的）计，当为360年，再在公元前316年上推360年，则当为公元前676年（西周惠王阆之第一年），是年即开明一世登上蜀国王位的第一年，同时是年也可能是杜宇文化的下限年代（也许再略晚点）。然后以西周武王第一年，即公元前1046年，从此年往下至开明一世的第一年（公元前676年），共有370年之久。这370年或可视为杜宇氏为蜀王的年代。结合前文出土之"旷世精品"（黄琮）和羊子山土台（灵台）来看，这时称帝的则当是杜宇氏的前期之某一蜀王，且有文献记载可与互证。

《华阳国志·蜀志》云："后有王曰杜宇，教民务农，一号杜主。时朱提有梁氏女利游江源，宇悦之，纳以为妃。移治郫邑，或治瞿上。七国称王，杜宇称帝，号曰望帝，更名蒲卑。自以功德高诸王。"

关于"杜宇称帝"问题，任乃强的《华阳国志校补图注》和刘琳的《华阳国志校注》两书的看法是不尽相同的。任老在夹注里云："七国称王，在周显王世，距灭蜀只数十年，杜宇死已四百余年矣。七字，应是巴字之讹。形近，时间亦合。"此处"七"改作"巴"，系以同书《巴志》"七国称王，巴亦称帝"为据。对此任注："蜀、楚、吴、越及徐，皆早于春秋前即已称王，巴国介于其间，又不尊周天子，何能待七国称而后自王？此亦常氏谬文。"任老的看法，可备一说，因为，他认为杜宇确曾称帝，仅未能确指其称帝的年代耳。而刘氏对此在注里云："按此说误：春秋之世列国称王者唯楚，其后有吴、越。其余各国皆晚至战国之世始称王。且蜀人语言与华夏族异，所谓'帝''王'皆中夏译语，非其本称。"笔者认为刘氏之说与史实不符，是错误的。不过刘书面世较早，作者未能见到后来金沙遗址的重要发现，以及结合羊子山土台的研究成果，故其误是可以理解的。虽然《常志》所记之杜宇称帝是可信史实，但其所记之宇都为"移治郫邑，或治瞿上"，这与地处成都之西的金沙不符。笔者认为从考古学的观点来看，当以考古发现为准，对不同的相关记载则应予以否定。即杜宇氏代鱼凫氏为蜀王后的都城应以成都地区的考古发现为准。

此外，笔者还想对金沙遗址出土的"极为罕见的太阳神鸟纹金箔饰"谈点看法。饰呈圆环形，直径约15厘米，内镂空成四只飞翔的神鸟，中空为好，四鸟之羽疑是象征太阳光芒之意，造型生动，工艺精湛，绝非一般民用饰品。前年笔者曾应邀参加成都市考古队召开的会议，讨论新发现的金沙遗址问题。会上王毅队长出示了此件重要文物，并希能议议其意义和定名，现在的名称便是在那次会上所定，笔者是同意的。会后笔者进一步考虑认为，当时所定之名是正确的，没有什么问题。不过不能停留在神鸟的认识上，而应对该饰再做点探索，期能明确其鸟名和意义。因此，这里结合本文所议问题提出一点初步看法。据本文论证认为，金沙遗址所表露的文化，应属于蜀文化的杜宇氏文化时段，即西周的前三百余年时期。在这一时段里，蜀人经济当是以农业经济为主的。因为，《常志》云："杜宇教民务农，一号杜主"，"帝升西山隐焉。时适二月，子鹃鸟鸣。故蜀人悲子鹃鸟鸣也。巴亦化其教而力农务。迄今巴蜀民，农时先祀杜主君"。任老注云："杜，古与土同音。中华人民共和国成立前四川各县乡皆有土主庙，人莫知其何神也，大都为农民所敬奉。由巫师传其为保护农牧之神，盖即杜宇。"这不仅表明杜宇氏为蜀王之初即已开始农耕，自然每年二月子鹃必鸣，用以唤起蜀人，不失农时地进行农耕生产，保障其生存的粮食所需。故蜀人感子鹃鸟之德而敬之，遂以为杜宇氏之族徽而视为神鸟，这是完全可能的。因此，笔者认为金沙遗址出土的太阳神鸟纹金箔饰，其神鸟应即是子鹃鸟，鸟羽象征太阳光芒普照大地这一最好的农时。故此饰可视为杜宇氏所用之物。这不过是略备一说而已。

关于蜀文化杜宇时段的遗存，在成都地区已有较多的发现，除本文提到的金沙遗址和羊子山土台遗存外，另外十二桥木建遗址、方池街遗址、岷江小区工地遗址以及黄忠地区的遗存等，均应归入这一时段的文化范畴。这些发现是古蜀考古的吉祥之兆，为复原杜宇时期的古蜀历史创造了很好的条件，真是可喜可贺。

试说金沙遗址出土的玉璧

——对拙作《蜀文化大转移的政治意义》的补充

承成都市文物考古研究所研究员江章华同志见告，金沙遗址出土一件很重要的大型玉璧，特此致谢。不久我便在去年《巴蜀文化研究通讯》第4期上读到宁远斋同志发表的《成都金沙遗址发现"玉璧王"》的报道。文中说：它是"迄今为止巴蜀地区最大的璧。这块玉璧长约24厘米，大小超过了此前发现的国宝翡翠玉琮，堪称'玉璧王'。……此外，考古人员还发现了一件残损的玉璧，上面阴刻着罕见的孔雀图案。该玉璧雕刻细腻，纹饰丰富，属上乘精品"。

苏敏在《成都金沙遗址出土木耜》一文中称此璧为"全国最大的有领玉璧"（载2003年3月1日《中国青年报》）。玉璧的发现乃是我意料之中的事。因为它的发现对于我去年在《成都文物》第3期上刊发的拙作《蜀文化大转移的政治意义》（以下简称"《蜀文》"）是极为重要的补充，故下面再就有关问题谈谈我的观点。

首先重温一下我在《蜀文》里提出的一个观点：金沙遗址出土的被誉为"旷世精品"的玉琮，很可能是古代帝王祭地的专用礼器——黄琮。而且用史学界常用的以30年为一代的计算标准，从开明十二世被秦亡之年（公元前316年）上推至杜宇时期，正好是西周的前期时段。

再用琼结合《华阳国志》"杜宇称帝"的记载来看，金沙遗址则当是杜宇的文化遗存。

再就周原遗址出土的大量的卜甲骨而论，其时代多数为文王、武王、成王这一时段的遗物，也有穆王时期的。卜辞中有"伐蜀""克蜀"和"征巢"的记载（采自陈全方《周原与周文化》一书，系上海人民出版社1988年版），这些记载很可能是与成王时段相同的杜宇称帝后的卜甲骨。因为周武王组织的伐纣联军中有蜀人参加，而这时的蜀主当是臣服于周的鱼凫，是不可能因叛周而被伐的。因此被周所伐所克并毁其巢的蜀，当然就是叛周称帝的杜宇了。同时表明杜宇称帝的时间不会太久，而是叛周后，旋即因周强大武力的征伐而被迫臣服了。

可是就我这一观点另一侧面涉及的天子祭天之制，惜当时金沙遗址尚无天子祭天的苍璧与黄琮相伴出土，致使杜宇祭天之说只是推测而尚有待新的考古发现予以证明。因此，我在《蜀文》里仅略及天子祭天地之礼制，而未涉其制之有关问题。现在该遗址出土的被誉为璧王的有领玉璧，当然可进一步证明"杜宇称帝"是可信之史，它同时也是金沙遗址为杜宇时期文化遗存的有力物证。

一、诸侯亦有祭天地者

《国语正义·楚语下》云："诸侯祀天地、三辰，及其土之山川。""解"云："三辰，日月星也。祀天地，谓二（三）王后也，非二（三）王后，祭分野星山川而已。"这表明诸侯中亦有能享祀天地之制者，但必须是有三王之后这一特殊条件，否则一般诸侯就只能祭分野之星山川，即所谓之"方祀"。周对三代之后封诸侯者，享以祭天地之特殊礼遇，其用意乃是在于怀柔，期能使其心有所安而消其复辟之想，从而得以巩固其统治地位耳。周行此策并非杞人忧天之举，而是有鉴于成王时期，纣子武庚叛周之故。而怀柔之策，后来则更有所发展和完善，成为封建社会的萌生之制，即《魏书·沮渠蒙逊传》所说的"远托太阴（通荫）"，《隋书·柳述传》亦云"少以父荫为太子亲卫"。荫生制有恩荫、难荫、特荫之分，即："祖、父现任贵官，著有勋劳，遇覃恩而官其子孙，谓之恩荫；祖、父没于王事，不论爵秩，例皆录用其子孙，谓之难荫；先朝耆旧之子孙，由特旨录用者，则曰特荫。"这表明封建时代统治者，为了巩固政权，其用心何其良苦耳。

二、关于三王之后的问题

《春秋左传正义》中，襄公二十五年（公元前549）《传》记载：子产曰："庸以元女大姬配胡公，而封诸陈，以备三恪。"这里左氏认为"三恪"当是三王之后，自然当享周给予的祭天地之礼。"杜氏注"里对三恪是加以阐述肯定，可是"孔颖达疏"里在对三王之后详加考订后，否定了"三恪"的存在。我认为这一注一疏的不同之说有参考价值，特录全文于后：

注："庸，用也。元女，武王之长女。胡公，阏父之子满也。""周得天下，封夏、殷二王后，又封舜后谓之恪，并二王后为三国，其礼转降，示敬而已，故曰三恪。"

疏："《史记·陈世家》云：陈胡公满者，虞帝舜之后也。舜传禹，而舜子商均为封国，夏后之时，或失或续。至于周武王克殷纣，乃复求舜后，得妫满，封之于陈，以奉帝舜祀，是为胡公。《乐记》云：武王克殷反商，未及下车，而封黄帝之后于蓟，封帝尧之后于祝，封帝舜之后于陈；下车而封夏后氏之后于杞，投殷之后于宋。《郊特牲》云：天子存二代之后，犹尊贤也。尊贤不过二代。郑玄以此谓杞宋为二王之后，蓟、祝、陈为三恪。杜今以周封夏、殷之后为二王后，又封陈，并二王之后为三恪而已。若远取蓟、祝，则陈近矣，何以言备？以其称备，知其通二代而备其数耳。二代之后，则名自行其正朔，用其礼乐，王者尊之深也。

舜在二王前，其礼转降，恪，敬也。封其后示敬而已，故曰恪。虽通二代为三，其二代不假称恪，唯陈为恪耳。"

看看《国语·楚语下》董增龄疏里之说法：

按《礼运》，杞之郊也，禹也；宋之郊也，契也。而陈不闻有郊，则其不得同杞宋可知。况蓟、祝、陈并帝者之后，无缘降禹为王。盖韦解本作二王后，后人传写讹作三耳。

我对以上所引四家之说的看法是：杜氏之注是对左氏三恪的进一步说明。可是孔氏在疏里对三帝（黄帝、尧、舜）之后和二王（夏后氏、纣王）之后，予以考证后认为三恪并不存在，"唯陈为恪耳"。董氏则认为《国语·正义》韦解之"三王之后"之"三"，乃系后人传写之误，盖本作"二"也。这亦是符合《郊特牲》所云"天子存二代之后，犹尊贤也，尊贤不过二代"之制的。至于被周武王所封二王之后，自然是夏后之杞与殷后之宋耳。因此，孔、董两氏之说，均认为在周代能享受祭天地之祀礼的诸侯唯夏、商之后耳。故《毛诗正义》郑氏笺亦云："得祀天者，二王之后也。"

此外，若本文所提出的金沙遗址出土的璧、琮，是杜宇脱离周之节制后称帝时，用以祭天地之礼器的观点能成立，此现象则是历史上能祭天地的另一特殊情况，杜宇便是一例。

三、两种不同的祭天地之礼

天子祭天地之礼，这是礼制的统称而已。其实它有两种不同的情况，现略述于下：

其一，郊祀。《毛诗正义·周颂》云："《昊天有成命》，郊祭天地也。"孔颖达疏云："《正义》曰：《昊天有成命》诗者，郊祀天地之乐歌也。谓于南郊祀所感之天神，于北郊祭神州之地祇也。天地神祇佑助周室。……此二者虽南北有异，祭俱在郊，故总言郊祀也。"疏里认为郊祀是天子之祭天神于南郊和祭地祇于北郊的总称。《周礼·春官宗伯·大宗伯下》中，疏云："郊天必于建寅者，以其郊所感帝以祈谷实，取三阳爻生之日，万物出地之时。"这当是郊祀祈天地神祇佑周的主要目的。但这不是天子唯一的祭天地之礼，而尚有另一祭天地之祀。

其二，二至之祀。二至者谓夏至日和冬至日两日也。《周礼·春官宗伯·大司乐》云："冬至日，于地上之圜丘奏之，若乐六变，则天神皆降，可得而礼矣。……夏日至，于泽中之方丘奏之，若乐八变，则地祇皆出，可得而礼矣。"《毛诗·周颂》孔颖达疏云："注云：天神则主北极，地祇则主昆仑。彼以二至之日，祭之于丘，不在于郊，此言郊祀必非彼也。"余按：孔氏这里所言之"注云"，乃系指《周礼·春官宗伯·大宗伯下》之"郑氏注"而言。因为该注里把正文中所记之天子冬至、夏至二至祭天地之礼，讲作大禘之郊祀，这里把两类不同的郊祀与二至之祭混为一谈，故孔氏予以正之。我认为这是可从之说。至于圜丘、方丘之意义安在哉？据《周礼·春官宗伯·大宗伯下》贾公彦疏云："案《尔雅》之高者曰丘，取自然之丘，圜者，象天圜。既取丘之自然，则未必要在郊，无问东西与南北方皆可。地言泽中方丘者。因高以事天，故于地上。因下以事地，故于泽中。取方丘者，水钟曰泽，不可以水中设祭，故亦取自然之方丘，象地方故也。"这显然与大禘之郊祀之南北祭天地之祀有别。

四、关于鱼凫文化中的周文化问题

据《蜀文》的推测，杜宇所在的相对年代，大约是在周初（公元前1046年）至开明初（公元前676年）间的370年。因此，我认为早于杜宇和鱼凫所在的相对年代，则应相当于武王即位（公元前1046年）前的殷代后期，也即是说属于鱼凫文化的三星堆遗存自然亦是这个年代；并且以大量的玉璋为据立论，引用《周礼》所记南方诸侯用"赤璋"的方祀之制，进一步认为与周礼有关。可是当时既然尚属于殷代后期，那么，在这一时代的三星堆遗址里，为什么会出现晚于此的周文化因素呢？这岂不成了早期遗址出现晚期遗物的谬论吗？现就此问题，补充一点看法。

《牧誓》云："庸、蜀、羌、髳、微、卢、彭、濮人"，这是参与武王伐纣的"并非华夏"的西南"八国"。据此可见蜀（鱼凫）积极参与伐纣，是臣服于周的属国。也许这一关系还可以上溯到文王时期。《史记·周本纪》，《正义》云："诸侯后归西伯者四十余国，咸尊西伯为王。"这"四十余国"中很可能有蜀。因为参与武王伐纣的属国，在《周本记》里号称有八百之多，而在古籍里提及其名者则仅有包括蜀（鱼凫）的"八国"，这表明周蜀关系是良好的、融洽的，自然两者在文化方面是有所交流和相互影响的。因此，在相当于殷代后期鱼凫文化三星堆遗址里有周文化因素就不觉为奇了，而应视为正常的现象。

最后，题外赘言：杨宽教授在《西周史》"前言"里说：《周礼》中"没有高于六卿的公一级。很明显，这是经儒家按后世流行制度作了改造的。由此可见《周礼》所载，已经不是西周原有制度，有待于重新分辨去伪存真"。关于《仪礼》，"很明显这不是西周原有的礼仪，是出于战国时代儒家统一整理而重新编定的。因此西周的礼仪，也很有待于重新考订"。查《周礼》不仅没有高于六卿的三公（太师、太傅、太保），而且亦没有介于三公六卿之间的三孤（少师、少傅、少保）。所以，杨氏的看法是值得重视的。可是要对《周礼》《仪礼》两书进行去伪存真、重新考订是谈何容易的事啊！要完成这项非常艰巨的学术工程非一代大师莫属，抑或组织有关专家学者来共同负责完成此项工作也是可行的。对此问题，从考古学这一侧面来看，也许是可以发挥点作用的。因为大量的考古资料中，当有一些与周礼有关的资料，据这些资料再结合两书进行研究，当可收到互证之效。我在撰写《蜀文》的一点体会是，我用《周礼》来证明三星堆遗址出土的大量玉璋是南方诸侯用于方祀的礼器，据此认定该遗址为鱼凫时期的文化遗存；又用《周礼》证明金沙遗址出土的玉璧、玉琮是杜宇称帝后分别用以祭天地的礼器，据此认定该遗址为杜宇时期的文化遗存。如此说不误，则可反证《周礼》中所记之天子祭天地和诸侯方祀之制是可信之史，这即前面所说的收到互证之效。这对《周礼》《仪礼》的去伪存真、重新考订或是有益的。

原载《成都文物》2003年第2期

关于羊子山土台遗址和
几件出土文物的历史价值问题

文物的价值有三，即：科学价值、历史价值和艺术价值，而本文拟就羊子山土台遗址和几件出土文物之历史价值谈谈我的观点，即对"杜宇称帝"和古代养老两个问题予以论证，由于水平所限，希望同行专家学者不吝赐教。

一、拟用成都出土之羊子山土台遗址和金沙遗址之玉璧、玉琮，论证"杜宇称帝"为可信之史料

《华阳国志·蜀志》云："七国称王，杜宇称帝，号曰望帝，更名蒲卑。"对此刘琳同志在其《华阳国志校注》里则云："按此说误：春秋之世列国称王者唯楚，其后有吴、越。其余各国皆晚至战国之世始称王。且蜀人语言与华夏族异，所谓'帝''王'皆中夏译语，非其本称。"可是笔者却认为刘说有误，因为成都地区出土之先秦文物中确可证"杜宇称帝"并非子虚乌有，而是可信之重要史料。现即论证于此。

（一）羊子山西周土台遗址

土台遗址位于成都驷马桥以北约500米处，俗称其地为羊子山，系一丛葬古墓群。由于国家建设工程之需，1952年下半年开始，原西南博物院与四川省文物管理委员会联合对此处遗址进行考古发掘，至1956年清理完毕，而最后发掘的即是建筑在羊子山中心地面上的土台。土台残高10米，系正方形，据遗址推知每边约103.6米，当是一座大型土台，发掘报告编者杨有润同志认为是灵台，我认为是可从之说。

关于灵台，《礼统》云："夏曰清台，殷曰神台，周曰灵台。"《五经异义》："天子有三台：灵台以观天文，时台以观四时施化，囿台以观鸟兽鱼鳖。诸侯卑，不得观天文，无灵台，但有时台、囿台也。"

引文表明：虽然夏商周三王之台各有其名，曰清、曰神、曰灵，但均用于观天文。至于天子之三台，除因诸侯位低不能观天文致其无灵台外，但可以有时台、囿台，分别用于观地理四时之施化和养鸟兽鱼鳖以供观赏。至于灵台对于天子所起到的重要作用，则是能取得天下之民心耳！文王建灵台即是很好的例证。

《毛诗正义》述《大雅·灵台》，序云："灵台，民始附也。文王受命，而民乐其有灵德，以及鸟兽昆虫。"序意是说：文王受天之命为王而建灵台，从君来归之民才始附之。至于民附之时应早在从君而归之时，因此与序说之时似有矛盾。对此，唐孔颖达在疏里有一段确切分析。孔疏云：

> 文王嗣为西伯，三分天下有其二，则为民所从，事应久矣。而于作台之时，始言民附者，三分有二，诸侯之君从文王耳。其民从君而来，其心未见灵德。至于作台之日，民心始知，故言始附，谓心附之也。往前则貌附之耳！

这里补充一点关于文王当时的心态问题。因为天下三分之二的诸侯归附之时，文王尚系西伯，而未为所谓受天命之王，故不能建灵台，自然来归之民未知西伯有灵德，致仅貌附耳。旋貌附为西伯所知，遂即称受天命建灵台，用以为民谋福利。因此，使得来归之民由貌附转而为心附，并激发了建台的积极性，即诗中所云："经始灵台，经之营之；庶民攻之，不日成之。"当时西伯以方国之位而筑灵台，天下竟无僭制之评，可见民心确已附周。对此有孔颖达在《尚书·商书·西伯戡黎》的疏文可证，现录于后。孔疏云：

《正义》曰：襄四年《左传》云："文王率殷之叛国以事纣。"是率诸侯共事纣也。貌虽事纣，内秉王心，布德行威，有将王之意。而纣不能制，日亦强大，今复克有黎国，迫近王坼，似有天助之力。故云："天已毕讫殷之王命。"言殷至此而毕，将欲化为周也。

这即是《孟子·离娄》所云："孟子曰：'桀纣之失天下也，失其民也；失其民者，失其心也。得天下有道，得其民，斯得天下矣。'"这就可以证明灵台是古代帝王得民心、得天下不可或缺的重要建筑。

这就可以证明：既然羊子山土台是灵台，其重要性亦当与之相同。据此可以证明土台应是古蜀国某一蜀王所建，进而可以认为，建台之王当是杜宇。因为《华阳国志·蜀志》云："七国称王，杜宇称帝。"因此刘琳之说便可予以否定。至于蜀侯之称王称帝，则并非仅有杜宇，在《蜀志》里另有所记云："周失纲纪，蜀先称王，有蜀侯蚕丛，其目纵，始称王。"其所处之地，即在岷江之源的岷山地区，传谓蚕丛卒后遂葬于此，故名其地为蚕陵县，或因其地落后而未建灵台耳！

（二）玉璧、玉琮

这两件玉器，系成都文物考古研究所于1995—2000年间在锦城外西金沙遗址发掘中先后出土。

《周礼注疏·大宗伯》云："以玉作六器，以礼天地四方：以苍璧礼天，以黄琮礼地，以青圭礼东方，以赤璋礼南方，以白琥礼西方，以玄璜礼北方。"

《礼记正义·曲礼》："天子祭天地，祭四方，祭山川，祭五祀，岁遍。诸侯方祀，祭山川，祭五祀，岁遍。大夫祭五祀，岁遍。士祭其先。"注云："祭四方，谓祭五官之神于四郊也。句芒在东，祝融后土在南，蓐收在西，玄冥在北。"又云："方祀，各祭其方之官而已。五祀，户、灶、中霤、门、行也，此盖殷时制也。《祭法》曰：'天子立七祀，诸侯立五祀，大夫立三祀，士立二祀，谓周制也。'"《王制》亦云："天子祭天地，诸侯祭社稷，大夫祭五祀。天子祭天下名山大川，五岳视三公，四渎视诸侯，诸侯祭名山大川之在其地者。"注云："视，视其牲器之数。"

引文表明：天子与诸侯的祭祀礼制有严格的尊卑之别。例如，天子祭天下之名山大川，而方国诸侯则只能祭国内之名山大川。否则，诸侯有违其制者，史称之为僭制，孔子亦是极为反对的，这在《论语》中亦有所记载。即《八佾》孔子谓季氏八佾舞于庭，"是可忍也，孰不可忍也"。这是孔子对鲁卿季氏僭用天子"八佾之舞"的批评和讥讽，因此认为"人之僭礼皆当罪责，不可容忍"。

现就成都出土之玉璧、玉琮来看：不仅玉质佳，而且雕工精，绝非一般凡品，当属于帝王祭天地之礼器，可与前文提及的成都羊子山土台（灵台）等量齐观，即是说两器亦同样是杜宇称帝后祭天地之礼器。

二、从东汉养老画像砖看三代之养老礼制

养老是古人给后代遗留的美德，在三代即已成为重要礼制，使人们步入老龄后，即能享受到应有的敬养待遇而欢度晚年。现特将其制略介于后，仅供参考。

首先分析一下东汉养老画像砖。砖出土于彭县（今彭州市），画面为长方形，是一幅极为写实的东汉养老情景。画像分为上下两部：上部

为一楼一底的长型木建筑，正面左右各有一门紧闭，其前中有阶梯，当是粮仓之属。下部从左到右，左边一人向右坐于长方形地毯上，其前上下各置一器；再前一人躬身向右，双手捧缸，其口向下，正在向另一器内倾倒粮食；右一人向左双脚跪地，上身前倾，右肩一鸠杖，作接受发放养老粮食状。这幅画像是民间在粮仓前发放养老粮景象的再现。

关于画里的"鸠杖"问题，过去在有关的文章里多引《后汉书·礼仪志》所载之文以证，即："仲秋之月，县、道皆案户比民：年始七十者，授之以玉杖，铺之糜粥；八十九十，礼有加赐。玉杖长（九）尺，端以鸠鸟为饰。鸠者，不噎之鸟也，欲老人不噎。"虽然已表明玉杖以鸠饰其端乃是欲老人之不噎，惜未及其源。这在《后汉书集解》里则有所记，即惠栋曰："《风俗通》云：'汉高祖与项籍战京索间，遁丛薄中，时有鸠鸣其上，追者不疑，遂得脱。及即位，异此鸟，故作鸠杖，赐老人也。'"

这就表明，汉高祖对养老问题是比较重视的，对后代也是有较大影响的，这在《汉书》《后汉书》里均有记载，现仅录《文帝纪》里所记之养老问题予以证之：

> 又曰："老者非帛不暖，非肉不饱……又无布帛酒肉之赐，将何以佐天下子孙孝养其亲？……具为令。"有司请令县道，年八十以上，赐米人月一石，肉二十斤，酒五斗；其九十以上，又赐帛，人二匹，絮三斤。

关于三代的养老问题，在有关古籍里有所记。例：
《周礼·地官·大司徒》：

> 以保息六养万民……二曰养老。

《淮南子·说林训》：

柳下惠见饴，曰："可以养老。"

《管子·大匡》：

事长养老，承事敬。

《孟子·尽心上》：

所谓西伯善养老者，制其田里，教之树畜，导其妻子，使养其老。

以上引文虽然对秦前养老有所记，惜较略，难以窥其全貌。因此，特将对先秦养老有较详记载的《礼记》之文录于此，俾便考查。

《礼记·王制》："凡养老，有虞氏以燕礼，夏后氏以飨礼，殷人以食礼，周人修而兼用之。五十养于乡，六十养于国，七十养于学，达于诸侯。"疏云："凡养老者，皇氏云：'人君养者有四种：一是养三老五更；二是子孙为国难而死，王养死者父祖；三是养致仕之老；四是引户校年，养庶人之老。'"

《王制》继云：

五十始衰；六十非肉不饱；七十非帛不暖；八十非人不暖；九十虽得人，不暖矣。五十杖于家；六十杖于乡；七十杖于国；八十杖于朝；九十者，天子欲有问焉，则就其室，以珍从。……凡三王养老皆引年，八十者，一子不从政；九十者，其家不从政。

这就表明，我国养老礼制在秦前即已形成，而且取得了移风易俗、黎民淳厚、社会和谐的良好效果。故孔子赞曰："斯民也，三代之所以直道而行也。"（《论语·卫灵公》）下面谈谈上述引文所提及的有关问题：

（1）关于"引年"问题。郑玄注云："引年，训为引户校年，谓择老人之贤者而养之。"《礼记义疏》引陈祥道云："以年为主故也。"所谓引者，引其伸、进之义，盖引年养老者，乃随年龄而伸进也，前文所引之"八十者，一子不从政；九十者，其家不从政"，便是引年的很好注脚。

（2）三老五更的问题。周天子设三老五更，其人数有两说：第一说，《礼记·文王世子》云："设三老五更，群老之席位焉。"郑注云："三老五更，各一人也，皆年老更事致仕者也。天子以父兄养之，示天下之孝悌也。"第二说，《文王世子》孔疏云："蔡邕以为更字为叟，叟，老称。又以三老为三人，五更为五人。"至于三、五之义亦有两说：第一说，《文王世子》郑注云："名以三、五者，取象三辰五星，天所因以照明天下者。"第二说，《乐记》郑注里另有所云："三老五更，互言之耳，皆老人更知三德五事者也。三德谓正直、刚、柔，五事所谓貌、言、视、听、思也。"两说均出自《礼记》之郑注里，其故安在，则有待辩。此外，再谈一点孔子的养老观，《论语·为政》云："子游问孝，子曰：'今之孝者，是谓能养。至于犬马，皆能有养。不敬，何以别？'"这当是孔子对春秋时期礼崩乐坏的不满情绪，是对"吾从周"的注脚。

（3）关于致仕问题。致仕，《公羊传·宣公元年》："古之道不即人心，退而致仕。"注云："退，退身也。致仕，还禄位于君。"即是后来所谓之从政者告老还乡后，仍能享受到养老的待遇。这种待遇的历史，应是始于商之贤相伊尹。据《尚书·商书·咸有一德》所记，"伊尹既复政厥辟，将告归，乃陈戒于德"。疏云："伊尹还政其君，将欲告老归其私邑，乃陈言戒王于德，以一德戒王也。"宋高承《事物纪原·官爵封建部致仕》云："至周乃有自大夫致仕之礼，其事自伊尹始也。"

（4）关于引户校年养庶人之老。庶人自然是一般的平民百姓，其被养之老自然是养老中之地位最低者，但在周初所制定之养老礼制，便能被纳为养老之列而受到法律保障，这不能不说是社会的一点进步，应予以肯定！

（5）周前养老与其制形成的关系问题。所谓周前养老，即是虞和夏、殷的养老。现将其养老之别分述于次：虞氏之燕礼："脱屦升堂……骰蒸于俎，行一献之礼，坐而饮酒，以至于醉。以虞氏帝道弘大，故养老以燕礼。"夏后氏飨礼："飨则体荐而不食，爵盈而不饮，依尊卑而为献，取数毕而已。"盖夏受禅于虞，是三王之首，贵尚于礼，盖以飨礼敬之。殷人以食礼："不饮酒，享大牢，以礼食之。殷人质素，威仪简少，故养老以食礼。"其后到了周代，周人则修而兼用之，所谓修者，即是修习虞、夏、殷之礼而兼用以养。其实际情况是：春夏用虞氏之燕礼养老，同时亦用夏后氏飨礼之法；若秋冬养老之时则用殷人食用之法。以周极文，故兼用三代之法也。据此可以认为至周则将其各代养老之礼融为一体，经过一段时期的实践调订后，便形成了一套可行的养老礼制，其时间自然是在周初。

综上，本文所论述的羊子山土台遗址和几件出土文物的历史价值是极为重要的。因为古蜀国的历史文献极为贫乏，这就大大影响了复原蜀史的研究工作，至今尚无较大进展。还有养老画像砖，虽然时代较晚，内容单一，但是它不仅再现了东汉时期对庶老的养老情景，同时亦是对先秦时期庶老礼制的承袭和印证。

原载《四川文物》2010年第1期

民族考古
研究

略谈珙县"僰人悬棺"的族属问题

四川省博物馆与珙县文化馆于1974年7月共同对四川省珙县境内的"僰人悬棺"（以下简称"悬棺"）进行了一次普遍调查和重点清理工作，获得了一些文物和悬棺岩画，这对于进一步研究探讨悬棺的问题提供了重要的资料（见《文物资料丛刊》1978年第2辑载《四川珙县"僰人"悬棺及岩画调查记》）。至于对悬棺有关问题的研究，过去已有不少学者撰写发表过研究文章，取得了很多重要的成果。但是多囿于文献记载，没有得到考古资料的应有印证，结果是见仁见智，说法甚多，迄今未能求得一个较为统一的意见。本文试据所获的资料，结合必要的文献略谈悬棺的族属问题，不妥之处希望同志们批评指正。

一、悬棺岩画与彝族的关系

岩画的分布很广，而且是与悬棺的分布一致，几乎所有悬棺的岩壁上都有或多或少的岩画，这显然是悬棺这一族人所留下来的文化艺术遗产，因此我们称之为"悬棺岩画"。

岩画的内容丰富，涉及的问题也多，对此已由沈仲常同志撰专文进行探讨，这里则仅就其中与彝族习俗有关部分谈谈我们的看法。例如岩画的80个人像中，头作椎髻的竟有51人之多，同时人像中又有近20人腰悬刀、剑或手执戟等兵器。这就表明岩画人像的椎髻的意义与彝族人头上的"天菩萨"相同，是英武剽悍的象征。又如岩画的乘马人像中，有一部分是横坐马背的，这与彝族人横坐乘马的习俗相同。虽然不能据此即把悬棺人认为系彝族，但是绝不能认为两族之间没有关系。因为他们的聚居地区是接壤相连的，这势必发生文化交流和习俗的相互影响。因此悬棺岩画里有表现彝族习俗的图像是完全正常、可以理解的。

关于僰人与彝族住地接壤问题，从有关记载可得到证明。如明代的《土夷考》说："大渡河南岸为临河堡，与河北羊肆崖汉水口相对，堡之上通大小冲及海脑坝、僰夷村，旧僰人聚落也。"他们住地在今甘洛县西北，已基本彝化了。

又如《西昌县志·地理》说："罗罗斯城县东里许……《元志》至元十二年（1275）设罗罗蒙庆等处宣慰司，其酋长散居大渡河西。洪武四年（1371），罗罗斯宣慰使建安普卜之孙率众归附，授土指挥使，带衔建昌卫，不给符印，置院于城东郊外里许，昌州、威龙、普济三长官司隶之，所属有四十八马站部之为僰人"等九种民族。《昭觉县志稿·序》云：昭觉在"元明之世，边沿益开，州郡卫所星罗棋布，第以狼子野心，顺逆不常，险地攘民，持险为固，综其大支曰僰人、曰倮罗、曰西蕃、曰邛夷"。

在《盐源县志·土司志》亦云笮地的三土司中也有僰人，这是彝区有僰人居住的记载，同时在僰道境内也有彝族居住过的记载。如《高县志·外纪》上说：高县彝人三种，其中"一种曰倮炙（即彝族），妇人纽发蟠头上，耳著大环，绣花长衣，无裤，赤足，外披细毡衫覆之，乘骑，盘足横坐马上不坠"。另一种即为土僚。因此，我们据岩画和有关记载相互印证，可以看出僰人与彝族关系在古代是比较密切的。

二、关于"阿旦沐"三字的问题

"阿旦沐"是悬棺中发现的仅有的三个汉字,"沐"字不太清晰,书写在一双竹(木)箸之一上,这是探讨悬棺族属和有关问题极为重要的资料和线索之一,这里我们从下面两个方面进行初步的探讨。

其一,从这次清理发现来看,僰人已经受汉文化的影响较深。如"阿旦沐"三字的发现,不仅证明僰人已使用汉字,而且是使用汉人餐具箸了。另外当地还出有早期的青花瓷碗,以及各色缎类丝织品、衣饰,这些东西当然是汉人的文化产物,而不是僰人自制的遗物。这也可表明他们是接受了汉文化的。因此僰人自古以来即与汉有一定程度的交往。如《通典》云:"南溪郡,戎州(今理僰道县)故僰侯国。汉属犍为郡,后汉、晋、宋、齐皆因之。梁置六同郡及戎州,隋置犍为郡,大唐为戎州,或为南溪郡,领县五。"其中辖地包括"'僰道'(秦时破滇,通五尺道,汉开蜀故徼,使唐蒙发蜀卒理道,自僰道抵牂牁,即此)","'归顺'(贞观中,獠归复,因置县,并汉僰道县地)"。

《太平御览·州郡部》引《十道志》亦云:"戎州,南溪郡,春秋僰侯国,秦惠王破滇池,始通五尺道。汉武得蜀,故使唐蒙理道于此,而破牂牁,即此道也,后为僰道县,以属犍为郡。"《宋会要辑稿》也记载到:"叙州既外控蛮夷,而城之内外棘(僰)夷葛獠又动以万计,与汉人杂处。"

这就证明僰人自古以来,不仅与彝族有密切关系,而且与汉族也有同样的密切关系。《高县志·外纪》说境内的僰人到清代末年,衣冠已完全与汉人相同了。因此,文物和相关记载可以证明僰人与汉是有密切关系的。

其二,从"阿旦沐"看悬棺的族属。阿旦沐显然是一人名,写在箸上,当然这双箸是他专用的比较珍贵的餐具,否则就不会用它来随葬。这里我们来看看古代有关民族称呼冠以"阿"字的部分记载。如《魏书·獠传》说:

獠者，盖南蛮之别种，自汉中达于邛、筰，川洞之间，所在皆有。种类甚多，散居山谷，略无氏族之别。又无名字，所生男女，唯以长幼次第呼之。其丈夫称阿谟、阿段（《通典》《通考》作"改"），妇人阿夷、阿等之类，皆语之次第称谓也。

后来杜甫居夔州时也曾有《示獠奴阿段》诗，以及阿稽之名。而僰人也有相同的习俗，如《明史》四川土司有"正德十五年，讨斩芒部僰蛮阿又碟等"，云南亦有所谓"阿僰蛮"之称。另外，仡佬人也是以"阿"字冠于称呼之首。如《苗画风俗考》里说：

> 仡佬……呼祖曰阿伯，呼祖母曰阿屋，呼父曰阿麻，呼娘曰阿奶，呼伯曰阿波麻，呼叔曰阿幼，呼兄曰阿古，呼北曰阿巴，呼姐曰阿亚。

"仡佬"，元周致中《异域志》里说"獠……有打牙者，谓打牙獠獠"，此"獠獠"即系"仡佬"。明田汝成在《炎徼纪闻》作"仡佬"，而在《行边纪闻》里则作"獠"。由此可知"仡佬"应为僚属。因此，我们可以认定悬棺的族属是僚。

下面我们再从地理位置和时代上来看看悬棺与都掌蛮的关系。都掌蛮俗称九丝蛮。《珙县志·古迹》说："九丝城在建城东北。古都酋世居其地，险峻不可登，四面以丝围之，约重九两，故名。明万历初都酋等叛，巡抚曾省吾计平之。"其城遗址尚在，因都掌蛮世居该城，故又称为"九丝蛮"。《明史·刘显传》云：

> 都掌蛮者，居叙州戎县，介高、珙、筠连、长宁、江安、纳溪六县间，古泸戎也。成化初为乱，程信讨平之。正德中，普法恶复为乱，马昊讨平之。至是，其酋阿大、阿二、方三等据九丝山，剽远近。其山修广，而四隅峭仄。东北则鸡冠岭、都都寨、凌霄峰三

冈，峻壁数千仞。有阿苟者，居凌霄峰，为贼耳目，威仪出入如王者。省吾议讨之，属显军事。起故将郭成、安大朝为佐，调诸土兵，合官军凡十四万人。万历改元三年，毕集叙州，诱执阿苟，攻拔凌霄，进逼都都寨。三酋遣其党阿墨固守。官军顿匝月，凿滩以通漕，击斩阿墨，拔其寨。阿大自守鸡冠。显令人诱以官，而分五哨尽壁九丝城下。乘无备，夜半腰绠上，斩关入。迟明，诸将毕至。阿二、方三走保牡猪寨。郭成破鸡冠，获阿大。诸军攻牡猪，擒方三。阿二走，追获于贵州大盘山。克寨六十余，获贼魁三十六，俘斩四千六百，拓地四百余里，得诸葛铜鼓九十三，铜铁锅各一。阿大泣曰："鼓声宏者为上，可易千牛，次者七八百。得鼓二三，便可僭号称王。鼓山颠，群蛮毕集，今已矣。"锅状如鼎，大可函牛，刻画有文彩。相传诸葛亮以鼓镇蛮。失鼓，则蛮运终矣。录功，进显都督同知。已而剿余孽，获俘千一百有奇。

从上面的记载可以看出：第一，都掌蛮聚居的地区是"叙州戎县，介高、珙、筠连、长宁、江安、纳溪六县间，古泸戎也"。这是古僰道县的范围，也是悬棺人的居住地。第二，都掌蛮聚居在这里的时间是在明代万历以前，而悬棺的时代从所清理的十具棺来看，是属于明代初叶或略晚一些的墓葬。因此两者在时间上是相同的。第三，都掌蛮的上层人物阿大、阿二、阿苟、阿墨等是以"阿"字冠于名首，这与悬棺人阿旦沐用"阿"开始是一致的。因此，我们认为以上三点绝不是巧合，而是悬棺人与都掌蛮同属一族的有力证明，即应为僚属。

三、从"凿齿"看悬棺的族属

这次清理的十具悬棺，墓主骨架基本完善。这是我们研究悬棺人的体质特征和族属问题的重要资料。因此，这十具骨架已由秦学圣同志进行了科学测定，并将撰测定报告发表。本文仅依据其中的"凿齿"现象来谈谈悬棺人的族属。在这十具骨架中，除一具为五六岁小孩外，其余九具均无上下门牙，肯定是属于有打牙习俗的民族，因为牙床表明这九人在死前很长一段时间是没有门牙的。九具骨架中可以肯定上颚两个侧门牙均凿去的有六具，即Tm2、Tm3、Tm4、Tm5、Tm6、Bm2，其年龄均在二十岁以上。有两具年龄在十六到二十岁之间，打牙痕迹不显著。另外一具虽系成年人没有门牙，但不能肯定是打的。

"凿齿"这一习俗，早在新石器时代就已经形成了。例如严文明同志在《大汶口文化居民的拔牙风俗和族属问题》一文中说：就拔牙的习俗而言，在大汶口文化的人当中有三分之二是拔了牙的。根据大汶口、大墩子、西夏侯三地情况可以看出来（表一）。

表一　大汶口、大墩子、西夏侯墓地拔牙统计表

地　　点	大汶口		大墩子		西夏侯		合　计	
性　　别	男	女	男	女	男	女	男	女
统计人数	11	20	46	19	10	9	67	48
拔牙人数	7	16	29	13	6	3	42	32
拔牙率	64%	80%	63%	68.4%	60%	33.3%	62.7%	66.7%

（引自严文明《大汶口文化居民的拔牙风俗和族属问题》）

文中提及，拔牙可能是当时人们的一种风尚或爱好，但不是一种制度，一般都拔上面的两个侧门齿，个别的拔犬齿或拔一前臼齿。

严文明同志还指出，拔牙的方法，依据民族志的材料，从考察高山族的拔牙分析，可能有两种方法，一种是绳锯（用竹弓加强以锯）；一种是打掉，用骨或竹签先撬牙，松动后拔掉，亦有用凿打掉的。现代澳大利亚的约克角地区的人还有用凿子凿掉牙的习惯。在近代民族中也有许多是有拔牙习惯的，据说中华人民共和国成立前云南也有部分民族有拔牙习惯，贵州的仡佬人过去部分叫"打牙仡佬"，东南亚一带的太平洋区域和非洲亦有个别民族有此习惯。

上文所记载表明，拔牙这种习俗不仅远在氏族公社时期即已兴起，

而且分布甚广，遍及世界各地的有关民族。但是可以肯定地说汉族人是没有这种习俗的。因为在一些较早的文献里所记有拔牙习俗的人，均非汉族。例如《山海经》《淮南子》等书以及扬雄的《长杨赋》里所记载的均是少数民族打牙。至于凿齿的原因则是不尽相同的，下面试举数例来看看。

《博物志》云："既长，皆拔去上齿牙各一，以为身饰。"这是指僚人凿齿作饰的记载。《新唐书·南蛮传下》云："地多瘴毒，中者不能饮药，故自凿齿。"这是记乌武僚人凿齿是为了饮药。《炎徼纪闻》及《行边纪闻》之《蛮夷章》均云："父母死，则子妇各折其二齿，投之棺中，云以赠永诀也。"这是记打牙仡佬的打牙是子妇为了父母死亡而做的。《黔书》云："女子将嫁，必折二齿，恐妨碍夫家也。"这里是仡佬打牙的另一原因。早在宋人朱辅的《溪蛮丛笑》中亦说："仡佬妻女，年十五六，敲去右边上一齿。"明王士性《黔志》里也有打牙仡佬的记载。

从上面的一些引文不仅可以看出有关民族打牙的不同原因，而且可以证明这些打牙的民族，均系西南的僚人和仡佬，而前面已经说明仡佬乃属僚属，在元周致中的《异域志》里也说："獠……有打牙者，谓打牙犵獠。"下面再从打牙的部位、多少和原因，以及地理位置来看看悬棺打牙人的族属。元李京《云南志略》（见《说郛》三十六卷）云："土獠蛮，叙州南乌蒙北皆是。男子及十四五则左右击去两齿，然后婚娶。"这正与悬棺中六具骨架打掉上颚两侧门齿的实际情况相符合，其打牙的原因则可能即是约克角人拔牙的"成丁礼"。至于所说的土僚当然是僚属无疑。但是在地理位置上所说的乌蒙北，当是指的云南北部的昭通以北地区，而所指的叙州南，则指四川宜宾以南，这一带正是属于古僰道的地区。关于僰道当今何地，虽在前面已略有所述，这里不妨再引段有关记载来进一步确指其范围。《叙州府志·建置·僰道县考》云：

常志言僰在南安东四百里，南安县今嘉定府境。由嘉定以东到宜宾，正当僰道县地；由宜宾以西至屏山、马边东境，由宜宾以南至庆符北境，由宜宾江北界合南溪县，皆故僰道地。其宜宾西北乃郁鄢县地也。旧谓庆符，为汉阳县地。今考南广水入江处在庆符之北，距宜宾十五里，即汉志所谓符黑水，北至僰道入江处也，然则庆符北境皆僰道县地，其南境乃汉阳县地。

从上面引文大概可以看出汉僰道县的范围，应即今之所谓叙南六属的高、珙、庆符、长宁、筠连、兴文等六县，以及宜宾、屏山等地区。这是李京所记僚人所居地区，也是悬棺人所聚居处，结合"打牙"情况来分析，悬棺人为僚人族属是比较明确的了。

四、从葬俗看"悬棺"的族属

僰道地区的悬棺始于何时，现在已不可考，但据《珙县志·杂志》云："珙县多僰人，汉虽置南广县，而僰人仍杂居于中。六朝唐宋以来，屡为邑患。相传有罗因者，以僰人尝灭其宗，乃教以悬葬崖上，子孙高显，于是争持高岩以趋吉。其祖父遗骸被风吹散，后嗣俱绝，此挂棺之所自也。"《叙州府志·外记》亦有类似的记载。虽然此说今已难考证其确否，但亦可略备一说。据方志所载悬棺计有：

《珙县志》：

棺木岩，治西南九十里。昔僰蛮酋长于岩端凿石桥钉，置棺其上，岩高百仞，下临符江。

石厂岩，在城西河外，旧名棺材岩，以僰酋尝桥棺其上。

三字岩，治南一百二十里，僰酋窆棺其上，作三字形，深广尺许。

走马田，县南九十里，先是僰人悬酋长之棺于岩上，每闻金鼓之声。

双洞，治西南都宁驿南五里，二洞相连，僰酋凿以藏棺，后经发掘成两空洞。

　　僰人岩，县本僰地也，僰人多悬棺岩上，今上下罗计处尚存。

《四川通志》：

　　珙县，僰棺墓，县南上下罗计诸山中，僰酋悬棺之岩甚多，世代姓名皆无可考。

《兴文县志》：

　　古僰人墓，建武一带，凡悬岩峭壁上，凿岩为穴，置棺其中，重叠相望，今其棺尚有存者。

《高县志》：

　　灌木岩，一名棺木岩，在木柔，一水中流，两岩绝峻，昔人岩葬，置棺其上，今犹有存。

　　白云洞，在正一甲，岩壁悬白峒，可容百余人，相传僰人有岩葬者，今犹存在。

　　观音洞，在木柔棺之岩，峒不甚高，相传僰曾挂棺于此。

　　以上所志悬棺的分布地区，均在南广河流域。但悬棺至今犹存的数量已不多了，据在珙县境内所调查的情况，计有悬棺及其遗迹的为：棺材铺、狮子岩、大洞、九盏灯、磨盘山与柏香林、龚家沟（峭峒）、邓家岩、三眼洞（三仙洞）、玛瑙坡、龙洞沟、漏风岩（天星顶）与付大田、白马洞、倒洞、马槽洞、珍珠伞、九颗印、地官庙（以上各地均有多少不等的岩画）以及猫儿坑、刘家沟等20余处。另外，猪圈门、鸡冠岭两地则仅有岩画而无悬棺的架置痕迹。以上各地共存悬棺120余具，这是仅存的一点研究僰人和有关民族的重要实物资料。因此，四川省人民委员会于1956年8月把悬棺及岩画列为省级第一批文物保护单位，予以公布，以防破坏。另外，在珙县境内尚有僰人寨、僰乡垇、僰乡坝、僰人坡、僰人坝、僰人湾、僰川沟、天堂寨（相传为僰人避兵之所）和石头寨（相传为僰人所筑）等地名，这些以僰名地和相传为僰人活动过的地方，自当是昔年为僰人居住过的缘故。关于悬棺这一葬俗，在《云南志略》里说，居住在叙南乌蒙北的僚人的葬俗是"人死则以棺木盛之，置于千仞巅岩之上，以先坠者为吉"。表明现存僰人悬棺也应是属于僚人的墓葬。自然有悬棺这种葬俗的民族不只一族，但僚人确是有此葬俗的民族之一。关于它的记载有：

唐张鷟《朝野佥载》云：

> 五溪蛮父母死，于村外阁其尸，三年而葬。打鼓路歌，亲属宴饮舞戏，一月余日。尽产为棺，余临江高山，半肋凿龛以葬之，山下悬索下柩，弥高者以为孝，即终身不复祀祭。初遭丧，三年不食盐。

元周致中《异域志》亦云：

> 五溪蛮即洞蛮，遇父母死，行鼓蹈歌，饮宴一月，尽产为椁，临江高山，凿龛以葬，三年不食盐。

文中所谓的五溪蛮，应是居于五溪、三峡之间的民族，即晋张华《博物志》里所谓之"荆州极西南界至蜀，诸民曰獠子"，"獠子"亦即是《北史》中的土僚也。又如明田汝成《炎徼纪闻》中记仡佬（《行边纪闻》作"獠"）葬云："殁死，有棺而不葬，置之崖穴间，高者绝地千尺，或临大河，不施蔽盖，以木主若圭，罗树其侧，号曰家亲殿。"清田雯《黔书》亦云仡佬葬俗是："殓以棺而不葬，置崖穴间，高者绝地千尺，或临大河，不施蔽盖，树林生于侧，名家亲殿。"

从以上谈及的几个方面，可以说明"僰人悬棺"的族属应是僚属无疑。因此，过去所谓僰人是羌族，或以僰人即今白人，以及僰系华人后裔等说均不正确。至于僰人的历史、迁徙、与他民族的融合，以及僚是否濮人等问题，则非本文所拟探讨的范围，故置而不论。

最后附带谈一谈悬棺的时代问题。这次清理所获文物多属于明代遗物，又已早见于元人著作，固应属于元明间的墓葬。但是，据重庆市博物馆副馆长邓少琴师介绍，抗战期中，已故的南京博物院院长曾昭燏曾对僰人悬棺进行调查，从所获之随葬品研究，有的属于宋代之品。因此，我们认为悬棺时代的上限应为宋代，而下迄于明。

原载《凉山彝族奴隶制研究》1979年第1期

论岷江上游石棺葬文化的分期与族属[①]

　　岷江上游的石棺葬文化是古代西南地区的一种少数民族的文化遗存，就已有的资料看，它已影响川、滇两省。如四川木里县的石棺葬[②]、云南德钦县的石棺墓[③]和宁蒗县的古墓[④]的文化内涵，均与岷江上游的石棺葬文化有一定关系。此外，在阿坝、甘孜两个藏族自治州，凉山彝族自治州，以及雅安地区一些地方亦有石棺葬文化的发现。由于除阿坝州的古墓的石棺葬文化遗存发现较多、资料比较系统外，其他地区的石棺葬文化遗存发现较少，材料亦不够系统，故目前对这类文化尚难以进行较为深入系统的综合研究。本文仅就阿坝州岷江上游地区石棺葬文化两个方面的问题进行初步的剖析，即：一、关于分期、断代和渊源问题；二、关于族属问题。不妥之处，请同志们指正。

---

①　本文由李复华、李绍明合著。

②　黄承宗：《木里县的古代石棺葬》，《凉山彝族奴隶制研究》1980年第1期。

③　云南省博物馆文物工作队：《云南德钦县纳古石棺墓》，《考古》1983年第3期。

④　云南省博物馆文物工作队：《云南宁蒗县大兴镇古墓葬》，《考古》1983年第3期。

一、关于分期、断代和渊源问题

我们据岷江上游石棺葬文化已经发表的五篇报告[①]和待刊的一篇报告[②]，以及有关报道，进行初步综合比较分析后认为：这一地区的石棺葬文化大体可分为早、中、晚三期，其中晚期又可分为略有早晚的三个阶段。为了说明我们分期的依据，在这里有必要先介绍一下有代表性的别立寨石棺葬墓群的分布情况。别立寨在茂汶羌族自治县南新公社别立大队，位于岷江东岸半山腰的缓坡台地上，不同时间的三期墓群分别集中在高度略有不同的三个地段。这里原有依其地势高低不同建立的上、中、下三寨，而早期墓群最高，与中寨高度相等；中期墓群略低，位于中寨西北坡下，稍高于下寨；晚期墓群最低，在下寨的最低处。由此，可以看出别立的三期墓群，不仅是相对集中地从高到低分布，层次明显，而且各期墓地泾渭分明，并无彼此叠压打破等现象，这就为我们对岷江上游地区石棺葬文化的分期、断代提供了科学的依据。我们结合其他墓地的情况比较分析后认为：茂汶县营盘山和勒石村仅有中期墓葬，城关镇为中（《报告》中分为早期的[③]）、晚（《报告》中分为中、晚两期的）两期墓葬，汶川和理县的则均属于晚期墓葬。下面便分期予以综合研究。

---

① 郑德坤：《理番的石板墓文化》，杜品光译，《哈佛亚洲研究杂志》1946年6月（英文）；冯汉骥：《岷江上游的石棺葬文化》，成都《工商导报》，《学林》副刊，1951年5月20日第10期；冯汉骥、童恩正：《岷江上游的石棺葬》，《考古学报》1973年第2期；四川省文物管理委员会、茂汶羌族自治县文化馆：《四川茂汶羌族自治县石棺葬发掘报告》，《文物资料丛刊》第7辑，文物出版社，1983年；茂汶羌族自治县文化馆：《四川茂汶营盘山的石棺葬》，《考古》1981年第5期。

② 茂汶羌族自治县文化馆：《四川茂汶别立、勒石村的石棺葬》（待刊稿）。

③ 四川省文物管理委员会、茂汶羌族自治县文化馆：《四川茂汶羌族自治县石棺葬发掘报告》，《文物资料丛刊》第7辑，文物出版社，1983年（以下简称"《报告》"）。

（一）早期

这期的石棺葬仅在别立寨的卡花清理了五座。石棺所用石料，石条较多，石板较少。这些石料极为粗糙，板面不平，大小悬殊，可能是略经加工的石料。同时棺的结构亦较松散，不够严密，显系工艺水平不高所致。棺的两端为齐头。殉葬品均放置在死者的足侧。它的种类仅有陶器，器形单调，仅有早期的陶罐，陶胎为夹砂粗泥红陶，火候甚低，质地疏松。纹饰有绳纹、点纹和指甲纹。制法以手制为主，轮制不多。

这是四川境内目前发现的时代最早的石棺葬文化遗存，大约相当于战国早期。关于这期文化的内涵和渊源，我们认为可以从两个方面来进行探讨。

其一，为土著文化。从这期的别立寨五墓墓地的地层断壁看，在距地表约1.5米间一古代文化层，而墓葬在不同程度上打破了它。古文化层中出土有磨制石器斧、半月形穿孔刀等，陶器有绳纹和附加堆纹的红、灰陶片，其时代应属于新石器时代晚期的文化遗存。就现有资料看，它可能是这里土著民族的原始文化。因此，打破这一文化层的早期石棺葬文化，无疑是直接承袭该地比它早的土著原始文化的。至于这一土著原始文化是否渊源于西北的有关文化，尚待新的发现和研究。

其二，为西北早期的羌人文化。关于这个问题，以前，沈仲常、李复华曾有初步推断[1]，现再做补充说明。就此期的陶双耳罐和单耳罐的造型看，它与青海的卡约文化、辛店文化和上孙家寨类型[2]的同类器物相似，而具有鲜明的西北文化色彩。因此，石棺葬文化这类陶罐的祖源当与青海的这种文化有关。同时，还可在史书上找到印证。如《后汉书·西羌传》即记载着古羌人一次由西北向西南的大迁徙。这次迁徙是

① 沈仲常、李复华：《关于"石棺葬文化"的几个问题》，《中国考古学会第一次年会论文集》，文物出版社，1980年。

② 青海省文物管理处考古队：《青海省文物考古工作三十年》，《文物考古工作三十年》，文物出版社，1979年。

在"秦献公（公元前384—前362年在位）初"，适当战国早期，而岷江上游战国早期石棺葬文化中的青海地区卡约、辛店、上孙家寨文化色彩，即可能是由南下羌人所带来的。同时，我们还可以从新疆的考古发现得到一点旁证。例如帕米尔高原春秋战国之际的墓中，出土的Ⅰ式陶罐和Ⅰ式、Ⅱ式单耳罐[①]，与岷江上游战国早期的石棺葬中的陶罐和陶单耳杯的形制较为相似。新疆社会科学院考古研究所的同志认为："这些墓葬可能与羌族有关。"[②]我们认为这一推论是有根据的。既然战国早期西迁的羌人极可能与这种墓葬的文化有关，因此，其文化特征自必与和南下羌人有关的石棺葬文化特征有类似之处。这是石棺葬文化渊源于西北羌人早期文化的一个间接证明。

（二）中期

这期的墓葬均在茂汶县境内，计城关镇16座（即《报告》中的早期墓葬），营盘山10座，别立寨8座和勒石村14座，共48座。石棺所用石板已经过加工修整，故较早期的规则结构紧密，砌棺技艺显然有所提高，个别石棺砌有头箱。殉葬品已不再置于死者的足侧，而改放在死者的头前或头箱内。

文化遗物。陶器有红、黑、灰三种。红陶最多，火候低，质地粗糙，承袭了前期的原始特征。黑陶和灰陶均为细泥陶，胎较薄，火候高，造型古朴，制作亦精。制法则与前期相反，以轮制为主，模制次之，手制最少。纹饰有旋涡纹、条纹、圈纹、三角纹和方胜纹等。个别的罐、单耳杯的底部有花瓣纹、十字符号和方形印文。器形较多，有的器体加大，除前期的陶罐外，新的器形有豆、杯、尖底钵、单耳杯、双耳罐、瓶、纺轮、管、珠等；铜器有短剑、臂韝、韝形器、镜、管等；骨器有锥、牙耳饰、管饰等；以及绿松石珠、石刀、石条等。

① 新疆社会科学院考古研究所：《帕米尔高原古墓》，《考古学报》1981年第2期。
② 新疆社会科学院考古研究所：《帕米尔高原古墓》，《考古学报》1981年第2期。

关于这期的时代问题。遗物中虽已有了铜器，但尚无货币和铁器等晚期才有的物类，结合该地区偏僻的地理位置条件看，其时代断为战国中期较宜。

文化渊源。就陶器而论，当地仍有较为清晰的西北文化因素，如石棺葬文化中具有代表性的陶双耳罐与青海卡约文化的陶双耳罐就极为相似，是有力的证物。再以铜器中典型的剑看，这种造型的剑在古代西南夷地区均有发现，可见是古代西南地区的少数民族比较普遍使用的武器[①]。其时代在春秋早中期，或可能早到西周晚期，而迄于西汉。我们据岷江上游现有的资料，对它的渊源问题略谈一点看法。

首先，就岷江上游石棺葬文化中最早的铜器属于战国中期看，它表明，地处四川西北部岷江上游的山区，铜器的使用要大大晚于成都平原。由于成都平原的铜器，最早的是发现于相当于殷代的新都县新繁水观音遗址的土坑墓里，其次则是殷周之际的彭县竹瓦街铜器窖藏的大批铜器。因此，就不能完全排除石棺葬文化中的铜器与蜀文化有一定的渊源。例如在茂汶县城出土的铜剑中有一柄柳形短剑（DM1·2:1），虽在形制上与典型的"巴蜀式"柳叶形剑有些小异，即圆锋、无脊、身茎间似有格等，但它毕竟与"巴蜀式"剑同属一个类型，故仍不失为两类文化间有一定关系的证物。至于"巴蜀式"剑的祖源问题，据新发现有论证为"宝鸡一带西周时期墓葬中所出柳叶形铜短剑有可能是巴蜀地区青铜短剑的祖源"[②]。又有同志进一步分析说："一些研究者曾经指出蜀式剑可能来源于中原地区，宝鸡茹家庄、竹园沟墓地的发掘为探索蜀式剑的渊源提供了重要的线索。这种以柳叶形为主要特征的青铜短剑商末周初发源于宝鸡地区古强国境内，春秋以后逐渐传入四川境内，发展成为具有独特地方风格的蜀式剑。柳叶形青铜短剑在西北、中原地区消失于西周中期以后，而川西平原一带使用柳叶形青铜短剑并发展成为具有独

① 童恩正:《我国西南地区青铜剑的研究》,《考古学报》1977年第2期。

② 宝鸡市博物馆:《宝鸡竹园沟西周墓地发掘简报》,《文物》1983年第2期。

特地方风格的蜀式剑，迄今所见到的最早实例是在战国早期。"①我们基本同意这一推断。因此，岷江上游石棺葬文化中具有独特地方民族风格的铜剑，其特征则势必与西北文化有相似之处。因为，可能是间接来源于西北的缘故。但据《报告》的作者认为，它的形制是"与甘肃灵台白草坡西周墓和宝鸡出土春秋短剑更为相似"。这有直接来源于西北文化的意思。不过它的祖源不论是直接来源于西北还是间接地由蜀地流入，总之均与西北文化有关，同时，皆可能是在战国中期传入岷江上游地区而逐渐发展形成的。

其次，关于两件铜短剑的问题。它出土于茂汶县营盘山战国中期的第三号墓里。这座墓石棺结构复杂，殉葬品多达108件，故可能是属于一个有较高社会地位和较多财富的部族上层人物的墓。从剑的铸造较为粗糙、原始看，应是我省石棺葬文化中所见最早的铜剑了。我们认为，就剑的身柄间一侧的扁平钩形格、身近格处脊的两侧各有的三行条纹和柄上的两行点纹，后来发展成为具有地方民族风格的铜剑特征，即铜剑的三叉形（又称"山"字形）格和柄上的螺旋点带纹来看，这两柄剑便是岷江上游石棺葬文化中具有代表性的三叉形格铜剑的雏形。但是，从西南地区的考古发现看，便产生了一个问题。因为，西南地区最早的这类铜剑不是营盘山的这两柄剑，而是云南德钦县纳古石棺墓出土的铜剑，其时代"根据李家山和万家坝两地古墓群的年代推断和¹⁴C测定，纳古石棺墓的年代可能与二者相当，约为春秋早中期。或可早到西周晚期"②。这就比营盘山战国中期的时代要早得多。可是细察发表的两地铜剑的插图③，发现在铸造工艺上，存在营盘山晚期的要比德钦早期的更为原始的现象。如果两地墓葬的年代推断均较为确切，而且西南这

---

① 卢连成、胡智生：《宝鸡茹家庄、竹园沟墓地有关问题的探讨》，《文物》1983年第2期。
② 云南省博物馆文物工作队：《云南德钦县纳古石棺墓》，《考古》1983年第3期。
③ 见云南省博物馆文物工作队：《云南德钦县纳古石棺墓》，《考古》1983年第3期；茂汶羌族自治县文化馆：《四川茂汶营盘山的石棺葬》，《考古》1981年第5期。

类铜剑又是同一祖源的话，这便是个难于理解的矛盾。但我们认为这一矛盾现象的产生，可能是由于西南这类铜剑的祖源有南、北二元的缘故。即南、北两系文化中的铜剑，在春秋以前各自在不同的地区发展起来，到战国以来，北系文化南下，南系文化北上，两者在西南地区相遇后，交流融合逐渐形成一种具有西南地区独特风格的三叉形铜剑和铜柄铁剑。因此，这个矛盾迎刃而解了。不过这个不成熟的说法，尚有待进一步的证明。

（三）晚期

这期墓葬有茂汶县城关31座（即《报告》中的中期27座，晚期4座），别立寨4座，汶川县大布瓦寨2座和萝葡寨2座（连同1938年发掘的一座共3座），理县薛城区子达寨23座和龙袍寨1座，共64座。石棺均较中期的要长、宽一些，结构形制虽与中期的相同，但未发现头箱。石板不仅十分整态而且甚薄，其中晚一点的墓石棺已改用卵石砌壁而仅用石板作盖。总的来看，石棺的砌造技术又明显地进步了。

文化遗物。陶器有罐、双耳罐、大单耳罐、四耳壶、碗、杯、釜、盂、盂形器、钟、簋形器等。其中有代表性的是双耳陶罐，黑陶，表面磨光，口平面呈菱形，即所谓的"安佛拉"式，束颈，斜肩，鼓腹，圈脚，弧形扁平，双耳由口沿下接于腹，腹部两面均有对称隆起的一对旋涡纹。纹饰有旋涡纹、划纹条纹和绳纹等，特别值得注意的是陶器上有汉字和不晓其义的符号。陶胎多系泥质，有少量的夹砂陶。陶色以灰陶为主，黑红陶次之。制法基本上为轮制。铜器有釜、鍪、盘、环、剑（包括铜柄铁剑）、戈、钺、盾饰、臂韝、璜、带钩、耳坠、管、珠、泡饰、盉旒座、扣等。其中有代表性的是格作"三叉形"的铜剑和铜柄铁剑，即前面已提及的西南地区古代各少数民族所通用的武器。铜器纹饰有条、点、圈、花瓣等。货币有秦半两、八铢半两、榆荚半两、四铢半两和五铢钱等。铁器有鍪、釜、短剑、矛、长刀、削、斧、残锯片等。其他出土遗物有银臂韝、金银项饰、漆耳杯、琉璃珠、珉玉珠、石环、野猪牙饰、骨饰（或工具）、麻布和粮食作物（据鉴定为粟稷之属）等。

关于这期的时代问题。就出土遗物来分析，它是延续较长的一期，大体可以从战国晚期一直到西汉为止。这是石棺葬文化由铜器时代过渡到铁器时代的时期。由于这期的时间长，故又可分为略有先后的三个阶段。

第一阶段：遗物除陶器外，铜器较多。值得注意的是有的墓还出土了前所未见的铁器和秦半两，这就表明这阶段的石棺葬文化已受到中原文化和秦文化的影响，而这些影响以成都平原传入的可能性较大，因此，这阶段的时间当在秦灭巴蜀（公元前329年）至秦亡（公元前207年）之间。但应说明的是，由于岷江上游是较为偏僻的山区，其铁器的最早使用和半两钱的流入，自应略晚于成都平原的蜀地。因而即令两地同样是出土铁器和秦半两的墓，其时间也略有早晚之别，即岷江上游的石棺墓的时间较晚。

第二阶段：遗物丰富，物类繁多。除陶器外，晚期铜器中的釜、鍪、盘、带钩、钺和盾饰等均是前所未见的遗物，铜短剑已发展为铜柄铁剑，铁器的数量增多，就茂汶城关的资料统计，铁器约占这一阶段遗物总数的三分之一，其中典型器物是铁剑和铁长刀。货币有秦半两（与其他货币同出于一墓）、八铢半两、四铢半两和榆荚半两四种，从墓中出土情况看，在茂汶城关是：秦半两与八铢半两同出的1座，秦半两、八铢半两与四铢半两同出的1座，单出八铢半两的1座，八铢半两与四铢半两同出的1座，单出四铢半两的2座，四铢半两与榆荚半两同出的4座，未发现单出榆荚半两的墓。这些货币的出土，不仅可以看出这一阶段墓葬的先后序列，而且表明岷江上游行石棺葬的居民已与以蜀地为主的有关先进地区有了贸易关系。

关于这阶段的时间，以出土的货币看，应在西汉初至武帝元狩五年（公元前118）罢半两钱、行五铢钱的近百年间。但这些货币也和铁器等物一样，在岷江上游的流通应略晚于蜀地，而其流通的时间也不能以法定的行废为限。

这一阶段石棺葬文化的渊源，就出土文物看，除承袭和发展固有的石棺葬文化外，还吸收了大量的汉文化因素。例如，各种半两钱的出土就是有力的证明，特别是汉文和有关符号的出现，更足以说明这一问题。汉文字和符号多出于这阶段的双耳罐、单耳罐、罐、钵、纺轮、灶、锅、皿、碗等陶器上。汉文多系单一个体。在原华西大学博物馆收藏的31件陶器上，其中25件各刻有1个字，5件各刻有2个字，1件刻有3个字，此三字为"利后人"。字体有古文20个，秦篆8个，汉隶3个。在茂汶城关发现的有：阳文"丨""十""↓"等，阴文"丨""×""十""川""卜"等，以上的有先在坯上划刻然后烧制的；亦有在陶器制成后再划刻的。另外，在别立寨的三件陶豆的内壁上，均有相同的方形印记，文似汉"亭"字，可能为烧制陶器作坊的名称。这就表明汉代行石棺葬的人与汉族不仅有了密切的经济关系，而且还有了一些汉文化知识。这或与《后汉书·南蛮西南夷传》所载"冉駹夷者……其王侯颇知文书，而法严重"有关。

第三阶段：这阶段的石棺已用卵石砌壁而用石板做盖了。遗物中，以前具有代表性的陶双耳罐、陶单耳罐、铜柄铁剑、铁剑和铁容器等均已不再有发现，而代之以成都平原汉墓中所常见的陶器（陶釜等）和铁长刀。前阶段的各种半两钱亦不复再有，而是出土了据鉴定为昭、宣时期的五铢钱了。这就表明，在西汉后期，石棺葬文化中已渗入大量的汉文化因素。在有的东汉墓中，也曾出土与石棺葬文化同一类型的双耳陶罐[①]。我们还可以从别立寨墓群的分布规律中找到旁证。别立寨的各期石棺葬均相对地集中，而在最低的晚期墓葬以下，便是成都平原常见的东汉砖石墓了。这便有两种可能：一种是行石棺葬的人在东汉以来逐渐受汉文化影响，而逐步与汉族或其他民族融合；另一种是汉族或其他民族的大量进入，逐渐排斥了行石棺葬者，而使之他迁。这两种情况在历史上都可能是存在的，但其具体情况如何，尚有待于进一步研究。

---

① 赵殿增、高英民：《四川阿坝州发现汉墓》，《文物》1976年第11期。

关于石棺葬文化的南下路线。据现有的资料看，早、中期的石棺葬均发现于岷江上游茂汶县境内的城关、营盘山、别立寨和勒石村等地，而汶川县、理县境内的石棺葬则均系晚期的。这表明，石棺葬文化的发展路线是由茂汶县沿岷江而下，经汶川县至绵池附近。同时在汶川又溯杂谷脑河而上，以至理县境内，这是一条极为明显的石棺葬文化的南下路线[①]。

二、关于族属问题

历来论岷江上游石棺葬族属者甚多，意见亦颇为分歧。郑德坤先生于1946年最早提出受少数民族影响的汉文化说。他说："长头型的戈人，基本上是一个农业民族。他们沿河而居，在台地上开垦土地，饲养牲畜。他们可能很好战，但过着定居生活，因此人死后就埋葬在住所附近。石板墓的外表，有点像成都平原上周、秦时汉族盛行的陶棺和石棺，但是它的构造完全是沿着不同路线的，它是独特的和无与伦比的。此外，石棺葬也不是羌族祖先的坟墓，因为羌族有史以来就实行火葬。我曾把石板墓中出土的器物广泛地与成都平原、北中国以及中亚平原地区的考古出土物相对比。我发现石板墓主人的文化基本是高度受了草原游牧民族文化影响的周、秦时期的汉文化。"[②]此后，冯汉骥先生于1950年又提出月氏说。他说："西汉初年，此种石棺建筑者，似为一种武士阶级，或征服者阶级，他们占据或统治此地，为时并不甚久，人口想亦不甚多，不久以后即被驱逐，或自动撤退，故无论在羌人的种族上或文化上，都没有留下什么深刻的痕迹。假如我们以此推论为正确的话，那

---

① 据1977年4月长江流域规划办公室文物考古队调查，在茂汶以上的岷江支流黑水河流域的黑水县维古区曾发现石棺葬，但未经发掘。又1979年秋西南师范学院历史系曾派唐昌朴同志前往羌区调查，在汶川龙溪公社收集到据说出土于石棺葬中之墨绘彩陶双耳壶一件和类玉石斧多件，尚待鉴定。

② 郑德坤：《理番的石板墓文化》，《中国汉代纪年铭漆器图说》，桑名文星堂，1943年。

么此种石棺建筑者究竟是什么民族呢？以意测之，或与月氏有关。……我总觉得石棺葬文化在岷江上游区域内是一种突入文化，是西北文化南下的一种余波，所以我想我们要追求这一文化的来源，必当在西北区域内求之。"当1973年冯汉骥先生与童恩正同志联名发表《岷江上游的石棺葬》一文时，对原说又略做了一些修改。该文说："关于石棺墓的族属问题，因为掌握的资料过少，尚不能作出适当推断。不过有一点似乎是可以断言的，即它们与现在居于当地的羌族的祖先似乎无关。……石棺墓建造者所表现的文化，其中虽杂有很大一部分汉族的东西，其带有清晰的北方草原地区文化的色彩，也是极为明显的。所以，他们可能原系青海、甘肃南部的一种部族，大约在战国或秦汉之际，因种种原因而南下留居于此。"①

除以上两种说法外，还有氐人说、僰人说、羌人说以及蜀人说等几种。童恩正、林向等同志持氐人说。童恩正同志说："既然秦汉时代的湔氐道就在灌县、汶川一带，则足以证明当时在这里的居民主要是氐族；现在茂、汶、理三县正是秦汉时代的石棺墓最集中的地区，那么我们将石棺墓的建造者与氐族联系起来，就是十分自然的事了。……在石棺葬出土文物所反映的文化中，既带有北方民族的色彩，又具有南方民族的因素。如果我们考虑到氐族本身就是一种北方南下的民族，其分布又在康藏高原的东端，俗当南北民族交通的要道，因此这种文化呈现出一种复合的、多元的性质，就是可以解释的现象了。"②曾文琼同志持僰人说。他认为："岷江上游的石棺葬与僚人洞墓的主人完全可以肯定是僰人，他与岷江下游的僰人同出一源，都来自荆楚，沿岷江流域上下移动。他们的生活习俗与丧葬制度相同，均奉行石棺墓与岩洞葬或悬棺

---

① 冯汉骥、童恩正：《岷江上游的石棺葬》，《考古学报》1973年第2期。

② 童恩正：《四川西北地区石棺葬族属试探——附谈有关古代氐族的几个问题》，《思想战线》1978年第1期。此外，林向同志亦持此说，参见林向：《羌族史诗〈羌戈大战〉与历史》，《四川民间文学》第一集，中国民间文艺研究会四川分会编印，1982年。

葬，而僰人又是古代百濮的一支。"①关于羌人说，其中又有几种不同的见解。前已言及，沈仲常、李复华曾经主张石棺葬为某一支古羌人的葬式②。唐昌朴同志则认为"石棺葬文化是羌族先民秦汉时期迁居岷江上游受巴蜀文化影响，保有本族特色的创新的多元的复合的文化"③。他的意思是说石棺葬为现在羌族先民的葬俗。此外，陈宗祥同志认为"石棺葬的族属是古代《牧誓》八国之一的羌族"。他进而指出这支羌人的后裔就是隋唐的白苟羌④。至于蜀人所说，从前国人亦曾提及，后日本人狩野直祯著《巴蜀古史的再构成》（载日本《东洋史研究》第33卷第4号，1975年3月），进而指出："这个岷江上游的石棺文化，存在着与《华阳国志》记载的石棺、石椁为纵目人冢发生联系的可能性。但是，这些石棺葬的主人不可能是我这里命名的从蚕丛开始的第一王朝，宁可将这些石棺葬与蚕丛的后代相联系。"

我们认为，以上诸说中以古羌人的一支说较为符合实际，今当详细分说之。现今岷江上游有羌族十万人左右。其余则聚居于与此相邻的汶川、理、松潘、黑水、北川诸县中。现今的羌族从不承认石棺葬是其先民的墓葬，他们称之为"戈基坟""矮人坟""僬人洞"或"戈基呷布"等⑤，认为系另一民族的墓葬。这一点从古至今均有足够的资料为之说明。古羌人中有很大一部分群体盛行火葬，故《吕氏春秋·义赏篇》云："氐羌之民，其虏也，不忧其系累，而忧其死不焚也。"现今的羌族，其先民在汉代为冉駹人。冉駹系一部落联盟，其中有不少族体。

① 曾文琼：《岷江上游石棺墓族属试探》，《中央民族学院学报》1984年第1期。

② 沈仲常、李复华：《关于"石棺葬文化"的几个问题》，《中国考古学会第一次年会论文集》，文物出版社，1980年。

③ 唐昌朴：《从龙溪考古调查看石棺葬文化的兴起与羌族的关系》，西南师范学院历史系，1980年7月油印稿。

④ 陈宗祥：《岷江上游石棺葬的族属初探》，《西南民族学院学报（哲学社会科学版）》1981年第1期。

⑤ "矮人坟"系羌人对石棺葬的直观感受而言；"僬人洞"系"窑洞"之讹称；"戈基呷布"一词意不明，有以为有"戈基王"之意，有以为系"戈基人之墓"。

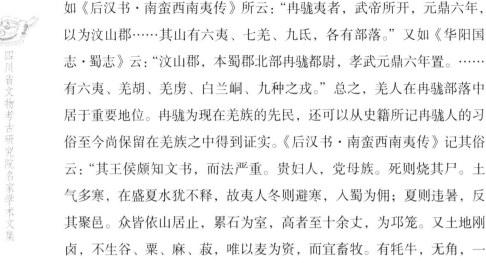

如《后汉书·南蛮西南夷传》所云："冉駹夷者，武帝所开，元鼎六年，以为汶山郡……其山有六夷、七羌、九氐，各有部落。"又如《华阳国志·蜀志》云："汶山郡，本蜀郡北部冉駹都尉，孝武元鼎六年置。……有六夷、羌胡、羌虏、白兰峒、九种之戎。"总之，羌人在冉駹部落中居于重要地位。冉駹为现在羌族的先民，还可以从史籍所记冉駹人的习俗至今尚保留在羌族之中得到证实。《后汉书·南蛮西南夷传》记其俗云："其王侯颇知文书，而法严重。贵妇人，党母族。死则烧其尸。土气多寒，在盛夏水犹不释，故夷人冬则避寒，入蜀为佣；夏则违暑，反其聚邑。众皆依山居止，累石为室，高者至十余丈，为邛笼。又土地刚卤，不生谷、粟、麻、菽，唯以麦为资，而宜畜牧。有牦牛，无角，一名童牛，肉重千斤，毛可为毦。出名马。有灵羊，可疗毒。又有食药鹿，鹿麑有胎者，其肠中粪亦疗毒疾。又有五角羊、麝香、轻毛鼦鸡，牲牲。其人能作旄毡、班罽、青顿、毞毲、羊羧之属。特多杂药。地有咸土，煮以为盐，麋羊牛马，食之皆肥。"以上冉駹人的习俗都能从现在羌族习俗中找到遗留或者线索，其中大部分还保留得相当完整。对此，李绍明早已为之做了详细考证[1]。

　　既然现今的羌族先民不是石棺葬的墓主，那么，他们又与行石棺葬的民族在历史上有何关系？羌族民间有一广泛流行的《羌戈大战》的传说。与此传说内容大体相同的还有口头流传的有韵的史诗，由羌族巫师——许，保留在传统的口诵经文中。史诗叙述：羌人最初居住在西北草原。该处水草茂盛，牛羊兴旺，人民安居乐业。后因天灾战乱，羌人九支被迫各奔一方。阿巴白苟率领的一支羌人，辗转迁徙至今川青两省交界处的补朵山。不久又遇敌人，再度被迫西迁，迁徙中敌兵追赶甚急，幸得天女木已之助，抛下白石三块，变成三座雪山，阻挡住敌兵，羌人幸免于难。随之，羌人迁至松潘草原游牧，又与另一支称为戈基的民族发生争执，其人身强力大，善于争战，羌人不敌，被迫继续迁至茂

---

①　李绍明：《关于羌族古代史的几个问题》，《历史研究》1963 年第 5 期。

汶。羌戈两族在茂汶相持多年，羌人屡战屡败，死伤殆尽，乃求助于天神木比塔。天神命两族于日补坝决战。天神授羌人以白石，给戈基人以白雪块，羌人首战获胜。最后，羌戈决战于牙依山，羌人得天神之助，以计谋全胜戈基，并将残余的戈基人驱赶到四面八方。羌人在茂汶重建家园，得以兴旺发达，白苟将其九子以及十八首领分别派驻各地，形成了现今的羌人区域。为了报答神恩，羌人商议用白石作为天神的象征，供奉于每家房屋顶上，朝夕膜拜。又用牦牛十二头，白羊三十三头，并派人往"益都"（今成都）购猪九头，一齐作为牺牲，以祭天神。从此供奉白石和每年祭天就成为羌人的传统习俗[1]。有如上述，石棺葬的时代相当于战国早期到西汉晚期，可知石棺葬的墓主戈基人与羌人的先民发生战争当在这段时期。

根据史籍记载和殷墟卜辞，商周时羌人以众多的部落分布在我国北方、西方，以至中原一些地区。如羌人的一支姜人即与周人结成联盟，在周代发挥了很重要的作用。后来进入中原的羌人已成为华夏人的一部分。唯有在西北黄河上游和湟水地区的羌人，还保留着游牧习俗。古代羌人诸部从河湟一带曾有多次自然的向外迁徙，而最早见于记载的一次羌人大迁徙在战国的秦献公时。《后汉书·西羌传》追述其事说：公元前五世纪中叶，河湟地区出现了农业，羌人中也出现一名叫爰剑的首领。爰剑在秦厉公时（公元前476—前443年在位），曾被秦国俘为奴隶，后得逃归，领导羌人发展了生产。秦献公时（公元前384—前362年在位），河湟羌人首领名忍，"忍季父卬，畏秦之威，将其种人附落而南，出赐支河曲西数千里，与众羌绝远，不复交通。其后子孙分别，各自为种，任随所之"。他们迁到各处，"或为犛牛种，越巂羌是也；或为白马种，广汉羌是也；或为参狼种，武都羌是也"。而羌人之大部仍留湟中，所谓"羌之兴盛，从此起矣"。

---

① 《羌戈大战》的韵文史诗，已由罗世泽同志搜集翻译，第一部载《四川民间文学》第一集，中国民间文艺研究会四川分会编印，1982年。

正如本文第一节所分析，石棺葬文化具有强烈的青海古文化因素，而青海河湟一带正是古羌人的大本营，因此，结合文献记载，可以推断它为古代的一支羌人的文化遗存。至于《后汉书·西羌传》所记，古羌的几支分别迁到汉代的越嶲、广汉、武都诸郡，后来言明已迁入汉之汶山郡即今岷江上游一带。但从整个地理环境来看，岷江上游的汶山郡正是连接以上诸郡的结合部，诸羌的迁徙自不能不经过该地。有同志提出古羌人盛行火葬，而石棺葬为土葬，故非古羌人墓葬的这种说法亦值得研究。按同一民族由于时代、地域以及死亡原因的不同，而存在不同葬式的情况，早为民族学和考古学资料所一再证实。因而亦不能拘泥于一个民族仅有一种葬式的说法①。这些均可作为古羌人的一支戈基人盛行石棺葬的旁证。由此可知，行石棺葬的古羌人的一支戈基人，约在汉代被现今羌族的先民——后来的另一支古羌人征服之后，已被纳入冉駹的部落联盟之中，成为被统治者，其后遂逐渐与后来的这支羌人融合了。当然这并不排斥另有一部分戈基人被迫他迁的可能性。

这另一部分戈基人或戈族的下落，目前虽不能确指，但从藏族有关传说中，得知他们已融入藏族之中了。藏族传说东藏边沿，即今四川省甘孜、阿坝两个藏族自治州地区，以及甘、青藏区习惯称为"安多"的一带，在古代曾居住着六个氏族或部落。这六个部落介于汉地和藏地之间，分别称为色（Se）、哲（SBra）、董（LDong）、东（STong）、珠（VBru）、噶（LGa）②。戈族在藏族传说中意为"强大者"或"富有者"。值得玩味的是在羌族的传说中戈基人也有"强悍者"或"富有者"之意，而"富有如戈基"，仍是现今羌人使用的谚语之一。据说现今的阿坝州的马尔康县有戈堆地方，古有戈族居住。又若尔盖县，古代也居住着戈族人，该地戈族的益西多吉曾任吐蕃热巴巾赞普的大相。此外，还

---

① 李绍明:《康南石板墓族属初探——兼论纳西族的族源》,《思想战线》1981年第6期。

② 〔法〕石泰安:《汉藏边境古部落史》,法兰西大学出版社1961年出版,耿昇、王尧译本（待刊稿）。

传说现今四川甘孜州的石渠县、青海玉树州的玉树县（结古）也居住着戈族人。玉树的另一名称即是"戈堆结古"。但是，戈族何以散布如此广泛，则尚待研究。目前，藏族均承认这六个部落是藏族的组成部分。法国学者石泰安（R. A. Stein）在研究了上述情况后说："西藏传说中认为六个原始部落位于藏东地区。我们在那里发现了许多地名、族名或其他与这些神话传说中的部落有关的名称。其中有些是由于杂居背景造成的，尤其是在羌族中尤为明显。他们与西藏中部的古老藏人有着近缘关系，但又具有明显的不同之处。……这两个集团并不完全一致，但后者曾是形成前一民族的重要组成部分。"[1]石氏的论证十分精辟，在这里我们也可看到古代的戈基人曾是古羌人的一支。因此，我们认为石棺葬文化为一支古羌人的文化。

（附记：本文的主要论点，曾经笔者与茂汶羌族自治县文化馆已故的蒋宣忠同志做过讨论。又承该馆提供大量文物与尚未发表的资料进行比较研究，在此谨致衷心谢意。）

原载《四川文物》1986年第2期

李复华卷

---

① 〔法〕石泰安:《汉藏边境古部落史》，法兰西大学出版社1961年出版，耿昇、王尧译本（待刊稿）。

历史文物研究

乐山汉代崖墓石刻①

　　四川乐山崖墓（俗名"蛮洞"）分布在城郊的肖坝、麻浩、柿子湾、蕴真洞和车子乡一带（图一），沿岷江上至青神、彭山两县，下至犍为县，都有这种墓洞，但以城郊地区为最集中。墓都是沿山依天然红沙崖石凿成，墓的深浅、广狭、繁简也不一样，位置也高低参错。高的有高到无法攀登的，低的有低在地表下的。墓内有的空无一物，有的为人所居住，有的积满淤土尚待发掘。规模宏伟的深90余米，小的6至7米。棺有瓦、石两种，其长2至3米，宽约1米，高（连盖）约1米。有的石棺多就崖石凿成，不能移动。出土的明器有陶楼房、锅灶、甑、甗、壶、盘、碗等用具和陶伎乐俑、舞俑以及陶鸡、犬、牛、马、豕、羊和鱼等。出土的货币有半两、五铢、大泉、货泉等。在肖坝台子洞象鼻嘴的墓壁上刻有高1.8米，宽0.79米的"延熹二年三月十日"（东汉桓帝年号，159）墓表一方（图二），台子洞对面和尚冲墓壁上也刻有高1.56米，宽0.945米的"建和□年正月廿日"（东汉桓帝年号，147—149）墓表一方。过去其他地区曾发现的年号有永元十四年（东汉和帝年号，102），永建三年（东汉顺帝年号，128），永寿四年（东汉桓帝年号，158），延熹五

---

① 本文由李复华、曹丹合著。

年（162），熹平四年（东汉灵帝年号，175），熹平五年（176），光和三年（东汉灵帝年号，180）。乐山崖墓的最大特点，是墓的内外都有极丰富的劲健古朴的浮雕，如：《将进酒图》《停车话别图》《老莱子娱亲图》《荆轲刺秦图》《力士调弓图》《龙图》《猿乐图》《熊乐图》《孙叔敖故事图》《牧马图》《步辇图》《车骑图》《王子晋吹箫引凤图》《凯风图》《河梁送别图》（参见图三至图十）以及铺首和斗栱，等等，这些雕刻都是汉代劳动人民智慧的结晶，它可以供我们研究汉代的雕刻艺术，也可以从它的写实作风上给我们提供研究当时社会生活的资料。

图一　柿子湾崖墓

图二　肖坝崖墓延熹二年墓表拓本　高108厘米、宽79厘米

图三　《凯风图》拓本　高69厘米、宽169厘米

图五 《停车话别图》拓本 高57厘米、宽203厘米

图四 《獒图》拓本 高62厘米、宽52厘米

图六 《荆轲刺秦图》拓本 高64厘米、宽372厘米

图七 《老莱子娱亲图》拓本 高50厘米、宽109厘米

图八 《牧马图》拓本 高50厘米、宽135厘米

图九 《步辇图》拓本 高56厘米、宽100厘米

图十 《河梁送别图》拓本 高61厘米、宽79厘米

原载《文物参考资料》1956年第5期

四川古代建筑简介

一、四川的古代建筑

四川的古代建筑，保存到现在的是不算多了，但也可以从这些遗物里，看出它们的梗概，可以供给我们研究参考之用。这些古代建筑遗迹，有摩崖、造像、桥梁、塔幢、石阙、墓葬（崖墓、砖墓、石墓等）、寺观，等等。它的制作具有地方风格，与他处不同。如：这里有全国最大的高六七十米的乐山凌云寺唐代大佛；有连绵不绝的夹江、大足、广元、荣县等地的摩崖造像；更有他处极少见的崖墓群，从这些建筑里可以看出汉晋的一些制度。至于石阙的数量之多、雕刻之精美，也是全国少见的。其余像方形塔、廊桥、索桥的雄伟，寺观的壮丽，民居的市尘，以及出土的绘有建筑的画像砖和陶建筑模型等，全部具有引人注意的艺术价值。兹仅就其中有代表性的建筑略加叙述。至于摩崖、造像、塔幢、墓葬等部分，因在石刻、墓葬的课程里要作比较详细的介绍，所以这里仅略提及。

（一）成都羊子山土台遗址

土台是在砖厂取土烧砖时发现的。台为方形，系用长65厘米、宽

36厘米、厚10厘米的土砖砌成。它垒砌的结构，不像现代压缝有一定规则，而是全部采用平置和上下齐缝相叠的方法，这就说明了当时建筑砖墙砌法上的原始性。砖缝的接合是用灰白色细泥，黏接得很紧密。土台实测第一道墙的方径为31.6米，高度10米（原高尚不止此）。第二道墙方径67.6米，所以台形成回形。因发现较迟，已挖部分土台原来的全部形制不够清楚了。我们据出土的遗物进行初步研究，认为土台可能是西周时期的遗物，至于土台当时的用途则无法知道了。

（二）两块东汉画像砖的建筑资料

甲第画像砖：砖出土在德阳县黄许镇蒋家坪。图是一家地主的高大的大门，门内榆柳成荫，飞鸟栖集。左思《蜀都赋》："亦有甲第（甲等门第），当衢向术（正当大街）。坛宇显敞（厅堂壮丽宽大），高门纳驷（门高可容车马）。"这画面正可与赋里的词句互相对照。

庭院画像砖：成都羊子山二号墓出土。图为地主官僚的一个院落，用长廊隔成两部分，左边房屋三进，头进为大门，门内有两斗鸡；二进为过庭，庭内有双舞鹤；三进为正厅，房屋宏敞，由阶而升，宾主对坐，主人正在此宴客。左边前为厨房，有井有灶，有木架，架上有食物，并有厨具之属。后为高楼，有梯，可登楼远望。楼前空地，有人打扫清洁，正方有客，有猛犬系于楼下，此可说明正当宴客时的情形。这个画像正是说明了当时地主官僚们居屋的华丽。

（三）都江堰水利工程

都江堰为我国古代大灌溉工程之一，自秦太守李冰建筑以来，历二千余年，代有培修增改。当时李冰凿离堆以避沫水，作安堰，即今之都江堰。这里设鱼嘴以分水为内外二江，二江水量可以彼此调节。从江引水灌田数百万亩，使灌溉区的农业生产得到了保证，故四川自昔即有"天府之国"的称号。李冰治水的"深淘滩，低作堰"六字诀及杩槎、竹笼等方法，至今尚有一定作用。中华人民共和国成立后，在党的正确领导和广大群众的积极支持下，开渠引水溉田等水利工程在川西平原和丘陵地带普遍展开，这更扩大了灌溉面积，给川西地区的农业生产和提高农民生活水平以有力保证。

（四）陶建筑模型

在四川东汉墓葬里，常出土一些陶建筑模型殉葬物。有大厅、碉楼、民房等，其中最精致的一件，是双流牧马山灌溉渠出土的一件大厅建筑。大厅陶模为单檐歇山顶，正面视之，颇为宽敞，檐下有斗拱，正中有阶，可从左右两面升入厅内，厅后壁开有小门。从这些资料看来，中国建筑在东汉时期已比较成熟了。

（五）石阙

石阙，有庙门之阙，有墓门之阙，统而言之皆神道之阙也，即言此为神灵往来之道。古代石阙，据方志和其他的记载，在四川的应有30多个，但事实上，保留到现在为我们所知的，全国总共也不到30个，其中4处在华北（河南登封嵩山的太室、少室、启母庙3个和山东嘉祥县的武氏墓阙）外，余均在四川。据调查有20多个。如：雅安高颐阙、绵阳平阳府君阙、夹江杨公阙、新都王稚子阙、梓潼无铭阙、渠县冯焕阙、忠县无铭阙及芦山樊敏阙，等等。它们的时代多数是东汉时，有一两个还可能是晋代的。阙的建筑也是分墓、身、盖三部，阙盖均多作木构建筑的单楼广殿式，檐下刻有斗拱等。除了阙本身显示了那一时代的建筑特征和结构外，多附带着精美的雕刻。所以这些阙给我们提供了研究汉代建筑和雕刻的宝贵材料。

（六）崖墓及砖、石墓葬

在四川有很多县都可见到。一般人称它为"蛮子洞"，是就山崖凿成的水平深洞，作为埋葬死人的坟墓，有各种大小、简单复杂不同的情况。它的时代大多属于汉代。有确切年代的有：永元十四年（102）、永寿四年（158）、延熹五年（162）、熹平四年（175）、光和三年（180）等墓。经我们调查过的有乐山、新津、绵阳、彭山、昭化、广元、阆中、渠县、叙永、南溪、宜宾、犍为、内江等县。其中以乐山、彭山为最多。除了它们本身建筑结构可供建筑研究参考外，墓内外所雕刻着的各类人物、图案、风景等，又可提供我们研究汉代雕刻艺术的实物材料。砖室墓葬，自西汉末（不多见）、东汉以后历代均有，不过砌法和砖的大小与纹饰（有无纹的）略有不同。石室墓葬，五代、宋、明各代均有，但其结构各不相同，其中最有名的自然是成都西郊五代时蜀的王建墓了。

（七）佛窟

四川的佛窟、摩崖造像，也几乎随处都有。如乐山、夹江、广元（千佛崖、皇泽寺）、大足（宝顶寺、佛湾、北崖）、安岳、潼南、蒲江等处。其中以广元、大足、安岳的最为重要。

（八）木构建筑物

木建筑是很难保存长久的，在气候干燥的华北地区保存尚多。西南气候潮湿是木建筑不易保存的最大原因。但也保存了一些下来，最早的有元代的，至于明代的则就较多了。这里我们重点地介绍几处。

峨眉县飞来殿：殿的做法比较古老。据说它的得名，是由于在唐时由蒲江九仙山飞来此殿，所以叫作飞来殿，它是形容佛教传播的神秘。殿是五间九架，制度伟丽。它在构造上最大的特点就是前面廊柱共四梁，将五开间改成面阔三间的建筑，而中堂间最为宽阔。它的柱高是436厘米，由额枋下皮算是337厘米，面阔是815厘米，所以这中间的开间是一与二之比的扁长形。殿是单檐歇顶，斗拱重拱七踩，真下昂，雕刻很富丽。斗拱足材是14.5厘米×29.5厘米，单材是14.5厘米×20.5厘米，是四川最大的斗拱用材，所以此殿有元代所建的可能。昂咀卷曲，是川中斗拱常见的风格，其横拱形也是川中拱的特点。

阆中永安寺元代大殿：大殿面广三间，宽15.15米，进深四间，长7.2米，约近于正方形。顶单檐歇山式，盖平瓦，正脊上安绿色琉璃大吻，并饰以狮虎等物，正中安刹顶一座，垂脊也有人、兽等饰物。檐下施用斗拱，大部毁失，仅存前檐柱头铺作两朵及当正一间补间铺作两朵。斗拱均为五铺作双下昂。第一、二跳上均作翼形拱，要头作昂形。大殿西山面四椽栿上墨书"大元至顺四年……改鼎新创"题记一行，所以它虽经明、清两代几次培修，但基本上还保存了元代建筑的原状。殿内有塑像，两壁上均有彩绘天龙八部，并有元至正戊子题记三则，因此塑像与壁画俱无疑是元代的作品，它较大殿建筑本身晚16年。

广汉龙居寺中殿：中殿是三间，歇山顶，正方形殿，前梁有大明正统十二年（1447）的题记。斗拱五踩，重拱带枰杆，挑下金檩。斗拱足材是9.4厘米×19厘米，单材是9.4厘米×13厘米。殿内梁枋彩画是如意头带红心的明式彩画，画得也很精细。该殿的木结构做法相当精确，彩画尤其美丽生动，全是上品。殿内留存有成化、嘉靖年间有关彩画的题记各一则。

明代的木建筑，保存最为完整，规模较大的有平武报恩寺和遂宁广德寺等，其他新津观音寺、广汉金轮寺碑亭、蓬溪宝梵寺等也均由明建。

成都鼓楼南街清真寺：礼拜殿长方形，面阔三间，进深七间，里面从置金柱二列，外面用周围双步廊，前廊作卷棚式。房顶前后两端是三重檐式样，屋脊平面呈工字形。斗拱五踩单昂。殿整个外观确可称为富丽堂皇了。据考证可能是清乾隆年间的建筑。

（九）塔

四川的大塔，保存至今的也为数不少。它多系宋代以后的遗物，又大部为密檐的砖塔。这类塔的外貌有很大的变化，它不像楼阁式那样每层差不多高，而且有门窗户壁等；它的特点是下面一层特别高，以上每层之间紧密相连，没有柱子门窗，房檐出得也很短，有的在每层之间安上一个通光的小孔，有的连小孔也没有。这种塔以砖造的居多，后来也有用石造的，木造的却很少，如宜宾（旧州塔）、青神、井研、彭县等地均有这类塔。而塔是从印度来的新因素，掺和了中国原始结构而产生的新形体。至于我国现有最早的塔有两座，即南北朝时建筑的河南登封嵩岳寺塔和山东历城神通寺四门塔。

（十）桥梁

四川保存的古代桥梁比较少，我们在这里仅把四川各地常见的几种桥梁略为介绍：

索桥：也称吊桥，在世界桥梁历史上说，首推我国发明最早。吊桥都架设在夹谷处，两岸山崖较陡，水深流急，不易立柱墩，于是发明了悬索为桥。它分竹、藤或铁的独索的吊桥。独索的溜索桥甚为惊险。多索是几根缆索并列，上铺木板，组成桥面。有的不设栏杆，有的在左右各具两根缆索以作栏杆。竹索桥中，最著名的是灌县的竹索桥，位于战国秦李冰父子所修的伟大工程——都江堰口，横跨岷江的内外两江上，共长330余米，最大跨度达61米，江中木架八，石墩一，是多孔的索桥。铁索桥中，最著名的是泸定县大渡河上的泸定桥。长三十一丈一尺（合103米）、广九尺（合2.8米）。这座桥同时又在历史上有重要的纪念价值。1935年红军长征，强渡大河、攻占泸定桥时，22名英雄的战士，手扶着摇摇晃晃的铁索，脚踩着起火燃烧的桥面木板，冒着弹雨，向敌人进攻，泸定桥变成了历史上英雄不朽的名字了。

拱桥：这类桥多用石料建筑。通过力学的分析，拱桥在材料的使用上最为经济；尤其是每块拱石，都能受到压力，是它的特殊优越性。至今成渝、宝成两铁路沿线还修了很多的石拱桥。

成都的九眼桥、万里桥，万县的万州桥就是有代表性的拱桥。这里不得不提及我国现存最早的拱桥，就是河北省赵县的赵州桥，迄今已有1300多年的历史了。它在中外桥梁史上都占崇高地位。这不仅是由于它的时代早，从结构和艺术上都可以说明它的高度价值。历史上筑造的石拱桥都是半个圆拱，而赵州桥的桥拱，却是小于半圆的一段弧，是一座跨度长约38米的单孔石券桥，不仅如此，在大拱之上还叠架4个小拱，目的是减轻洪水的冲击。美国某桥梁专家曾说："赵州桥轻巧的构造，使闻名于世界的罗马帝国时代的石桥，看起来更觉臃肿了。"

桥屋：即是在桥上建筑门楼等。一般人称为"桥楼"，以增加桥的美观和起一些保护桥身的作用。如峨眉的解脱桥即属此类，其他尚有不少的桥屋。

伸臂桥：它的起源很早，但尚迟于汉代。在近代桥梁建筑中，尤其是大跨度的公路桥和铁路桥，普遍采用伸臂桥。木里自治县的伸臂桥，是没有中柱的，挑梁的层次，竟达八层之多，朴实明了，是很宝贵的实物。在山区就多建此类桥。

其他：尚有浮桥，如过去重庆、夹江、内江等地均有浮桥。

（十一）古城遗址

四川古城遗址几乎各处都有，其中亦不少有重要历史价值的。如合川县的钓鱼城，城垣为石建，三面临江，形势极险，宋末孤军以此弹丸之地抗拒元军，是为历史名城；郫县马街古城废城垣今尤存在，《古今图书集成》上谓为秦张仪所建。

二、保护古代建筑的意义

我们保护古代建筑的目的，不是"为保护而保护"，更不是"颂古非今"，赞扬任何封建迷信，而是为了"古为今用"和为社会主义建设服务。

第一，古代建筑是民族的文化艺术遗产，是历代人民创造的，它代表着劳动人民的智慧，保存着我国伟大的光辉文化艺术传统，是最珍贵的文化遗产。

第二，古代建筑可供我们研究学习，以便"推陈出新"，毛主席教

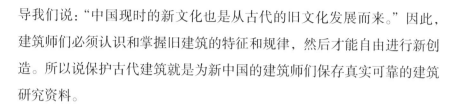

导我们说："中国现时的新文化也是从古代的旧文化发展而来。"因此，建筑师们必须认识和掌握旧建筑的特征和规律，然后才能自由进行新创造。所以说保护古代建筑就是为新中国的建筑师们保存真实可靠的建筑研究资料。

第三，我们保护了不同时代的古建筑，可以对帝国主义分子全属孟浪杜撰、污蔑中国建筑的论调以有力的回击，例如英人法古孙在他著的《印度及东洋建筑史》一书说："中国无哲学，无文学，无艺术。建筑中无艺术价值，只可视为一种工业耳。此种工艺极低级而不合理，类于儿戏。"并且波及日本，谓"日本之建筑，程度甚低，乃拾取低级不合理之中国建筑之糟粕者，更不足论"。又如英人富列契在新著的《世界建筑史》书里对中国建筑加以污蔑，将中国建筑包括在"非历史的样式里"，这些谬论若不是对中国建筑根本不懂，便是恶意中伤，实在是所谓的"盲者不惧蛇"之类。当然我们保护古建筑，同时也是为了对广大劳动人民进行爱国主义教育。

三、如何保护古代建筑

关于保护古文物建筑的问题，国家曾有相关指示，这里我们提出几点原则意见，以供大家参考。

第一，建筑原来的外形和内部构造，应尽量保存。如因原材料腐烂的，可以酌用新材料替换或辅助原材料的坚固性。

第二，建筑物的地址以不移动为原则，但在必须移动时，须保持原有面貌，不要因移动而减低它的历史价值。

第三，一群整体的建筑物，因各个单位彼此间都是互相联系的，因此须保全整个体系，不可任意拆除。倘若彼此间没有关系，而又不是重要的建筑物，如必须拆除时，必须经主管文化部门报省文化局审查备案。在特殊情况下，亦可变通办理。

第四，现存的重要古文物建筑，或因后来添建的缘故，已不是原来形状的，修缮时只可就它的现状修复。如确知它原来的形制，制定、执行恢复计划时，自然要恢复原来的形状。

第五，油漆彩画，必须按照最初图案描画补充，不过中国古建筑彩画，往往已随时代转变，得以保存原来图案的很少，除确知其原图案，可供补绘外，只可就最旧的图案描补。但须注意保持原样，不可任意涂改或偷工减料，改变原样。

第六，修理前应做详细测绘，修理后亦应照相，保存真实形状。修理前后的图片，如各种平面图、正面图、侧面图和剖面图等，除由保管机构保存外，如可能，在木建筑内亦须珍藏一份。

第七，须多方面了解和进行地面文物建筑的调查，把调查所得的资料提供给有关单位和人员进行评定，就历史方面、艺术方面，分出它们的真实价值和等级，以确定哪一些必须立即修缮注意保存，哪一些的修缮可以暂时延缓，哪一些可供地方利用，并根据评定意见分别予以处理。关于上述建筑物的修缮、利用，若有价值不大而损坏程度严重，无修缮必要须拆除的，必须经省文化局审查后决定，必要时并报中央文化部批准。

第八，上述建筑物内如果附有古代文物，如碑、碣、佛像、壁画，或陈设有器皿、炉鼎之类的，因它们件件都和建筑物的历史有关，必须一齐保存，同时还必须制成拓片或照相留影。

节选自《四川省文物干部训练班讲义》（油印稿），1958年

郫县出土东汉画像石棺图像略说^①

1972年12月初，四川郫县新胜公社（原名竹瓦铺）二大队三生产队社员在取土时发现东汉花砖砌成的墓葬一座。该墓早年被盗，出土文物有陶持锸俑、陶抚琴俑、铜摇钱树及陶座、五铢钱、瓦棺，以及有画像的石案和石棺等。其中石棺完整，后经县文化馆和省博物馆派员运回县里保存展出。

石棺系用比较坚硬的青石凿成，长237厘米、上宽72厘米、下宽77厘米、高86厘米、两壁厚8厘米、前后壁厚10厘米；棺盖前端厚29厘米、后端厚26厘米。盖素面无纹饰，棺身四周均刻有浅浮雕画像，为四川在"文化大革命"以后所发现的东汉画像石棺中最为精美的一具。这里特将四幅画像略说于次：

前面一方刻伏羲女娲画像

图一　伏羲女娲画像

---

① 本文由李复华、郭子游合著。

（图一）：像作人首蛇身，两尾相交。左边为伏羲，手中持一日轮，轮中有一金乌；右边为女娲，手中持一月轮，轮中除有一蟾蜍外，似另有一蛇。这正与古代"日中有踆乌（即金乌），月中有蟾蜍"[①]之说相合，是为古代民间流传较广的神话故事，常见于东汉画像石刻。

图二　双阙画像

后面一方刻双阙画像（图二）：阙盖为歇山式，两阙外侧均刻有较低的耳阙，中央下部刻一门，门中一人持板右向而立，应是为墓主管理门禁的"门亭长"。这也是四川东汉画像石刻中常见的题材。

侧面一为宴客乐舞杂技画像（图三）：侧右上部为一间硬山式的厨房，内有一灶，灶上置有双耳釜和甑，灶前一人正匍匐加柴，另有一厨师正在案上做菜。房外有一往来送食的侍者。下面为一车一马，车为卷篷盖，中坐一女人，车旁一着短服的御者，车后有两侍者相随，其马则正举前右脚欲进门。应是来客所乘的轻便的辒车[②]。

图三　宴客乐舞杂技画像

---

① 《淮南子·精神训》。

② 《说文》："辒，轻车也。"《释名》："辒，屏也，四面屏蔽，妇人所乘牛马（'马'字可能是'车'字之误）也。辒、辎之形同，有邸曰辎，无邸曰辒。"

中部为两座高度相同的楼房建筑画像。右侧一座为较窄的歇山式楼观，楼上中央一窗，窗内有一露半身的女人，凭窗眺望。楼下为可容车马进出的大门。即左思《蜀都赋》所谓"亦有甲第，当衢向术。坛宇显敞，高门纳驷"。在左边设有一梯，以便上下。左侧一座正厅，屋宇宏敞，顶作重檐四阿式。楼上有栏，栏上置有三件器物，栏左设双扇门，栏外为回廊。楼下大厅内两侧各一柱，柱端有斗栱。厅内设席，宾主五人并座，席前分别置有碗、钵等食具，右三人正在饮酒进食；左二人，一人用所执之物和另一人用手指着助兴的乐舞杂技表演，是在欣赏美妙的乐舞杂技艺术。

楼左即为乐舞杂技画像。上面右边近楼处为戴竿，即系现在的"顶技"；一人坐地上，头向后仰，口含一竿，竿端有一盘形器，表现了熟练地掌握重心平衡的技能。中间为叠案，有九个矩形案相叠，上有一人，两手着案，上身向后挺直，下肢前曲，正在做倒立的表演；造型矫健优美，稳重而有力。现在杂技中的"椅技"，正是从"叠案"发展而来的。左边为两人坐席上，席前亦置有碗、鼎等食具，其右边一人抚琴，左边一人也应为乐伎，是为杂技伴奏。下面为两细腰的舞伎，正展长袖踏鼓而舞，两人身向大厅。右边一人，双足立一鼓上，曲身，头翻向上，两手前后平伸，而与上身平行，长袖下垂；后一人，双足踏一鼓，躯微曲，上身后转，头回顾，右手向后平伸，左手曲举近头。古代对于舞妓的描写是比较多的，张衡《观舞赋》："捼纤腰以互折，嬛倾倚兮低昂。增芙蓉之红华兮，光灼烁以发扬。腾嫭目以顾眄兮，眸烂烂以流光。连翩络绎，乍续乍绝。裾似飞燕，袖如回雪。于是粉黛施兮玉质粲，珠簪挺兮缁发乱。然后整笄揽发，被纤垂紫，同服骈奏，合体齐声，进退无差，若影追形。"曹植《洛神赋》："其形也，翩若惊鸿，婉若游龙。"这些记载，正是两舞伎姿态生动的写照。

这一侧的图像可以表明当时封建官僚地主寄生生活的宴飨情况。他们在文献中有不少自我暴露。《三都赋》有云："若其旧俗，终冬始春。吉日良辰，置酒高堂，以御嘉宾……羽爵执竞，丝竹乃发。巴姬弹

图四　曼衍角抵和水嬉画像

弦，汉女击节。……纡长袖而屡舞，翩跹跹以裔裔。合樽促席，引满相罚。乐饮今夕，一醉累月。"

侧面二为曼衍角抵和水嬉两组画像（图四）：这一侧的画像内容可能是前一侧的继续，题材也比较新颖。曼衍角抵之戏刻在上部，共七人，均赤足，戴有不尽相同的假面。古代称这种人为"象人"①。左起：第一人，假面似猴，右手持有长柄钩兵。第二人假面似猪，背负有镡形器。第三人正用力拖着第四人所坐的蛇、虎之尾，向左进。第四人头上束三髻，左手向左平伸，右手上臂向右，曲肘前臂向上，胸前有一斧，斧下有一面形物，似为盾，坐在头部向左的蛇、虎身上。第五人右手执盾，左手似持一长剑，头向后回顾。第六人双手握一物。末一人右手执一棍（拓片不清楚），左手持一瓶状物前伸。其中第四人可能为"东海黄公"。张衡《西京赋》云："东海黄公，赤刀粤祝，冀厌白虎。卒不能救。"《西京杂记》亦云："有东海人黄公，少时为术，能制蛇②御虎。佩赤金刀，以绛缯束发，立兴云雾，坐成山河。及衰老，气力羸惫，饮酒过度，不能复行其术。秦末有白虎，见于东海，黄公乃以赤刀往厌之，术既不行，遂为虎所杀。"而此图第四人的图像则是：束发悬斧，坐压于蛇、虎身上。他悬斧而非佩金刀，可能是传说人物黄公的变异。是则

李复华卷

---

① 《文献通考》《渊鉴类函》原注云："《汉书》韦昭曰：'今之假面。'"
② 《渊鉴类函》"蛇"作"龙"。

为表演"东海黄公"少时制伏蛇、虎的故事节目,乃汉代角抵戏内容之一。关于汉代以来的角抵戏的记载较多,如《汉书·西域传》云:"设酒池肉林以飨四夷之客,作《巴俞》都卢、海中《砀极》、漫衍鱼龙、角抵之戏以观视之。"张衡《西京赋》云:"总会仙倡,戏豹舞罴。白虎鼓瑟,苍龙吹篪。"《文选》注云:"仙倡,伪作假形,谓如神也。罴豹熊虎,皆为假头也。"这些记载正可以作为这组画像题材的解释。

这一侧的下部为水嬉画像。左边部分刻有一小船,船上三人,一人中坐,一人后坐掌舵,其间立一水鸟,一人在船头用力撑船,欲使之向右行驶。船周刻有鲤、鲢、蛇、蟾、鸟和莲等。中部左边立一人右向,右手执一伞,可能为侍者;其右有五人,均执板,一人中立左向,前后各有两人,均作曲腰行礼表示尊敬状,因此中立者可能职位较高。右边部分树有两旗,其间亦有数人左向,前四人并列弯身,后一人双手持一鼖鼓,鼓上似为一盖,盖上一物三巾。张衡《西京赋》云:"于是命舟牧,为水嬉……垂翟葆,建羽旗。"这组画像,正是这样的水嬉题材。

这具雕刻精美、内容丰富的画像石棺,充分表现了我国古代劳动人民的高度智慧,给研究东汉时期的杂技、雕刻艺术和有关历史问题又增添了一些实物资料。

原载《文物》1975年第8期

铜戈——反映巴蜀文化的珍贵文物①

　　在历史的长河中，古代四川曾建立过蜀国和巴国两个奴隶制国家。前者在今天以成都为中心的川西一带；后者则在今天以重庆为中心的川东地区。公元前316年，秦灭巴、蜀，改置为巴郡和蜀郡。蜀郡之设，一直沿袭到唐代，故至今四川地区简称为蜀。一般认为，在汉景帝时，文翁为蜀守，创办学校，文化开始大兴，出现了"蜀地学于京师者比齐鲁焉"（《汉书·循吏传》）的盛况。至汉武帝时，"乃令天下郡国皆立学校官"，向蜀郡看齐，显见这时四川已一跃而跻身全国先进文化地区之列了。可是，上溯到先秦时期，地处"西僻之国"（《史记·张仪列传》）的巴、蜀，文化状况如何？巴、蜀之间的文化联系又怎样？关于这些问题的历史记载则甚少，以致汉代学者有古蜀人"不晓文字"之说，这种说法相沿至今。

　　其实，情况并非如此。中华人民共和国成立后，先后从地下陆续出土的有关文物，为进一步研讨古代巴蜀文化提供了新的线索，尽管有些问题并未得出圆满结论，但其意义和价值是不可低估的。

　　近十年来，从我省川西平原和万县地区的古墓葬里，先后出土了

李复华卷

---

① 本文由李复华、章映阁合著。

四件战国时期的铜戈，即1972、1976年相继在郫县红光公社不同地点出土的两件，1973年在万县新田公社出土的一件，以及1979年在新都新农公社出土的一件。这四件属钩兵器的铜戈，其形制基本相同。值得注意的是，在戈身的前半部称之为"援"的上面，以及戈身的中下部称之为"胡"的上面，均刻铸有一行铭文。据国内最有声望的古文字学家郭沫若、徐中舒、唐兰等鉴定，仅知其为地方古文字，但已不能辨识其音义了。尽管如此，从恩格斯在《家庭、私有制和国家的起源》一书中所表达的"由于文字的发明及其应用于文献记录而过渡到文明时代"的观点来看，这四件铜戈的发现，仍为我们探讨四川古代文化的有关问题，提供了科学的实物史料，不失为极其珍贵的重要文物。

郫县1972年和万县1973年出土的两件铜戈，其形制完全一样，而纹饰则不尽相同。如，戈身中后部的两面，各铸有一造型特异、图案精细的虎纹，头向锋，张口瞠目，狰狞凶猛，耳突出，向后伸；虎身为阴纹。戈脊的下侧两面，均有三个或四个泪痕纹；而脊的上侧一面，各有一行铭文，约十二字，音义不明。据有关学者鉴定，它应是向锋末立书顺读的。其中万县铜戈中下部"胡"的一面，铸有"弓"字形符号；而郫县的铜戈则两面均有纹饰，特别引人注目的是一个头挽椎髻、跪在地上、腰间悬刀的人像，这正与《蜀王本纪》（原说是西汉扬雄著，据徐中舒教授考订，应为蜀汉谯周撰）中所描绘的"椎髻左衽"的蜀人形象相同，故可视为古代蜀人形象的一种。而戈上的虎纹，据考古学界研究认为，则应是古代巴人中某一氏族的徽帜（即图腾）。因此，这件既有挽椎髻的蜀人形象，又有属于巴人氏族徽帜——虎纹的铜戈的发现，便可证明古代巴人和蜀人的文化特征，在战国晚期不仅已无显著的区别，而且已经达到一定程度的融合了。由此可见，它还是一件综合反映我国古代巴蜀文化的艺术珍品。

郫县1976年和新都1979年出土的两件铜戈，其形制亦完全一样，仅戈身后部称之为"内"的上面有图案纹饰，而中下部"胡"的两面，均有相同的由上至下立书的铭文一行，约七八字，亦不晓音义。与前两件铜戈上铭文的字形均同属一体，并有个别相同的字。此种字体，与商代的甲骨文和周代的金文都不一样，应是特定地区使用范围不广的文字。据此，我们有理由认为它是古代蜀人所特有的一种文字。从这种文字至今尚无人认识这一点来看，它很可能是在秦灭巴、蜀后，被"书同文"的政策措施所淘汰，随着岁月的流逝，成为后世无法辨识的死文字了。如果这一推测无误的话，那么《蜀王本纪》上蜀人"不晓文字，未有礼乐"之说，就很值得怀疑了。这四件铜戈的出土，为我们进一步研究巴蜀文化，提出了新的课题，必将引起国内外研究工作者的极大关注。

原载《四川日报》1981年2月1日第4版

新都战国墓中的一方铜印[①]

    1980年春发掘的新都战国墓，其规模之宏大，文物之丰盛，实为四川战国时期考古上的一次重要收获。其中，有一方制作精巧的铜印章，印文内容丰富新颖，为四川过去所罕见，它不仅以符号和图像显示了墓主人非同寻常的身份地位，粗具后来帝王使用的"玺"和"宝"的作用；还可证明当时蜀开明氏在接受中原文化方面已达到一定的程度；更为研究巴蜀文化，以及与有关文化的关系等问题，提供了极有价值的实物史料。

    印章的形体为正方形，边宽3.5厘米，高1.4厘米，背面微拱，中为錾钮，饰有饕餮纹图案。印文是由习惯称之为"巴蜀图语"（即古代巴蜀类似文字的图像）的符号和图像所组成。它分上、下两层，下层中置一"罍"（酒器），两侧各立一人，共抬一块近似长方形的板，板上有并列的三个"○"的符号；上层中间置一竹编之类的器物，两侧各有一口向上的"铎"。这些图像和符号组合在一方印文上，显然是有一个统一要表明的中心意思，我们只有尽量弄清它们各自的含义，总的意思才会更加明确。

---

    ① 本文由李复华、章映阁合著。

首先是置于印文上层中间的竹编器物，墓里不少铜器上均繁简不同地刻铸有此图像，又以其地位之显著，显然应是古代蜀人某一氏族的"族徽"。而下层中间所置的罍，是祭祀用来盛酒的器皿，这无疑是当作权力象征的重器来表现的。再结合两铎图像和三个"○"的符号的含义来看，使用这方印章的墓主人，绝非等闲人物。

　　印文上铎的图像有二，正与古代"金木两铎"的记载相合，故印文两铎的图像应是金木两铎的具象。据《说文》："铎，大铃也。军法五人为伍，五伍为两，两司马执铎。"这是指用于军事上的金铎。《周礼·地官》称"以金铎通鼓"，说的是在战争中，当进攻之时，以铎来通知鼓，使执鼓者立即鸣鼓进军。当时军队的编制是：以12500人为一军，天子六军，诸侯大者三军，次者二军，小者一军，任命卿作将军；以2500人为一师，用中大夫作师帅；以500人为一旅，用下大夫为旅帅；卒100人，以上士为卒长；两25人，以中士为两司马；伍5人，有伍长。可见执金铎的两司马，在军中的职位不高，仅是统管25人的下级军官。然而，在作战时，两司马负有振铎传达主帅进攻命令的特殊使命，显见其在军中的地位之重要，完全是由金铎在军中的作用决定的。据考《礼记》，金铎还用于诸侯大夫的葬礼，所谓"司马执铎，左八人，右八人"，以示庄严郑重之意。

　　至于木铎，据《礼记》："振木铎于朝，天子之政也。"再从"金铃木舌（即木铎），所以振文教"，以及"文事奋木铎，武事奋金铎"这些文献记载来看，木铎是用于文治方面的。《论语·八佾》说得更清楚："天将以夫子为木铎。"正如注上所称："天将命孔子制作法度，以号令于天下。"可见木铎起着颁发政令的重大作用，关乎国家政治稳定，对于实现"天下偃兵，百姓安宁，歌舞以行，不见灾病，五谷蕃昌"的太平盛世不可或缺。又据《周礼·秋官》："士师之职，掌国之五禁之法，以左右刑罚，一曰宫禁，二曰官禁，三曰国禁，四曰野禁，五曰军禁，皆以木铎徇之于朝，书而县（悬）于门闾。"显见天子、诸侯的一切政策法令，均用木铎来逐级传达下去，务必做到家喻户晓，以达到防止反抗，巩固其统治的目的。据考《周礼·天官》《礼记·月令》，木铎还用于修火禁、报灾异方面。可见金木两铎，尤其是木铎，在一定程度上来说，是国家最高权力的象征。因此，印文上的两铎图像，是作为象征国家权力的重要器物来表现的。

再看印文上的三个"○"的符号，正与文献中关于"三辰"的记载相符。据《国语·楚语下》："诸侯祀天地、三辰及其土之山川。"所谓三辰，即"日、月、星也"。《白虎通义》上又说："天有三光，日、月、星。"可见三辰又称三光。而三辰在春秋时期，又与三统相合，故《汉书·律历志》上称说："日合于天统，月合于地统，斗（即'星'）合于人统。"这与《左传·桓公二年》"三辰旌旗，昭其明也"的说法是一致的。所以《正义》释为"三辰是天之光明照临天下，故画以旌旗，象天之明也"。很明显，印文里两人抬着的三辰图像，其含义应与旌旗上的三辰图像含义一样，都是称道统治者的施政如三星高照，"象天之明也"，也即是统治者表彰自己对人民施行"仁政"。

从整个印文的符号和图像的组成看：既有氏族的标志，又有祭祀祖先的重器，还有修文崇武权力的象征，而又集中体现在如三星高照的统治这一点上。显见使用这方铜印的墓主人具有相当高的社会地位。特别是印文上两铎和三辰的标志，联系墓中所出显示王者之尊的"九器""五兵"来看，有人据此推断墓主应是当时蜀国开明王朝（共十二世）中某世帝王本人，也不是没有道理的。

原载《四川日报》1981年8月30日第4版

说唱俑[1]

在我国古代史籍上早就有"击鼓歌吹作俳倡"(《汉书·霍光传》)的记载,可见在汉代以前就已出现了说唱这种表演艺术形式。所谓"俳倡",是汉代杂戏之名,而它的表演者谓之"优伶"。司马迁在《史记》中说:"楚之铁剑利而倡优拙。"按《辞源》上释:"倡优,女乐也。"又称:"女伶曰倡,伶男曰优。"显然这是泛指当时南方的艺术表演不如北方的好,而兵器制造质量却比北方高。可是,1963年出土于四川郫县外北宋家林东汉砖室墓中的一件说唱俑,却以其神气活现、造型奇特的形象,引起了人们探索四川古代表演艺术的极大兴趣。

这件说唱俑,采泥质灰陶,初出土时甚残,经考古工作者修复还其本来面目。俑身高66.5厘米,头向右略偏,顶似作椎髻,双目微闭,口朝右歪,而舌则向左吐卷于嘴角上,致使整个面部表情甚为奇异。加之上身赤露,两肩上耸,双手下垂,左臂带环,左手捧鼓,右手握棒。再配以腰向前屈,而臀后翘,使腹部前突如鼓形。下着裤,裤腰下垂至腹臀之下,似有继续下落之势。又加以两腿有不同程度的弯曲,左后右前,跣双足,作步履蹒跚慢行之状。好一个丑怪的艺术造型,那神态举

---

[1]　本文由李复华、章映阁合著。

止，既夸张生动，又给人以极其真实的艺术感受：说唱艺人似乎正伴随节奏乐调的抑扬缓急，向听众展示所说故事中某一人物丑态百出的真实形貌，这一幕堪称整个故事中最为动人的情节。

这件陶俑，不失为古代四川说唱艺人雕像的典型杰作，充分反映了东汉雕塑家们严肃认真的创造态度，他们用现实主义和浪漫主义相结合的创作方法，以深厚的感情和精湛的技巧，把说唱人刻画得惟妙惟肖，栩栩如生。不过，说唱俑所表现的这种艺术形式，从有关记载来看，显然不是当时统治者日常欣赏的所谓雅乐，而是较之雅乐为低的一种散乐。

据《周礼·春官》记载："旄人掌教舞散乐。"注称："散乐，野人为乐之善者，若今黄门倡矣。""野人"在古代泛指庶民；"黄门"则指阉人、宦者。《乐府诗集》上说得更明白："《侏儒导》，自古有之，盖倡优戏也。"这就不难看出，演唱俳优谐戏的演员是身材不高的矮小人，这固然是为了加强演出的效果，也证明了属于散乐的俳优戏在当时是一种下里巴人的艺术。这种艺术形式，尽管后来统治者并不怎么欣赏，但劳动人民却给予了充分的肯定。正如《隋书·乐志》上说："魏、晋故事，有《侏儒导》引，隋文帝以非正典，罢之。"可是，《旧唐书·乐志》则称说："散乐者，历代有之，非部伍之声，俳优歌舞杂奏。"《乐府诗集》亦云："秦汉已来，又有杂伎，其变非一，名为百戏，亦总谓之散乐。自是历代相承有之。"足见统治者要罢废劳动人民所喜闻乐见的艺术表演形式，殊非易事。

四川地区出土的这类说唱俑，原型虽然是当时社会地位不高的倡优，然而按艺术发展的规律，任何一种高雅的艺术表演形式，又何尝不是从低级向高级发展而来的呢？根植于民间深厚文化土壤中的古代四川说唱艺术，体态灵活多样，尤以面部表情的活泼诙谐而引人入胜，相沿至今，已为多种戏剧和曲艺表演形式所继承下来，并有所创新。可见说唱俑的出土，为研究古代四川文化，特别是说唱表演艺术，提供了非常形象的实物资料。

原载《四川日报》1982年11月14日第4版

孟蜀石经[①]

  "孟蜀（即后蜀政权，934—965年）石经"，因刻于广政年中，又称"广政石经"。始刻于孟昶广政初年，由蜀相毋昭裔主持。广政七年（944）刻成《孝经》《论语》《尔雅》，由简州平泉令张德昭书丹。广政十四年（951）又刻成《毛诗》《礼记》《仪礼》，由秘书郎张绍文书丹。《周易》，由国子博士孙逢吉书丹。《尚书》，由校书郎周德贞（《十国春秋》贞作"政"）书丹。《周礼》，由校书郎孙朋吉书丹。又《左传》前十七卷，未著书写人名。后蜀广政中共刻成九经。曹学佺《蜀中名胜记》卷一引宋赵抃《成都记》则直称"刻……《左传》，凡十经于石"。

  前、后蜀偏处西南，较中原安定，文化兴盛。前蜀宰相王锴家藏书数千卷，文学、艺术兴盛一时。后蜀宰相毋昭裔广搜典籍，刊书刻经。毋昭裔按校订过的"雍都旧本"九经（唐文宗大和始刊，完成于开成，立于西安市），聘用著名书法家、精湛刻工刊石。广政十经刊石千余，列立于益州州学（成都府学），即汉代的文翁石室，今之石室中学（南门文庙前街第四中学）。石室中学原有《益州州学庙堂颂》，唐神龙二年（706）史悫撰，又有唐开元中周灏撰的《益州孔子庙堂碑》、宋

———————

① 本文由王家祐、李复华合著。

席益撰的《府学石经堂图籍记》。

宋王朝继"孟蜀石经"又补刊有三经（合为"十三经"），又续完《左传》18至30卷，另刻有《孟子》（北宋中叶始立于学官，上升为经）。即由田况主刻的《左传》（一记为《春秋经传集解》）续补18至30卷，以及《公羊传》《谷梁传》，三经完成于皇祐元年（1049）。晁公武主刻的《古文尚书》《石经考异》完成于乾道六年（1170）。席贡、彭慥补刻的《孟子》镌成于宣和五年（1123）。今文《尚书》与古文《尚书》算一种，合成"十三经"（《孝经》《论语》《尔雅》《毛诗》《礼记》《仪礼》《周易》《尚书》《周礼》《左传》《公羊传》《谷梁传》《孟子》）。另有《石经考异》，加上两种《尚书》，共十五典。《石刻铺叙》详记了各书刻工姓名及字数。今镌工姓名见于《毛诗》残石，有"张延族"。

"孟蜀石经"的毁亡约在宋末元初。一说为修城利用，今城墙拆除中未见，此说不成立。一说为抗元时作为炮石击侵略者，但仅于城边发现十余块，亦有疑问。"十三经"正文六十四万七千五百余字，注解又当倍于正文。千余石碑碎作炮石必有近万散块，何止十余石。故其毁亡之故，尚待探索。宋拓本"孟蜀石经"在明代已极珍贵。清朝乾隆、嘉庆间始见著录，为人们珍藏研究，学者颂其"端方精谨""谨严遒峻"。"孟蜀石经"刊刻精整，各经有序列编号，篇次清楚。各经句下以双行小字刊列注解，读用方便。南宋人写文章多以"孟蜀石经"为标准。朱熹引用则多据此本，堪称石经中的范本。其书法与刊刻皆出于名家高手，亦为艺苑珍品。

石经历朝所刻有八种：①东汉"熹平石经"，成于"熹平"年间（172—177年）。②魏"正始石经"，因列古文、篆、隶三体，又称"三体石经"。③唐"天宝石经"。④唐"开成石经"（大和本）。⑤五代、后蜀"广政石经"。⑥北宋"嘉祐石经"，采楷篆"二体石经"。⑦南宋高宗"御书石经"（立于杭州）。⑧清乾隆间蒋衡摹刻"十三经"（立于北京）。今仅有西安碑林"开成石经"和"清石经"尚存在。其他六种皆佚毁，仅偶见残石。

清吴任臣《十国春秋》云："蜀土自唐末以来，学校废绝。（毋）昭裔出私财营学宫，立黉社，且请后主镂版印'九经'，由是文学复盛。又令门人句中正、孙逢吉书《文选》《初学记》《白氏六帖》，刻版行之。"叶梦得《石林燕语》以"今天下印书，以杭州为上，蜀本次之，福建最下"。毋昭裔以私财办学、刻书，更主持有注解的石刻"十经"工程，遗惠后代，百世流芳，可敬、可赞。石经源流情况见于冯登府《石经补考》、桂馥《历代石经考略》，此不重述。"孟蜀石经"拓本今存刘体乾（健之）于1926年影印的《宋拓本蜀石经》，残卷有《周礼》38卷、《左传》36卷、《公羊传》2卷、《谷梁传》23卷，为现存所收残拓最多、拓本最早的版本。现存北京图书馆。又《宋拓本蜀石经·毛诗》残卷，现藏上海市图书馆。"孟蜀石经"原石残块，乾隆年间福康安修筑成都城时曾得数十片。后为什邡令任思任（《什邡县志》作思正）运归贵州。抗日战争中又出土有近十块。现仅知有《仪礼·特牲馈食礼》残石在中国历史博物馆（由重庆博物馆调去）。又有《毛诗·郑风》《毛诗·豳风》拓片，可能原残石尚存。今列述四川省博物馆所藏"孟蜀石经"残石六块于次（注明登记号）：

1. 《毛诗》（3534）高36厘米、宽24厘米、厚6.5厘米。双面刻《诗经》。一面是《周颂》10行，包括《酌》一章八句之末句;《桓》一章九句、《赉》一章六句之题名。有经文大字51，注文小字144。另一面《鲁颂》10行，包括《駉之什》首章至三章"思无斁"句。共有经文大字59，注文小字110。此石在残石中最大，字亦最多。

2. 《周易·中孚》（10342）高25厘米、宽22.5厘米、厚7厘米。两面各刊七行。一面起自"九二：鸣鹤在阴"注文，至"六四：月几望"。有经文大字23，注文小字59。另一面起自"乘木舟虚也"小字注，至"吾与尔靡之"下小字注。有经文大字32，注文小字57。前一面"鸣鹤在阴"句外侧边有"易五十簇"标号刻字。按蚕簇（蔟）一丛犹如鲜花一簇。由此知"孟蜀石经"编号及其每簇（块石）规格。

3.《周易·履卦》与《周易·否卦》（103422）高27.3厘米、宽28.3厘米、厚约7厘米。一面刻《履》卦18行。起自"六三……咥人，凶，武人为于大君"，止于"上九：视履……"注文（及"元吉在上"之吉字）。经文大字43，注文小字81。另一面刻《否》卦17行。自《泰》卦末小注4行起，有《否》卦爻象（第5与6行），止于"初六：拔茅茹，以其汇。贞吉，亨"下小字注。其经文大字48，注文小字36。《否》卦卦象六爻。

4.《尚书·君奭》与《尚书·说命中》（3535）高19厘米、宽20厘米、厚约7厘米。一面起自《说命中》"唯以乱民"至"官不及私"句。存经文大字25，注文小字因蚀漫不清，可识者46（有29字不明）。另一面起自《君奭》"朕允保奭"句下小字注，至"不惠若兹多诰，予惟……"存经文大字29，注文小字59。

5.《尚书·禹贡》（103424）高26厘米、宽22厘米、厚约7厘米。一面刻《禹贡》。起自"治梁及岐"注文，至"夹右碣石，入于河"注文。存经文大字26，注文小字104。

6.《古文尚书·禹贡》与《古文尚书·多士》（113524）高19.5厘米、宽24厘米、厚8厘米。一面为《禹贡》经文30字，另一面为《多士》经文33字。皆无注文。

原载《成都文物》1991年第1期

关于夏禹的两个问题

我近年在阅读古籍中发现两个与夏禹有关的问题，即：尧、舜两次禅让虽然性质相同，但亦有不同之处，这是其一。其二，禹受舜禅即帝位的时间各书记载不同。我认为这两个问题有必要予以探索，期能求得一个较为合理的解释，故撰此短文，用以求教于同行。

一、尧、舜禅让的异同及其意义

首先，我们看看尧禅让于舜的情况。《舜典》云：

> 正月上日，受终于文祖。在璿玑玉衡，以齐七政。肆类于上帝，禋于六宗，望于山川，遍于群神。辑五瑞。既月乃日，觐四岳群牧，班瑞于群后。岁二月，东巡守，至于岱宗，柴。望秩于山川，肆觐东后，协时月正日，同律度量衡，修五礼、五玉、三帛、二生、一死贽。如五器，卒乃复。五月，南巡守，至于南岳，如岱礼。八月，西巡守，至于西岳，如初。十有一月，朔巡守，至于北岳，如西礼。归，格于艺祖，用特。五载一巡守，群后四朝。

从这段记载中我们可以清楚地看到，舜即帝位时及其以后行使其权力的一系列重要活动。例如，正月初一这天，舜在尧文德之祖庙里行禅让之礼，即帝位；旋即察天文，齐七政，以审察自己帝位是否合乎天意；继则由自己主持举行开国告祭群神之特大典礼。此后，在月中召见四岳群牧，按公侯伯子不同等级分别还其五玉于群后。二月，舜即开始进行五年一次的常规巡守之礼，这表明开国大祭与巡守是绝对不能混为一谈的祭礼。

其次，再重温一下在《大禹谟》里所记载的禹受禅帝位时的情形：

> 禹曰："枚卜功臣，惟吉之从。"帝曰："禹！官占，惟先蔽志，昆命于元龟。朕志先定，询谋金同，鬼神其依，龟筮协从，卜不习吉。"禹拜稽首，固辞。帝曰："毋！惟汝谐。"正月朔旦，受命于神宗，率百官若帝之初。帝曰："咨，禹！惟时有苗弗率，汝徂征。"禹乃会群后，誓于师曰："济济有众，咸听朕命。蠢兹有苗，昏迷不恭，侮慢自贤，反道败德。君子在野，小人在位，民弃不保，天降之咎。肆予以尔众士，奉辞罚罪，尔尚一乃心力，其克有勋。"

孔颖达疏云：

> 《正义》曰：舜即政三十三年，命禹代己。禹辞，不获免，乃以明年，正月朔旦，受终事之命于舜神灵之宗庙，总率百官。顺帝（舜）之初摄故事，言与舜受禅之初，其事悉皆同也。此年舜即政三十四年。

引文清楚地表明：禹在受禅前，曾向舜一再固辞，未获允。于是在舜三十四年正月初一，于舜神宗庙受禅，并立即率百官主持举行了开国告祭群神之特大典，礼仪和事宜如舜即位之初。此后，禹即受舜命，会诸侯往伐不听命之叛苗。下面再结合舜受禅的情形，看看两次禅让的异同。

尧、舜禅让的异同，就其换代的禅让形式和主持特大祭典等一系列事宜，均是完全相同的，因前文已经提及，故不予重述。这里仅侧重在两者不同之处谈点我们的看法。这可以从两方面予以分析。

第一，关于帝权的移交问题。

舜即帝位后便由自己主持一切国事，并不再听命于尧，可见尧禅位于舜后是毫无保留地交出了全部帝权的。可是，舜禅位于禹后，其帝权并未全部交出，而仍由自己继续控制着重要国事的决策权。例如，前文提到的两个问题便是很有力的证明。一、禹即位后，会诸侯伐叛苗，即是仍听命于舜的。二、舜即帝位后即自己进行了常规的巡狩之礼，而禹即帝位后则不得巡狩，故《舜典》云："五十载，陟方乃死。"《孔传》云："方，道也。舜即位五十年，升道南方巡守，死于苍梧之野而葬焉。"然则舜禅位于禹后，其巡狩之礼尚由自己主持，一直至五十年南巡死于苍悟，而禹之巡狩则当在舜死后之事了。

第二，关于禅让的考绩问题。

我们先读一下《尚书》里记载的尧对舜的考绩情况，以便结合舜对禹的考绩情况进行比较分析，求得其两者差异之处。《尧典》云："帝曰：'咨！四岳，朕在位七十载，汝能庸命，巽朕位？'岳曰：'否德忝帝位。'曰：'明明扬侧陋。'师锡帝曰：'有鳏在下，曰虞舜。'帝曰：'俞！予闻，如何？'岳曰：'瞽子，父顽，母嚚，象傲；克谐以孝，烝烝乂，不格奸。'帝曰：'我其试哉！女于时，观厥刑于二女。'厘降二女于妫汭，嫔于虞。帝曰：'钦哉！'"《孔传》云："叹舜能修己行，敬以安人，则其所能者大矣。"

又在下卷《舜典》里继云："虞舜侧微，尧闻之聪明，将使嗣位，历试诸难……三载，汝陟帝位。"《孔传》云："三载考绩，故命使升帝位，将禅之。"

从以上引文不难看出，尧对遴选继承人的工作是极为重视的，丝毫不苟。而我所要特别强调的问题，乃是尧对舜考绩的时间是在禅位之前，而不是在其后。因为，考绩时间在禅前或在禅后，这正是两次禅让的又一不同之处。下面再来研究舜禅位于禹的考绩时间问题。

从《尚书》的记载来看，并无舜在禅位前对禹进行过三年考绩之事，而我对有关记载分析后认为，舜对禹的考绩工作很可能是在禅位之后进行的。因此，有必要把我的分析简述于后。

《尚书·舜典》云："帝曰：'俞，咨！禹，汝平水土，惟时懋哉！'禹拜稽首，让于稷、契暨皋陶。帝曰：'俞，汝往哉！'"《孔传》云："然其所举，称禹前功以命之。懋，勉也。惟居是百揆，勉行之。"疏云："《正义》曰：舜本以百揆摄位，今既即政，故求置其官，曰：'咨嗟！四岳等，汝于群臣之内，有能起发其功，广大帝尧之事者，我欲使之居百揆之官。在官而信立，其功于事能顺者，其是唯乎？'四岳皆曰：'伯禹作司空，有成功，惟此人可用。'帝曰：'然。'然其所举得人也，乃咨嗟敕禹：'汝本平水土，实有成功，惟当居是百揆，而勉力行哉！'禹拜稽首，让于稷、契与皋陶。帝曰：'然。'然其所让实贤也。'汝但往居此职'，不许其让也。"

以上引文表明：尧在禅让前曾任舜为百揆，用以考绩其全面之治国能力，作为是否禅让的决策依据。故《舜典》云："纳于百揆。"《孔传》云："揆，度也，度百事，百官，纳舜于此官。"《后汉书·百官志》注云："百揆，尧初别置，于周更名冢宰。"可见百揆乃百官之专也，是对被遴选为帝位继承者进行考绩的最佳官职。因此，舜拟遴选继承者时咨于四岳，并说被选中者亦将任以百揆之职。四岳均荐禹，由于禹有治水之功，舜认为所举得人，故任禹为百揆，而禹却拜辞并让于稷、契与皋陶。这就证明，禹并未在即位前任过百揆之职而被考绩。

此后，舜便先后对稷、契、皋陶、伯夷、垂、益、弃、龙以及十二牧等二十二位大臣进行过考绩，历时九年，即《舜典》里所云"三载考绩，三考"。《史记·五帝本纪》亦云："三岁一考功，三考绌陟。"结果均未具备即帝位的条件，还是认为"唯禹之功为大"。故《大禹谟》云："帝曰：'来，禹！降水儆予，成允成功，惟汝贤。克勤于邦，克俭于家，不自满假，惟汝贤。汝惟不矜，天下莫与汝争能。汝惟不伐，天下莫与汝争功。予懋乃德，嘉乃丕绩，天之历数在汝躬，汝终陟元后。'"《孔传》云："丕，大也。历数谓天道。元，大也。大君天子。舜善禹有治水之大功，言天道在汝身，汝终当升为天子。"

这就进一步证明，禹即帝位前确未被舜作为正式的继承人而对其进行过全面的考绩。这在《史记》上亦有此记载可证。

据上所述，我认为：虽然，舜对禹的功绩做了很高的评价和充分的肯定而禅其位，但其功却仅限于治水这一侧面，而未经过任百揆的三年全面考绩，因此，舜可能产生对禹即帝位仍有不够放心的想法，故采取了前文所讲的办法，即舜让位于禹后而由自己控制着国家的重要权力，盖有继续对禹进行全面考绩之意耳。这样便形成了进行考绩于禅位之后的新情况。

我们再研究一下，舜为什么要急于在对禹未进行全面考绩而禅其位呢？其原因何在？我认为其原因也许是由于舜的年事过高，身体必然衰弱，精力不济，故不得不权宜行事，采取先让位后考绩的办法耳。因为，就舜的年龄来看，虽各家说法不尽一致，如《孟子》《史记》和郑玄就不相同，不过若以舜死时为"一百二岁"计，其禅位之年应当是八十余岁的老人了，致使禅位成了势在必行之事。未知当否？

综上所论，尧、舜先后两次禅让确有不尽相同之处，而学术界却未提及，致留下了历史上的一个小小空白。我们认为这个问题比较重要，它具有不可忽视的历史意义。因为，就社会发展史的观点而论，过去对于我国原始社会末期部落联盟领导者（即酋长、军事首长）的更替承袭制度，仅仅是提到禅让制（亦有学者认为是选举制），当然这是正确的。不过现在既然认识到了两次禅让的不同处，就有必要重新去认识禅让制度在社会发展史上的价值。基于此，我们便进一步谈谈对它的初步认识。由于舜禅帝位于禹的时间，是正处在尧禅舜与禹传子（或与兄终弟继）两种不同性质的传位形式之间，故可视为两者之间的过渡形式。因此，它对于尧之禅让来说，则是在承袭的基础上的发展，是社会进程中的渐变；它对于禹之传子而形成数千年不变的家天下，即氏族民主选举制被王权世袭制所代替，又起到启后的作用，即是说禹传子乃是社会进程中的飞跃突变。所以，舜禅禹的过渡形式是处于承前启后的关键时刻的重要位置上，是社会发展进程中特定阶段所必然形成的特殊形式，具有它自身存在的价值和历史意义。

二、禹即帝位的时间问题

关于这个问题，就文献记载看有两种不同的观点，现分别介绍于次。

其一，即前文已经提到的《舜典》里记载的舜三十四年正月，这便是禹受舜禅即帝位之时，由于已有论述，故不赘云。

其二，《竹书纪年》："帝禹……五年巡狩，会诸侯于涂山。"《史记·封禅书》："五载一巡狩，禹遵之。"这些记载当然是可信的，但均未明确其开始巡狩之年，致难以确定禹即帝位之时。可是，司马迁在《史记》里却有两处肯定的记载，即：

《五帝本纪》：

　　年六十一代尧践帝位。践帝位三十九年，南巡狩，崩于苍梧之野。葬于江南九嶷，是为零陵。……舜子商均亦不肖，舜乃豫荐禹于天。十七年而崩。三年丧毕，禹亦乃让舜子，如舜让尧子。诸侯归之，然后禹践天子位。

《夏本纪》：

　　帝舜荐禹于天，为嗣。十七年而帝舜崩。三年丧毕，禹辞辟舜之子商均于阳城。天下诸侯皆去商均而朝禹。禹于是遂即天子位，南面朝天下，国号曰夏后，姓姒氏。

就引文来分析：舜在位三十九年。荐禹为嗣（即储君），舜十七年而死。可知禹为嗣是在舜之二十二年，即位于舜的三年丧毕后。

关于上述两种不同的禹即位时间的记载，虽各有自己的理由和依据，但亦均有不足之处。例如：《尚书》里记载的禹即帝位之年是舜死前的十七年，虽未进行常规的巡狩之礼，但在即位之年的正月初一，负责主持了一代开国之君所主持的特大祭神典礼，自然禹即位的时间应在此时。至于司马迁认为禹即位的时间是舜三年丧毕之后的理由，则可能是因为禹虽然在舜死前十七年主持了开国大祭之礼，但并未掌握全部帝权。所以只认为那是禹被立为储君之年，此后的十七年乃是舜对禹进行考绩的时间。由此看来，这确是个难以断其是非的历史问题。虽然对这类问题不能求得共识，但前人对某些问题产生的历史背景提出过一些看法，这也许对我们认识禹即位时间是有益的。特举两例于后。

例一，三皇诸说。《周礼·春官·外史》云"掌三皇五帝之书"，其中三皇之名可能是出现较早的了，在后代的一些书里更出现了六种不同的说法。即：一，《河图》《三五历》以天皇、地皇、人皇为三皇；二，《尚书大传》以燧人、伏羲、神农为三皇；三，《白虎通》以伏羲、神农、燧人（或祝融）为三皇；四，《春秋运斗枢》以伏羲、神农、女娲为三皇，郑玄从之；五，秦博士以天皇、地皇、泰皇为三皇（始皇议帝号时之说）；六，孔安国《尚书序》、皇甫谧《帝王世纪》以伏羲、神农、黄帝为三皇。以上诸说，除第一说无稽外，余说可用今古文来区别之，《尚书大传》与秦博士之说为今文说，郑玄所从《春秋运斗枢》之说为古文说。

例二，五帝诸说。一，《礼记·月令》以太暭（伏羲）、炎帝（以火德王，传说始制耒耜，教民务农，故又称神农氏，因起于烈山，亦称烈山氏）、黄帝、少暤、颛顼为五帝；二，《世本》《大戴礼》《史记》以黄帝、颛顼、帝喾、唐尧、虞舜为五帝；三，孔安国《尚书序》、皇甫谥《帝王世纪》以少昊（昊同暤）、颛顼、高辛、唐尧、虞舜为五帝。按《后汉书·贾逵传》逵云："《五经》家皆言颛顼代黄帝，而尧不得以火德。《左氏》以少昊为黄帝，即图谶所谓帝宣也。"以上各说，若以今古文别之，则《史记》《世本》《大戴礼》皆今文说，左氏为古文说。

以上两例表明，三皇、五帝诸说的形成，盖由于今古文家立说互异的缘故。因此，我认为禹即位时间之有两种不同的记载，其产生的原因，与上述两例问题产生的背景可能相类似，故疑亦是由今古文家立说互异所致，即：《史记》为今文说，《尚书》为古文说。这里仅是对此问题的形成提出一个看法而已，尚有待于进一步的探索。

三、题外赘言

我在本文写成后，感觉到有两个问题需要说明一下，故以"题外赘言"附其后。

第一个问题。尧、舜、禹所处的时代，乃是原始社会末期，是由父系氏族公社向奴隶制国家建立过渡的时期，他们自然也就是属于传说时代的人物。虽如此，但是历代均认为确有其人，并非子虚乌有。然而三人先后之间的更替形式，则自来就有截然相反的两种观点。即：第一，一些非儒家之书的夺权说，如《竹书纪年》云："昔尧德衰，为舜所囚也"，"舜囚尧，复偃塞丹朱，使不与父相见也"（《史记·五帝本纪》，《正义》引《括地志》）。又"舜放尧于平阳"（《史通·疑古篇》引）。《韩非子·说疑篇》："舜逼尧，禹逼舜，汤放桀，武王伐纣，此四王者，人臣以弑其君也。"《山海经·海内南经》"帝丹朱"，可证尧子丹朱曾为帝也。以上所引是夺权说的有力依据。第二，在《孟子》《尚书》等儒家的书里，则认为不是夺权而是禅让。司马迁在《史记》里从其说。我由于水平所限，不敢对两说妄加评论。所以，本文虽以禅让说立论，但这既不表明我是禅让说的支持者，也不表明我是夺权说的反对者，而是应"四川省夏禹文化研究"专委会之约而作，只不过期望能起到引玉之砖的作用而已。

第二个问题。我在本文完稿后，始读到《中国大百科全书·中国历史》卷里的"三皇"条，作者对其评价说："其实上述诸说皆为西汉末以后纬书所编造的神话。"因为我在文中用一条前人归纳出来的三皇六说为例对本文主题加以论述，故我不能不说明一下，我为什么要用"神话"为例来说明历史问题。

我认为史学工作者必须给神话以应有的重视，因为神话里往往保存了一些有价值的史料，对于历史研究是有益的，即所谓从神话里找史料也。现就以三皇而论。

三皇之名见于记载，也许较早的就是前面说的《周礼》了，而其成书的年代，东汉何休谓《周官》（即《周礼》）出于六国人之手，这是较为可从之说。然而"三皇"之名的出现自当不会晚于《周礼》。此后，到了西汉末以后才对三皇编造出许多不同的说法，可归纳为六种，即所谓"三皇神话"也。我同意这六说里有一定程度的神话因素和色彩，但却又认为，在三皇诸说的传说人物中，的确隐藏着一些当时社会发展进步的历史痕迹。例如：燧人可能是表明了原始社会时期火的发明和熟食的开始；神农可能是表明当时已经有了农耕；女娲则可能表明当时尚处于母系氏族社会，等等。所以，我们认为它可以供治史前史者参考之用。又如《尚书大传》："燧人以火纪，阳也，阳尊，故托遂皇于天；伏羲以人事纪，故托羲皇于人；神农悉地力，植谷，故托农皇于地。"故可看出三皇之说的产生，实取义于天、地、人也，这又可以作为治秦汉思想史者的资料。以上的看法，便是我保留三皇一例而未剔除的原因和理由。

原载《四川文物》1999年第5期

李复华卷

一幅清代四川地图小考 [①]

该图系杜长明于近年在郫县农村收购珍藏。图长66厘米，宽48厘米，纸本，楷书，石印，保存完整清晰，是一幅具有重要价值的历史文物，弥足珍贵。出于将此图提供给治沿革地理者的研究之用计，特撰此短文，并对其年代、性质试作小考，权作引玉之砖。

一、关于年代问题

清代四川地图，我们所见甚少。首先有谭其骧主编之《中国历史地图集·清时期》（以下简称"《图集》"）里的两幅，其"清时期卷图组编例"称：第一幅是按清嘉庆二十五年（1820）的《清时期疆域图》绘出的《四川疆域政区图》；第二幅是光绪三十四年（1908）的《清时期疆域图》，其中自有四川部分，惜太略，只能窥其梗概，难晓其详。其次，光绪二十九年（1903）舆地学会刊印的《四川图》（系《皇朝一统舆地全图》中之一幅，亦为杜长明藏），图较详。再次，为2001年7月24日《旧书信息报》刊载之"遂宁发现清代四川地图"（以下简称

① 本文由李复华、杜长明合著。

"《遂图》")的报道。报道称：据收藏者冯绍兴介绍，此图是他五年前于川北山区一农民家收购的。图长50厘米，宽38厘米，宣纸本，五道详细，经纬清晰。此外，右上角有宋体"精校全川明细图"字样。因未附图，故不知是否为加盖之印戳。制图者系天彭人吕兰。至于此图之绘制年代，报道云："据省档案局、博物馆、文史馆等单位的专家鉴定，这张地图估计是在1840—1890年之间绘制而成，是目前全国发现最早的四川省地图。"〔案：前文提及现存四川地图已有嘉庆二十五年（1820）绘制的，故此图不能说是最早之川图。〕这就是我们所能见到的清代川图。

关于清代四川的疆域政区，虽已有较详记载，但为了断代之需，特将本图所涉之政区列后；同时，也可以飨广大对清代四川政区知之较少的读者。

（1）川西道，又称成绵龙茂道，辖：二府，二直隶州，三直隶厅。

成都府，领十三县：成都、华阳、双流、温江、新繁、郫县、崇宁、灌县、彭县、新津、新都、金堂、什邡；领三州：崇庆、简州、汉州。

龙安府，领四县：平武、彰明、江油、石泉。

绵州，领五县：罗江、绵竹、梓潼、德阳、安县。

茂州，领一县：汶川。

松潘、理番、懋功三直隶厅。（按：理番厅，在《图集》上为"杂谷厅"。）

（2）上川南道，又称建昌上南道，辖：三府，二直隶州。

雅州府，领六县：雅安、名山、芦山、荥经、天全、清溪；领一厅：打箭炉。（按：打箭炉，清雍正年间置厅，隶雅州府。光绪年间升为直隶厅，又改为康定府，隶川滇边务大臣。本图打箭炉之图标作散厅符号"¤"，而非直隶厅之图标"☼"，故隶于雅州府。）

宁远府，领三县：西昌、冕宁、盐源；领一州：会理；领一厅：越嶲。（按：府辖之州、厅，一般又称为散州、散厅，与县同级。）

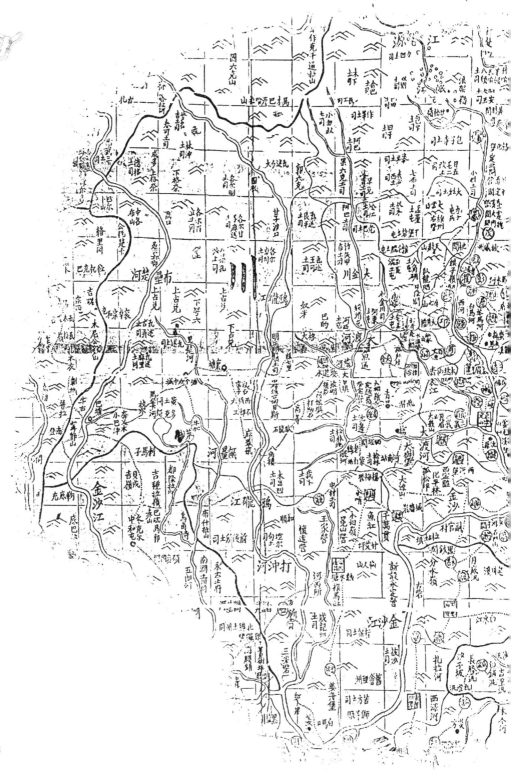

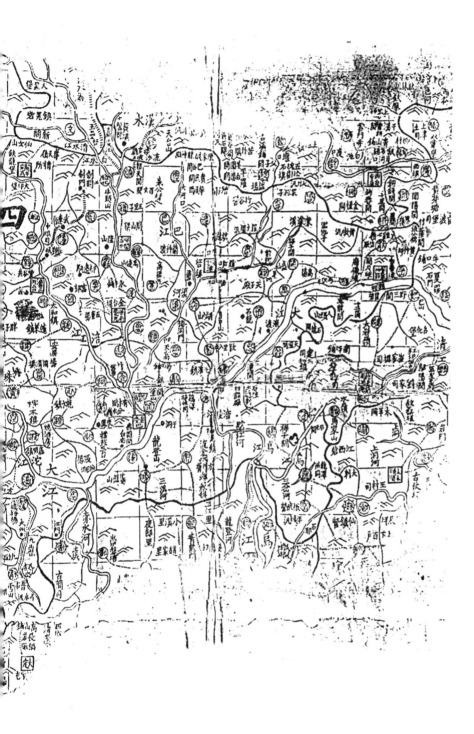

清代四川地图

嘉定府，领七县：乐山、犍为、洪雅、夹江、荣县、峨眉、威远；领一厅：峨边。（按：峨边清初之县，嘉庆十四年，始设厅。属嘉定府。）

眉州，领三县：丹棱、彭山、青神。

邛州，领二县：大邑、蒲江。

（3）下川南道，又称川南永宁道，辖：一府、二直隶州、一直隶厅。

叙州府，领十一县：宜宾、庆符、富顺、南溪、高县、筠连、珙县、兴文、长宁、屏山、隆昌；领二厅：马边、雷波。

资州，领四县：资阳、内江、仁寿、井研。

泸州，领三县：合江、江安、纳溪。

叙永厅，领一县：永宁。

（4）川东道，辖：三府、二直隶州、一直隶厅。

重庆府，领十一县：巴县、江津、南川、大足、铜梁、綦江、璧山、定远、长寿、荣昌、永川；领二州：合州、涪州；领一厅：江北。

夔州府，领六县：奉节、大宁、巫山、万县、开县、云阳。

绥定府，领六县：达县、东乡、新宁、大竹、太平、渠县；领一厅：城口。（按：太平县，《图集》为"太平厅"。）

忠州，领三县：酆都、垫江、梁山。

酉阳州，领三县：秀山、黔江、彭水。

石柱厅，乾隆二十七年（1762）升为厅，直隶四川省。

（5）川北道，辖三府。

保宁府，领七县：阆中、苍溪、南部、昭化、广元、通江、南江；领二州：剑州、巴州。

顺庆府，领六县：南充、西充、营山、仪陇、岳池、邻水；领二州：广安、蓬州。

潼川府，领八县：三台、射洪、中江、盐亭、蓬溪、安岳、岳至、遂宁。（按：图里无龚煦春《四川郡县志》所列的东安县。以下简称"《郡县志》"。）

下面仅就几个厅、县的设置年代和升降等情况来看谈本图的绘制时间问题。

（1）潼川府东安县。《郡县志》云："东安，光绪分遂宁、蓬溪二县地至东安县，属潼川府，后改潼南县。"《中国古今地名大辞典》载："东安县，民国以四川遂宁、蓬溪二县地方析置，寻改名潼南。"这是关于东安县设置年代互异的两说，究竟孰是孰非呢？检阅《清史稿·地理志》里无东安县，故其设置年代当以民国为是，自然《郡县志》所载东安县设置年代是不符合史实的。又《图集》中的《四川疆域政区图》上的潼川府境内，虽无东安县，但却有潼南之名，不过从其图标为"○"来看，当是镇标，而非县标，故潼南尚为镇也。盖《图集》中的《四川疆域政区图》乃据嘉庆二十五年（1820）之清代地图所绘，自应无民初所置之县名。因此，本图没有民初设置的东安县名，当然可以证明其绘制年代不会晚至民国，最晚亦应在清末。

（2）绥定府太平县。《郡县志》："太平，四境原分十保，保析为甲。道光二年（1822），割七、八、九三保设城口厅，而拨巴州之太平、长乐两乡及通江之安仁里、长宁里、麻巴里各甲归入县治，故土人称七保为老太平，三乡为新太平云。清初属夔州府。雍正六年（1728），属达州。嘉庆七年（1802）升县为太平厅，直隶四川布政使司。道光元年（1821），改厅为县，属绥定府。"《清史稿·地理志》云："绥定府，顺治初因明制，为夔州府属之达州。雍正六年（1728），升直隶州，以夔州之东乡、太平、新宁三县来属。嘉庆七年（1802）升府，改名绥定；并于州地置达县，升太平为直隶厅。十九年（1814）以顺庆府属之大竹、渠二县来隶。道光九年（1829），移太平同知驻城口，改名城口厅，太平厅还为县，均仍隶府。"两书记太平升直隶厅之年相同，即1802年。太平厅还县之年却不相同，即《郡县志》为1821年，《清史稿》为1829年。因此，《图集》据1820年清代地图所绘之四川地图上，太平为直隶厅，这与两书所记之太平直隶厅还县年代是符合的。再结合本图来看，太平为县，城口为厅，均属绥定府，这就表明：本图之绘制年代最早也不能早于太平厅还县和城口改厅之年。但由于太平厅还县之年有两种记载，本图之最早年代亦就随之有两个可能，即1821年和1829年，两者必居其一。这个问题尚有待于进一步的考证。

（3）理番厅。《郡县志》："理番厅，乾隆十八年（1753）宁远府炉宁同知裁设，设直隶理番同知。"《清史稿》："理番直隶厅，顺治初仍明制。乾隆十七年（1752）改厅驻理番同知。二十五年（1760）升直隶厅。嘉庆六年（1801）以茂州属之保县入之。"《中国古今地名大辞典》云："清乾隆时改土归流，置杂谷厅，因以保县旧城为厅理，直隶四川省。后并裁茂州属之保县入之，又更名理番。"上面所引三书所记之理番沿革不尽相同，下面结合《图集》和本图来看杂谷厅改名理番厅的时间，用以推测绘制本图的最早年代。

"理番直隶厅，顺治初仍明制"，查《明史》，当时的理番厅为明之"杂谷安抚司"。"永乐初年，保县羌民不法，四川指挥使李敬讨平之。五年（1407），置司，为土官以镇羌戎。"清因之。乾隆时杂谷土司苍旺谋叛被诛，遂改土归置杂谷厅，直隶四川。这在《郡县志》《清史稿》里的记载较略，其时间是不太明确的。再结合《图集》的川图仍名杂谷厅而论，由于该川图是据嘉庆二十五年（1820）之清图所绘，故至少可肯定杂谷厅更名理番厅当在该清图绘制年之后。本图已将杂谷厅改名为理番厅，故可表明本图之绘制年代绝不可能早于《图集》中绘制川图所据清图之绘制年代，即嘉庆二十五年（1820）。

（4）叙永厅永宁县。《郡县志》："永宁县，清初为永宁卫，康熙二十六年（1687），改永宁为县，仍隶贵州。雍正五年（1727），并归四川，为永宁县，属叙州府。六年（1728），改隶叙永厅。光绪三十三年（1907），川督赵尔丰奏准，永宁县迁至古蔺，更名古蔺县。"《清史稿》："顺治初，仍明制，置同知，隶叙州府，析永宁卫隶贵州威宁府。康熙二十六年（1687），改卫为县。雍正五年（1727），厅地并入县，改属叙州府。八年（1730），复设同知。乾隆元年（1736），升为叙永直隶厅，以永宁县来属。光绪三十三年（1907），以永宁移治古蔺。

三十四年（1908），改厅曰永宁直隶州，改县曰古蔺。"以上引文对叙永厅永宁县之沿革叙述较详，这为我们推测本图绘制时间的上下限提供了依据。首先，就叙永厅和永宁县之始置年代来看，当在雍正乾隆之际，故本图绘制年代上限不能早于这个时期，这可以从本图之叙永图标已为直隶厅图标"☼"，永宁图标亦已作县图标"○"推知；其次，就本图无古蔺县来看，本图之绘制年代下限，当在古蔺置县之年（1908）以前。此外，再补述一点关于古蔺的沿革问题。在本图的川境内并无古蔺之名，而在其邻省之贵州境内却有"古蔺县"之名，并无图标。在《图集》中清嘉庆二十五年（1820）之川图上则有古蔺之名，其图标当属镇级之类。据《中国古今地名大辞典》："古蔺县，唐为蔺州地，宋并入合江、江安。元、明皆为永宁宣抚司地。清初置古蔺巡检司，属四川叙永厅。后置县，属永宁州。"因此，古蔺司当为古蔺巡检司之简称，系属于厅的县级地名。这与《图集》里嘉庆二十五年（1820）之川图上的古蔺为镇级图标不符，或许是由于在嘉庆二十五年时，古蔺已由宣抚司改为镇的缘故。至于本图将古蔺书于贵州境内的情况，很有可能是因为地理位置相邻，绘图者误将古蔺书于邻省耳。

综上所述，我们虽不能将这幅清代四川地图之绘图年代予以确指，但亦可推测出本图绘制的相对年代可能在1829年至1907年之间。这是个可供参考的数字。

再以《遂图》绘制者吕兰所处的年代来看本图的年代及其绘制者。

吕兰，据《遂图》可知为天彭（今彭州市）人。又《彭县志·人物》（四川人民出版社，1989年版）载其父吕调阳（1832—1892）条云："长子兰亦通舆地，绘有彭县、什邡舆地图。"（按：今发现之《遂图》亦为其所绘。）至于吕调阳的简历，《彭县志》里说（大意）：调阳生于1832年，卒于1892年，同治三年（1864）中举，自甘淡泊，绝意仕途。一生苦读，学识渊博，著述宏富。其作品大多辑入《观象庐丛书》，计有：《易一贯》《群经释地》《汉书地理志详释》等17种；此外，还有《蜀语》《海录》等书。光绪年间主持县之九峰书院，并任县敖家场凤楼书院主讲。晚年居县城，潜心著述和讲学，讲授"经世致用"之学，兼及历史、舆地、训诂、考证等。光绪四年（1878）重修《彭县志》时，吕调阳任协纂，并亲撰《山川》《田功》等篇。光绪十八年（1892），受聘编纂成都、华阳两县志，工作伊始即生病，卒于同年七月十二日。

据此，可知吕氏父子均通舆地之学，其父更是当时的著名学者。从吕兰为其长子来看，在吕调阳的培养影响下，他绘制《遂图》的年代，恐怕最早亦在25岁之后，也许即是30岁左右这段时间里。我们以吕调阳之生年为公元1832年来推算，若25岁时生吕兰，那么吕兰30岁之年即公元1887年，也就是说《遂图》的绘制年代最早只能在这一时间，不可能再早了，当然绘制年也可能再往后推迟一些时间。再就《遂图》来看，其图已用上了当时新的经纬度。而关于经纬度的最早使用年代，据相关资料记载：1884年国际子午线会议决定，采用英国伦敦格林尼治天文台旧址所在的子午线作为时间和经度计量的标准，参考子午线，称为本初子午线，即零度经线。从本初子午线开始，分别向东、向西计量地理的经度，范围为零度到一百八十度。我国用经度作为地图的坐标自然就更晚了，在1900年后北京才开设"天文舆地科"。由于经纬线的使用推广需要一定的时间，所以居于边陲的吕兰用经纬线为坐标绘制《遂图》的年代，就可能要晚至清末民初了。

我们据此来看本图的年代问题。没有使用经纬线的本图的绘制年代，当然要比已经使用经纬线的《遂图》的年代要早，即是要早于清末民初这一时段。我们认为，结合前文推算的可能时段来看，本图的绘制年代，恐怕是以1900年前后为宜。至于图的绘制者，我们认为仍以吕兰的可能性为最大。因为吕氏父子在这一时段里是一老弱一强壮，自然这一细致的绘图工作就落到处于壮年的吕兰头上了。再补充说明一点：我们为什么比较肯定地认为本图是吕兰所绘呢？因为吕兰为天彭人，其地与郫县毗邻。既然吕兰所绘之川图能远在遂宁农村被发现，那么，在郫县农村发现其绘制的另一幅时代略早的川图，亦是再自然不过的事了。

二、关于性质问题

我们对此图认真研究后认为，这幅川图不是一般人所用之地图，而是有特殊用途的图。因为，此图与前文提及的光绪二十九年（1903）所印制的川图相比确有较大的差别，即后图乃是一般民用川图，而本图则可能是一幅用于战争上的军事地图。下面就略谈其依据和理由。

本图除详列行政区域各级地名外，还列有大量军事方面的专用地名，现胪列于后：

营：漳腊营、平番营、叠溪营、杨梅营、冕山营、王家营、怀远营、新设永定营、罗星营、震武营、大坝营、竹谷营等12营。

堡：维州右堡、归化堡、铁龙堡、大印堡、姜舟堡、两河堡、大树堡、坝底堡等8堡。

屯：杂谷脑土屯、别思满土屯、八角碉土屯、孟董土屯、宅弄土屯、千堡砦土屯、河西土屯、河东土屯、绥靖屯、九子屯、牛屯等11屯。

关：黄胜关、定北关、平定关、寔大关、魏门关、桃关、佛图关、青木关、洋关、大风关、石（右？）潼关、飞仙关、水津关、卧龙关、日隆关、邓井关、石龙关、三（？）龙关、十二关、涂山关、朝天关、百丈关、剑关、晒经关、沙河子关、吼西关、梅子关（开县）、梅子关（彭水）、豆山关、镇关、巴谷关、贵民关、华灵关、梁山关、缯子关、石才（？）关等36关。

上述营、堡、屯、关之义，分述如下：

营：古代军中作为防御之墙壁，又称营垒、军壁，垒土为之。《礼·曲礼》曰："四郊多垒。"此所谓深沟高垒也。《后汉书·耿弇列传》曰："往收燕卒，来集汉营。"可见古代驻军之处亦曰营。

堡：通"保"，亦垒为之，为较小之城，作为战守之用。今之工兵学科中有堡垒学，当与营垒之义相同。《晋书·苻登载记》有云："坚中垒将军徐嵩、屯骑校尉胡空各聚众五千，据险筑堡以自固。"

屯：即屯田之意，使屯戍之卒垦殖田亩也。《汉书·赵充国传》记载赵充国陈"屯田十二便"。《新唐书·裴识传》亦云："识帅泾原……治堡障，整戎器，开屯田。"屯田亦官名：晋置屯田尚书；梁、陈、后魏、北齐均有屯田郎；隋初为屯田侍郎；唐更为郎中，掌屯田政令，属工部；明兼司坟垒事；清末废。

关：入境之要道曰关。《周礼·地官·司关》注云："界上之门也。"《礼记·王制》云："关，讥而不征。"疏云："境上门也。"关的功能意义，看起来与军事无关。不过我们从图上看，关竟有36处之多，其中相当数量的关分布在民族地区，特别是以阿坝民族地区为最。如自汶川溯岷江而上，至松潘以北，其间里程仅三百余里，就有六关之多（桃关、魏门关、寔大关、平定关、定北关、黄胜关）。这一事实表明，民族地区之关除有上述引文所载之作用外，也许还有配合军事行动的功用，其目的在于维系民族地区的秩序稳定。故特予以并述。

我们认为，从上面所列之军事地名和大量的关名可以证明，本图确是一幅军用地图。再进一步来看，这些地名中除少部分的关在汉区外，大多在民族地区。因此，不难看出，这幅军用地图，是清朝末年专为统治四川少数民族地区而绘制的，是一幅军事布防图。所以，本图是研究清末所推行民族政策的重要资料，是弥足珍贵的文物。

原载《成都文物》2003年第1期

《周礼》之"吉礼"新注

　　"吉礼"系《周礼·春官·大宗伯》所记五礼之首,其次为"凶""军""宾""嘉"(亦作"佳")四礼。"十三经"(其中特别是《周礼》《仪礼》《尚书》)的真伪、年代、作者和意义等方面历来就有争论,歧义繁多,至清代竟达到了前所未有的高峰,《皇清经解》即是很好的证明。其书原刻本系阮元编,计296册;补刻本系劳崇光编,计360册,共集清儒经解180余种。后王先谦拾其遗作续编1430卷,其正续编可谓是"清人汉学家言,大率已萃于此",惜对由来已久的千年聚讼未能求得一个初步的一致意见。关于《周礼》的真伪问题,年近期颐的杨宽教授在其新作《西周史》"前言"里说:"很明显,这是经儒家按后世流行制度作了改造的,由此可见《周礼》所载,已经不是西周原有制度,有待于去伪存真。"继又在"绪论"里说:"《周礼》按天地四时分设六卿,分掌六典,以天官冢宰为六卿之首而执政,显然出于儒家的思想安排,这是经过儒家改造的理想政典。但是其中也还记载着真实的西周制度。例如《周礼》所说'国'中设六卿、'野'中分六遂的制度,该是真实的。《费誓》与《鲁周公世家》所说西周初年'鲁人三郊三遂',就是推行西周的这种乡遂制度。"这是可从之说,使我受到很大启迪。我对经书仅是一知半解,自然谈不上深层次的研究。不过有时偶因本职工作

（考古）之需，亦不得不勉为其难地查阅有关经书，获益匪浅。因此加深了我对经书的兴趣，进而囫囵吞枣地翻翻，竟有了点滴看法。现仅就吉礼的真伪问题，斗胆试撰小文，用以求教于方家同行。

吉礼原文：

> 大宗伯之职，掌建邦之天神、人鬼、地示之礼①，以佐王建保邦国。以吉礼事邦国之鬼神示②，以禋祀祀昊天上帝③，以实柴祀日、月、星辰④，以槱燎祀司中、司命、风师、雨师⑤。以血祭祭社稷⑥、五祀、五岳，以貍沉祭山林川泽⑦，以疈辜祭四方百物。以肆献祼享先王，以馈食享先王，以祠春享先王，以礿夏享先王，以尝秋享先王，以烝冬享先王⑧。

新注：

①《国语正义·周语》云："古者，先王既有天下，又崇立上帝、明神而敬事之。""解"云："崇，尊也。立，立其祀也。上帝，天也。明神，日月也。"又云："昔我先王之有天下也，规方千里以为甸服，以供上帝山川百神之祀。""解"云："以其职贡供王祭也。上帝，天神五帝也。山川，五岳河海也。百神，邱陵坟衍之神也。"据此可证，周先王（文、武）建国初即已行吉礼，非后儒所增之制。其礼当是周立国之初所举行的开国祭祀群神大典。此礼却非始于周，而肇于舜耳。盖有《尚书·舜典》所记可证，文曰："受终于文祖，在璇玑玉衡，以齐七政。肆类于上帝，禋于六宗，望于山川，遍于群神。"后司马迁在《史记·五帝本纪》里亦用其说。

②首句当系吉礼之序，与《毛诗》每诗首句为序同。盖此文体为西周所通用，故可视为吉礼原文非伪之佐证。

③"昊天上帝"：郑司农云："昊天，天也。上帝，玄天也。"《易·文言》云："玄黄者，天地之杂也，天玄而地黄。"据此推知，此之"上帝"当含"地示（亦作祇）"也。《大宗伯》云："以玉作六器，以礼天地四方：以苍璧礼天，以黄琮礼地，以青圭礼东方，以赤璋礼

南方，以白琥礼西方，以玄璜礼北方。"《曲礼下》亦云："天子祭天地，祭四方，祭山川，祭五祀，岁遍。诸侯方祀，祭山川，祭五祀，岁遍。"引文所记，乃天子与诸侯祭祀神祇之尊卑异同。现举实例于后。

《周颂》有三诗可为例证。其一：《毛诗序》云："《昊天有成命》，郊祀天地也。"孔疏云："诗者，郊祀天地之乐歌也。谓于南郊祀所感之天神，于北郊祭神州之地祇也。"其二：《毛诗序》云："《噫嘻》，春夏祈谷于上帝也。"郑笺云："祈，犹祷也，求也。《月令》'孟春祈谷于上帝，夏则龙见而雩'是与？"孔疏云："《噫嘻》诗者，春夏祈谷于上帝之乐歌也。谓周公、成王之时，春郊夏雩，以祷求膏雨而成其谷实，为此祭于上帝。"其三：郑笺云："《时迈》……巡守告祭者，天子巡行邦国，至于方岳之下而封禅也。"孔疏云："巡守告祭柴望之乐歌也。谓武王既定天下，而巡行其守土诸侯，至于方岳之下，乃作告至之祭，为柴望之礼。柴，祭昊天；望，祭山川。巡守而安祀百神，乃是王者盛事。周公既致太平，追念武王之业。"（按：《般》，巡守而祀四岳山河也。其义与《时迈》同，不赘。）《周颂》三诗所记当系史实，可证吉礼中天子祭昊天等神之礼非伪。

再结合成都金沙遗址出土之璧、琮而论。21世纪之初，该遗址出土大批玉器，其中特别引人注意的是璧与琮，因为璧之大和琮之精俱为前所鲜见，故绝非凡品，可视为天子祭天之苍璧和祭地之黄琮。同时其玉文化当系来自周，是蜀文化里所见特别重要之周文化因素。至于用此两玉以礼天地之蜀王为谁？笔者考证认为是杜宇，其理由是：据杜宇王蜀之年代推断，以秦灭巴蜀之年为基点，其年系周慎王五年，当秦惠王之后元九年（另说为前元九年），即公元前316年，自此上推至开明一世。因开明氏"凡王蜀十二世"，每世以30年计，共360年，由公元前316年上溯，当是公元前676年（周惠王元年），即开明氏一世之第一年。据《蜀王本纪》记载，开明氏一世之前当为杜宇氏王蜀之年，即周惠王元年（公元前676年）上至西周。此年代当然不是绝对年代，而仅是一个可供参考的数据。不过所用之三个数据中，有两个数据为可信之史实：即秦灭巴蜀之年为公元前316年和开明氏"凡王蜀十二世"，仅有每世以30

年计为假定数据，故其推测之年代误差要小于其他推测方法。如以传说年代数据（或者加上本身误差较大的¹⁴C所测之数据）去推算另一传说年代，其误差很可能要大于本文所用方法推算之误差。杜宇氏很可能既是一氏族名，又是该氏族第一任酋长之名，故其在任时段不会太短。

成都北郊羊子山西周土台，其台系用未烧过之土坯砖砌筑而成，呈正方形，残高10米，分内中外三层，外层最宽每边长约103.6米，是一座规模极为雄伟的建筑。从性质上看，如此大型之土台，恐非天子用以观天文之灵台莫属。许慎《五经异义》云："天子有三台：灵台以观天文，时台以观四时施化，囿台以观鸟兽鱼鳖。诸侯卑，不得观天文，无灵台，但有时台、囿台也。"（引自《太平御览》）《毛诗·大雅·灵台》："《灵台》，民始附也。文王受命，而民乐其有灵德，以及鸟兽昆虫焉。"郑氏笺云："天子有灵台者，所以观祲象，察气之妖祥也。文王受命而作邑于丰，立灵台。"孔疏云："文王嗣为西伯，三分天下而有其二，则为民所从，事应久矣。而于作台之时，始言民附者，三分有二，诸侯之君从文王耳。其民从君而来，其心未见灵德。至于作台之日，民心始知，故言始附，谓心附之也。往前则貌附耳！"由此可见，灵台之义，除许慎所谓观天文以示其天子之位为最高最尊外，尚有《毛诗正义》所记之重要意义。文王建灵台前仅是三分天下有其二的西伯，所以建灵台之事当为僭制，盖"受命"之说应系文王之伪托耳。既建之后，天下之民始晓其"灵德"而心归之。正如孔疏所云，从诸侯之君而来归之民，由前之貌附转之为心附，其转因即灵台之建也。故建台是深得民心之举，为武王后之伐纣扫清了障碍。王蜀之杜宇亦起而效之筑灵台，求其蜀人之心附而固其政权。故羊子山土台可视为证明杜宇称帝之又一考古物证。

周原遗址出土的周代前期刻有卜辞的甲骨中，与蜀史有关的卜辞有"伐蜀""克蜀"和"征巢"等（采自陈全方《周原与周文化》，上海人民出版社，1988年版）。这批甲骨的时代不可能早至周初，因武王所组之伐纣联军即有蜀人与焉，可见当时蜀是臣服于周的，不可能叛周而被伐。故该物极有可能是其后蜀国换代易主，新主叛周称帝而被周征伐，周迫使其臣服后所遗之甲骨。当时称帝之蜀王，应即《华阳国志·蜀志》所载"七国称王，杜宇称帝，号曰望帝"的杜宇。再结合金沙之璧、琮和羊子山土台来看，"杜宇称帝"并非常氏记叙之误，而是史实。

以上注文，不仅证明"杜宇称帝"为史实，且因其所用之蜀地古代文化遗存中之周文化因素的留存，故亦能证明《周礼》吉礼中天子祭天祀地之记载绝非伪作，而是周之重要祭礼。

④《国语·周语上》云："有朝日、夕月以教民事君。""解"云："礼：天子以春分朝日，以秋分夕月。拜日于东门之外，然则夕月在西门之外必矣。"《通志·吉礼》："周制以柴祀日月星辰，日坛曰王宫，月坛曰夜明，牲币俱赤，乐与祭五帝同。"又云："凡祭日月，岁有四焉：迎气之时，祭日于东郊，祭月于西郊，一也；二分（按：'二分'是'春分''秋分'）祭日月，二也；《祭义》云'郊之祭，大报天而主日，配以月'，三也；《月令》'十月祭天宗，合祭日月'，四也。"

⑤《通志·吉礼》云："周制，《月令》：'立春后丑日，祭风师于国城东北；立夏后申日，祀雨师于国城西南。'"

⑥《通志·吉礼》云："周制，天子立三社，《祭法》云：'王为群姓立社曰太社。'于库门内之西立之。'王自为立社，曰王社'，于藉田立之。亡国之社曰亳社。……（社）立名虽异，其神则同，皆以句龙配之稷……稷者，原湿之中能生五谷之祗也……天子之社，则以五色土各依方色为坛，广五丈。"《周颂》其一：《毛序诗》云："《载芟》，春藉田而祈社稷也。"孔疏："谓周公成王太平之时，王者于春时，亲耕藉田以劝农业，又祈求社稷使获其年丰岁稔。"其二：《毛序诗》云："《良耜》，秋报社稷也。"孔疏："谓周公、成王太平之时，年谷丰稔，以为由社稷之所佑。故于秋物既成，王者乃祭社稷之神，以报生长之功。"

⑦《通志·吉礼》云："周制，四坎坛祭四方，以血祭祭五岳……以埋沉祭山林川泽……一岁凡四祭：一者谓迎气时，二者郊天时，三者大雩时，四者大蜡时，皆因以祭之。""大雩"："周制，《月令》：'建巳月，大雩五方上帝。其坛名曰雩榮，于南郊之傍，配以五人帝，命乐

正习盛乐，舞皇舞。命有司为民祈祀山川百源……雩祀百辟卿士有益于民者，以祈谷实……若国大旱，则司巫帅巫而舞雩，若旱暵，则女巫舞雩。'""大蜡"："是报田之祭也，其神神农，初为田事，故以报之。夏氏曰嘉平，商曰清祀，周因之，后名大蜡，以岁十二月合聚万物而索享之。其乐则歠豳颂击土鼓，其服则皮弁素服。"

⑧"六享"，又称"六礼"，系祭颂周代建国之有功先王，其上可追祭至周之始祖稷。周初六享之实例，可从《周颂》周初礼仪之乐舞诗窥其梗概，《毛序诗》及后人注疏对此有较多论述，现列于后：

其一："《清庙》，祀文王也。周公既成洛邑，朝诸侯，率以祀文王也。"郑笺云："《清庙》者，祭有清明之德者之宫也。谓祭文王也，天德清明，文王象焉。"孔疏云："《序》又申说祀之时节，周公摄王之政，营邑于洛，既已成此洛邑，于是大朝诸侯，既受其朝，又率之而至于清庙，以祀此文王焉，以其祀之得礼，诗人歌咏其事，而作此《清庙》之诗，后乃用之于乐，以为常歌也。"

其二："《维天之命》，太平告文王也。"郑笺云："告太平者，居摄政五年之末也。文王受命，不卒而崩。今天下太平，故承其意而告之，明六年制礼作乐。"孔疏云："今周公摄政，继父之业，致得太平，将欲作乐制礼，其所制作，皆是文王之意，故以太平之时，告于文王。"

其三："《烈文》，成王即政，诸侯助祭也。"郑笺云："新王即政，必以朝享之礼祭于祖考，告嗣位也。"孔疏云："诗者，成王即政，诸侯助祭之乐歌也。谓周公居摄七年，致政成王，成王乃以明年岁首，即此为君之政，于是用朝享之礼祭于祖考，有诸侯助王之祭。"

其四："《天作》，祀先王先公也。"郑笺云："先王，谓大王已下。先公，诸盩至不窋。"孔疏云："诗者，祀先王先公之乐歌也。谓周公、成王之时，祭祀先王先公。诗人以今太平是先祖之力。"

其五："《我将》，祀文王于明堂也。"孔疏云："诗者，祀文王于明堂之乐歌也。谓祭五帝之神于明堂，以文王配而祀之。以今之太平，由此明堂所配之文王……经陈周公、成王法文王之道，为神祐而保之，皆是述文王之事也。"

其六："《执竞》，祀武王也。"孔疏云："诗者，祀武王之乐歌也。谓周公、成王之时，既致太平，祀于武王之庙。时人以今得太平，由武王所致，故因其祀，述其功，而为此歌焉。经之所陈，皆述武王生时之功也。"

其七："《思文》，后稷配天也。"孔疏云："诗者，后稷配天之乐歌也。周公既已制礼，推后稷以配所感之帝，祭于南郊。既已祀之，因述后稷以德可以配天之意，而为此歌焉。经皆陈后稷有德可以配天之事……后稷之配南郊与文王之配明堂，其义一也。"（按："后稷配天"，《大雅》，《毛诗序》云："《生民》，尊祖也。后稷生于姜嫄。文武之功起于后稷，故推以配天焉。"《孝经·圣治》云："昔者周公郊祀后稷以配天，宗祀文王于明堂，以配上帝。"）

其八："《臣工》，诸侯助祭，遣于庙也。"孔疏云："诗者，诸侯助祭遣于庙之乐歌也。谓周公、成王之时，诸侯以礼春朝，因助天子之祭。事毕将归，天子戒敕而遣之于庙。"

其九："《振鹭》，二王之后来助祭也。"郑笺云："二王，夏、殷也，其后，杞也、宋也。"孔疏云："诗者，二王之后来助祭之乐歌也。谓周公、成王之时，已致太平，诸侯助祭，二王之后亦在其中，能尽礼备仪，尊崇王室。"（按："《有客》，微子来见祖庙也。"其义与《振鹭》同。）

其十："《丰年》，秋冬报也。"郑笺云："报者，谓尝也，烝也。"孔疏云："诗者，秋冬报之乐歌也。谓周公、成王之时，致太平而大丰熟，秋冬尝、烝，报祭宗庙。"

其十一："《潜》，季冬荐鱼，春献鲔也。"孔疏云："诗者，季冬荐鱼，春献鲔之乐歌也。谓周公、成王太平时，季冬荐鱼于宗庙，至春又献鲔。"

其十二："《雍》，禘大祖也。"郑笺云："禘，大祭也，大于四时而小于祫。大祖，谓文王。"孔疏云："《雍》者，禘大祖之乐歌也。谓周公成王太平时，禘祭大祖之庙，诗人以今之太平，由此大祖。"

其十三："《载见》，诸侯始见乎武王庙也。"孔疏云："诗者，诸侯始见武王庙之乐歌也。谓周公居摄七年，而归政成王，成王即政，诸侯

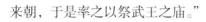

来朝，于是率之以祭武王之庙。"

其十四："《闵予小子》，嗣王朝于庙也。"郑笺云："嗣王者，谓成王也。除武王之丧，将始即政，朝于庙也。"孔疏云："诗者，嗣王朝于庙之乐歌也。谓成王嗣父为王，朝于宗庙，自言当嗣之意。"

其十五："《访落》，嗣王谋于庙也。"郑笺云："谋者，谋政事也。"孔疏云："诗者，嗣王谋于庙之乐歌也。谓成王既朝庙，而与群臣谋事。"（按："《小毖》，嗣王求助也。"其义与《访落》同。）

上引之15首颂诗，均是西周祭享先王之舞曲，当非伪作。此外，《国语·周语上》也论及六享，云："我先王不窋，用失其官。""解"云："失，稷官也。不窋，弃之子。周之禘祫文武，必先不窋，故通谓之王。"又云："日祭。""解"云："日祭，祭于祖考，谓之食也。"又云："月祀。""解"云："月祀于曾、高。"均可证当时六享之礼是颇隆重之吉礼。

本文的意图是想证明吉礼为可信之史，因此其注中引文亦必须选择能为其所用之信史，否则就难以达到去伪存真之目的。为此有必要在此谈谈选择引文的理由和依据。首先，本文所用之文献是以《周颂》为主。何谓颂，《毛诗·卷一》云："颂者，美盛德之形容，以其成功，告于神神明者也。"清人崔述《丰镐考信录》云："《周颂》三十一篇，说诗者皆以周公所作。……余按《周颂》云：'成王不敢康，夙夜基命宥密。'又云：'噫嘻成王，既昭假尔。''自彼成康，奄有四方。'诗中明举二王之谥，则非成王时诗明甚。由是言之，《周颂》或有周公所作，必不尽周公所作。"可知《周颂》当为周初之作，并非后儒伪作，引之可证吉礼在周初即已成为国家常用之重要礼制，致被列为五礼之首。其次，关于《国语》问题。综合有关文献来看，古今儒者对其书虽有较大争论，歧义亦多，但并无伪作之说，故本文亦以信史视之而采用。最后，关于《通志》问题。其书虽系宋代类书，但郑樵对吉礼的分类综述，当是详阅史料后之作，故应可从。以上系作者管见，未知当否？

四川文物志·古遗址、古墓葬卷·凡例、概述①

一、凡例

一、本卷是《四川文物志》十二卷中的一卷，收录四川境内历年考古发掘的古遗址、古墓葬，年代起自旧石器时代，终至清代。另收有少量历史人物墓。

二、本卷按遗址及墓葬的时代排列。

三、本卷以每一遗址或墓葬为单位收录于一篇内。

四、本卷收录的遗址及墓葬，均详细介绍其地点、时代、遗迹、遗物、文化面貌，有的并作简要考评。

五、考古发掘的古遗址、古墓葬远不止此，但条件所限，本卷未能一一收录。

二、概述

本卷所志之古遗址、古墓葬乃系考古学之主要内容，是研究古蜀

① 本文由李复华、赵涵合著。

历史和补充秦汉以来蜀地历史之重要实物史料，当然亦为我国历史填补了空白。四川是一个多民族的地区，而其文献史料又留存甚少。因此，民族地区考古资料则又是复原有关民族历史不可缺之文化遗存，是弥足珍贵的文物资料，所以本卷能较好地完成志书存史的重要意义。现即概述于次。

（一）先秦

石器时代，其时代可分为新旧两个时代，历史学称之为史前史，即原始社会。此时代的文献遗存除传说而外，大都为空白。至于地下遗存在四川地区发现清理的不多，特别是旧石器时代更少，所以显得尤为珍贵。新石器时代的遗存发现清理的要多一些。如成都平原的五座古遗址和广汉三星堆遗址早期文化层，以及绵阳、广元、西昌、汉源、茂县、理县、汶川等地均有重要发现和清理。特别是汶川的姜维城遗址，经初步观察，其文化内涵中发现有西北文化因素，这将证明岷江上游之新石器时代文化与外地文化已有联系和交流。不过要复原蜀地之史前史，则尚有待于进一步的发掘和研究。

青铜时代，此一时代史家称之为奴隶社会，即古蜀国时期。这里有必要说明一下当时巴、蜀在文化上的关系，以利于对两国历史的研究。当然，自重庆改为中央直辖市后，本志即将有关重庆市之志文剔除。不过就研究巴、蜀两国之历史、文化而论，则很难予以泾渭分明，盖由于历史上两国关系甚密所致。至于其地下文化遗存，发现较多，分布面广。现列举其重要者于后。

广汉三星堆、成都金沙两处先后相承的古遗址，是四川地区考古学文化的蜀文化遗址。前者是蜀人聚居城址，发现有房址、城垣，以及大量的陶制生活用具残片。特别值得一提的是两座祭祀坑，出土了大批颇具地方特性的青铜器，以及玉器、金器、象牙等。究其意义而论，当非一般民间所用之凡品，而应是统治者所用之礼器。至于统治者是谁的问题，则有两说，即鱼凫、杜宇。金沙遗址，究其出土文物来看，是承袭取代三星堆文化后又一蜀文化的政治、文化中心，其物亦是统治者所用之物。因为，出土玉器中有特别引人关注的璧、琮，而璧之大和琮之精，均为前所鲜见。据《周礼·祀记》记载，唯天子能用苍璧祀天、黄琮祀地，而金沙遗址之两器自亦属此。再以《华阳国志》记载之"杜宇称帝"和成都羊子山之土台（即天子之灵台）证之，金沙之璧、琮为天子祀天地之礼器的推断，或可不误。当然以上之说并非定论，有待于进一步论证（本志篇目收录时间截止于2000年，金沙遗址2001年发现，故未收）。此外，还有彭州市之两座西周铜器窖藏和新都水观音遗址等。

此后，蜀地考古遗存出现断线缺环现象，期望后之考古工作有所发现而予以补充。再后主要的发现则是战国时期遗存了，也许有些遗存可上至春秋晚期。此一时期的遗址主要为墓葬，各地均有重要发现。其墓型在汉区可分为三类，即土坑墓、木椁墓和船棺葬等，另有一种岷江上游羌藏地区石棺葬中的战国墓。究其文化性质而言，自然是以蜀国晚期开明氏时期的文化为主，但亦有一定的周边文化因素，如楚、巴、秦以及中原等文化因素，此可表明当时蜀人与其在文化上的相互影响交流情况。可见，这批考古资料之主要意义是可作为复原晚期蜀国史弥足珍贵的物证。此外，必须说明两个问题：其一，青川战国墓群，从其出土遗存来看，当为秦人之墓，是补充秦史的重要资料。例如，出土记有秦国《田制》的木牍可证。其二，岷江上游石棺葬文化中早期的战国遗存，则是复原冉骁历史的罕有资料。由于其族仅有语言而无文字，致无文献史料留传至今，在汉文史料中亦无较详记载，故显得尤为珍贵。

铁器时代，关于时代的认定问题，由于蜀地处边陲，其社会发展进程较中原略慢，因此，由奴隶社会进入封建社会的时间与中原是不同步的。从考古发现的情况来看，蜀地铁器均出于战国晚期墓里，但是蜀地在春秋战国时期的社会性质至今尚无定论。因此，在概述里只能暂时把封建社会之始定在秦时。

（二）秦、两汉、三国

秦代文化遗存，虽时有发现，但却未有发现秦灭蜀至统一六国建立帝国时期的墓葬。例如成都羊子山172号墓，其时代原报告判定为战国晚期，后有学者进一步考证为灭蜀后之秦墓。至于秦建立大帝国前后文化之区别，大体上说其前已有少量之铁器出土，但仍以蜀文化因素为主，仅有为数不多的秦文化因素。其后则铁器之品种和数量均大为增多，遗存文化中则以秦因素为主，而蜀文化因素次之。同时不少遗物为后之汉文化所承袭，此史谓"汉承秦制"在考古学上之物证，亦为认定蜀地之铁器时代之始暂定于秦的依据。

西汉地下遗存，西汉有土坑墓和木椁墓两型。绵阳永兴镇大型木椁墓出土大批文物，其中最受关注的是经脉漆雕木人和原始瓷器等。其时代据出土之50余枚四铢半两和75枚五铢钱来看，四铢半两系文帝时之币，武帝罢半两改行五铢，今两币共出，表明五铢行后蜀地仍在继续使用四铢半两。因此，其墓当在此后不远而不会晚至西汉末。成都北郊东山灌溉渠工程中清理了大批土坑墓，虽然其遗物均系一般民间之物，但亦可以据此看出当时平民的一些经济、生活的情况。至于砖室墓，仅德阳、广汉等地偶有发现，故置而不记。在出土文物中值得提及的有铁器，数量大，品种多，有兵器、生活用具和生产工具。从有"蜀郡"铭文的铁锄发现地来看，在川南的西昌地区和川北的青川地区均有出土，可见形成不太久的汉文化即已遍及全川。其次，漆器在战国已有极为精湛的盒、盘发现，汉承其工艺，而更有所发展，如发现错金（银）的漆器，可以说是达到了漆器工艺的高峰。民族地区遗存。在阿坝州之岷江上游和甘孜州均有西汉时之石棺葬。两地此类墓葬所反映的文化性质基本相同，或可视为同一地区的考古学文化。如，陶双耳罐、石棺有盖无底等可证。至于在岷江上游出土文物中有一种铜柄铁剑，其格作"山"字形，是具有代表性的民族文化。在昭觉地区还发现有底无盖的石棺墓，其族属有待考证。在西昌地区另有一类大石墓，因墓室均用硕大之石砌筑而成，故以大石名之。其墓型有矩形和长条形，前者为单人墓，后者为氏族合葬墓。其族属可能为邛人。年代从出土有西汉五铢钱看，当与之同时。

东汉地下遗存，汉区有砖室墓和崖墓两类。砖室墓有花砖墓和画像砖墓之别，其墓室结构相同而有单室和多室之差，室多的可至有九室和墓道的，这仅有一例，即新都区新繁镇的大型画像砖墓。出土文物：陶器之品种甚多，从造型艺术看，当推陶俑的人体造型，如姿态优美的女舞俑和惟妙惟肖的说书俑（当是民间散乐之属）。画像砖石，其内容极为丰富多彩，不仅是绘画史的重要实物史料，而且是研究当时政治、经济、军事、社会和文化弥足珍贵的物证。再就其出土钱币来看，其中后汉末年之墓葬里发现大量恶币，体小而薄，如所谓之剪边綖环五铢，不仅如此，还有新莽之币，这表明当时币制之混乱，是国穷民贫之证。崖墓遍及全川各地，其型有大小多室单室之别，系凿崖而成，遂以为名。出土文物基本上与砖墓相同。值得一提的是墓之画像和仿木建之雕刻，均是研究东汉历史、文化的最好补充和印证。如乐山、彭山和绵阳等地先后发现的佛像，即是研究佛教有关问题的珍贵资料。至于石棺葬文化遗存，在东汉初的石棺里已有较为浓厚的汉文化因素，仅存者为石椁而已，后为砖室所代替。

蜀汉遗存，从四川地区考古资料看，其文化性质是承袭于前朝而有所发展和变化，与魏晋之文化有一定的区别，这或许是与刘备以汉刘之后自居有关。例如，砖室墓亦用花纹砖砌筑，结构相同，室内也有画像砖作为装饰的，仅其题材内容略有所别；至于出土之直百钱币仍以五铢为名。再借用重庆市忠县蜀墓出土之陶器看，其俑之造型和房屋结构均在保留东汉风格的基础上更为华丽与雄伟而已。由于汉末蜀初之墓葬无明显之别，又多无内证可分其先后，故这里就不免为区分而略之。其出土文物中，有一件郫县发现的"景耀四年（260）十石机"之铜弩机（缺悬刀），这是当时的远射程重型武器，是研究兵器史的重要实物。遗存还有威远县的蜀汉钱币窖藏，其中两汉钱币约600枚，蜀币品种多，共有800余枚，这是研究汉初以来的币制和金融难得的物证。

（三）两晋、南北朝

两晋遗存，成都市区砖墓2座，新都砖墓1座，以及广元崖墓1座，自然其文化是源于前代。出土物不多，有青瓷的盘口壶、罐、碗等，陶器有罐、灯，另有金属之各种小件。成都墓里还有刻于双扇石门上的人像，即左者执版，右者拥彗，这当是承袭秦汉之礼；还出有"泰始十年（274）造""甲午（甲午即泰始十年）秋月造"和"吉羊"三种字砖，为判断其墓年代之内证。从其出土较多的青瓷看，蜀地在晋初已较为广泛地使用之。此外，东晋成汉玉衡年砖室墓在成都发现清理，是极为罕见的重要物证。

南北朝遗存，此时段之墓葬发现清理者较少，本章所记仅有江油市彰明镇山村的13座和广元市宝轮院的32座，均系崖墓。其墓室结构为单室，前者仅在崖壁上凿一小洞，葬后用土封其口，其前无明显之墓门建筑。后者除有简单之墓门外，余均与前者同。出土文物中以青瓷器较多，共50余件，可能为蜀瓷发展中较精的产品，是研究蜀瓷史的重要实物。

（四）隋唐、五代

隋唐遗存，隋墓在四川发现甚少，经科学清理的仅有新津县普兴乡3座砖石墓。惜均早年被盗，遗物仅存陶器、青瓷和"五行大布"铜币1枚。墓砖中有"开皇元年"，开皇系隋文帝年号，元年为公元581年。

唐墓在四川汉区发现的亦不多，仅在成都市区、大邑、青神和宝兴等市县清理过10座砖室墓。其墓室建筑均较简单，殉葬品较少，显系民间小墓。其中特别值得一提的是1944年，由川大历史系在校园内清理的唐墓，其中出土1件《陀罗尼经咒》，由于入土时装于一空心银镯内，故得保存至今。其质地为黄纸印本，是弥足珍贵的稀有珍宝。藏区：松潘唐墓。1993年由中国社会科学院考古研究所与松潘县文管所共同清理了3座。其中两座为垒石墓，一座为土坑墓。据原报告称，究其遗物而论，似乎尚保留有石棺葬文化之因素，如果是，其族属则可能为冉駹之后裔。此外，遗存中还有陶瓷窑址数处，均是研究四川陶瓷史之重要资料。窖藏有邛崃之鎏金铜像和新津之钱币。

五代两蜀遗存，墓葬有两蜀君臣的陵墓和一般平民的墓葬。前蜀有王建和晋晖墓，后蜀有孟知祥夫妇及张虔钊、孙汉韶等墓，均在成都发现，还有彭山县宋琳墓。一般平民墓亦多发现于成都郊区。虽然其中之陵墓均是早年被盗，殉葬品留下的数量甚少，但亦有一些确能补史的珍品幸存。例如，从帝王到平民的墓葬均有，是研究当时葬制和墓葬建筑艺术的完整资料，但亦是北方来的建筑艺术风格，如孟知祥墓型为穹窿顶即是其证。遗物中王建之哀册和谥册、孟知祥之玉册墓志，以及两蜀大臣之墓志，均能起到补史之缺的重要作用。再究以石刻艺术而论，这批君臣墓多有工艺精湛的石刻。如王建墓之舞乐石刻，不仅有很高的艺术价值，更有重要的乐史价值。因为，此系一套完整的宫廷乐队，此类乐队当时有两种，即坐乐部和站乐部，前者坐于殿上演奏，后者站于殿下演奏，其地位，坐者高站者低，故王建墓之舞乐为最高之坐乐部。再从其乐器来看，有雅乐、清音乐，可能亦有散乐等乐器。而且还有来自其他民族的燕乐，这可表明当时各民族间在音乐艺术方面的交流情况。

（五）宋、元、明

宋代遗存，墓葬分布全川。其类型：汉区有砖室墓、画像石室墓和小型砖室火葬墓等。砖室墓有单室墓、夫妻合葬墓。画像石室墓在泸州地区发现较多，雕刻画像内容十分丰富，与大足宗教石刻相得益彰。而广安安丙墓之石刻技术，据专家认为尤胜于大足石刻。出土文物众多，品类齐全，但在北宋南宋间却有一个明显的区别，即北宋陶器均未施釉，南宋则均施釉，而且不少是三彩，故有宋三彩之名。

窑址，在邛崃、都江堰、成都市区、广元和彭山等多处均有分布，其中可分青、白两个瓷系，是研究蜀瓷的物证。

　　窖藏，亦有发现，其内容有铜器、银器、瓷器和钱币等。就其藏品产地而言，多为本地所产，不过有些则是仿制品，如郫县出土龙泉青瓷器和广元窑生产之建窑黑瓷器等。但也有外地产品，如遂宁窖藏之大批省外各地名窑所产之瓷器，其中不少精品。

　　元代遗存，在四川发现的不多，仅在成都保和乡清理4座，均系砖室墓。出土有陶俑和一些生活用品等，以及一方墓志。从陶俑造型看，是承袭于宋俑风格，但亦有所变化，却又有类明俑之处，这显然是后来又为明所接受而形成的明俑风格。在简阳市东溪清理1座砖室墓。就出土文物之多看，这却很像一座以瓷为主的窖藏。因为其中瓷器竟有525件，铜器有60件，还有石砚等文物。其时代原报告断为元代，而有的同行则认为是宋代，故有待进一步探讨判定。此外还有两座铜瓷器窖藏。

　　明代遗存，墓葬有成都郊区发现清理的明蜀王墓和太监墓以及平民墓。蜀王墓有以朱悦燫为首的大型砖石墓多座。太监墓有白马寺六号墓和西郊一座等，前者墓主为府中之典服，后者为琉璃厂之董督。平民墓有东郊桂溪乡之墓群，墓室建筑简单，用石板建立一排结构相连平顶多室墓，其前空置，墓后用砖封之。殉葬品不多。在剑阁清理了曾任河南道监察御史赵炳然夫妇之墓。此外，还有一些铜器、瓷器和银锭窖藏。民族遗存有：珙县悬棺葬和平武王玺家族墓等。上述遗存均系研究明代四川地区汉族及其有关民族历史、文化非常珍贵的资料。

原载《四川文物志》，巴蜀书社，2005年

清同治"天锡纯嘏"匾文小考

——兼谈汉前养老礼制

"天锡纯嘏"匾系郫县文物收藏家杜长明先生所珍藏。余亦郫人，故得以睹此匾，并认为这是一件弥足珍贵的桑梓文物，为《郫县志》提供了新的实物资料，是研究鹃城历史的重要物证。虽然已有所报道，惜语焉不详，对匾文之要义未能予以阐述，故特征得杜氏之同意，撰此小文，以飨读者。

图一 "天锡纯嘏"匾额

匾为木质，长263厘米，宽33厘米；黑底金字，时代清同治三年（1864）。正中从右至左横书"天锡纯嘏"四个大字，右上角刻"乙西岁人"小印一方，其左竖书上款"皇恩敕授正八品叔祖大人百岁志贺"，匾左侧竖书下款"同治三年甲子孟夏云南知府龙瑞图题"，正中下竖书"阖族等拜赠"，共44字，书法遒劲俊秀（图一）。据此可知，此匾系龙氏阖族为其三叔祖期颐之年祝嘏之用，这与印文之乾隆"乙酉岁"（1765）至同治三年（1864）正好百年之数相合。

关于"天锡纯嘏"的解释，这在《毛诗正义》里记载较详，现录于后：《鲁颂·閟宫》："天锡公纯嘏。"笺云："纯，大也，受福曰嘏。"《小雅·宾之初筵》，笺云："纯，大也。嘏谓尸与主人以福也。"《大雅·卷阿》云："纯嘏尔常矣。"笺云："予福曰嘏，使女（汝）大受神之福以为常。"疏云："《正义》曰：福之大者，莫过末年，命长已是大福，则萧福宜为小福。"《周颂·我将》云："伊嘏文王。"笺同《閟宫》。此外还有《孔子家语·问礼》："嘏以慈告。"注云："嘏，传先祖语于孝子。"

从以上引文来看，匾文当系源于《毛诗》，可是其义在笺、疏中却并未明确地将它讲为祝寿，因此有必要再查阅一下有关"祝嘏"的记载和注释。

《礼记正义·礼运》里有四条记载，其一，"修其祝嘏，以降上神，与其祖先。以正君臣，以笃父子，以睦兄弟，以亦上下，夫妇有所，是谓承天之祐"。注云："祝，祝为主人飨神辞也。嘏，祝为尸致福于主人之辞也。"其二，"祝以孝告，嘏以慈告，是谓大祥，此礼之大成也"。疏云："言祝嘏于时以神之恩慈而告主人。"其三，"祝嘏莫敢易其常古，是谓大假"。注云："假亦大也，不敢改其常古之法度，是谓大。"其四，"祝嘏辞说，藏于宗祝巫史，非礼也"。疏云："国之君臣，秖闻今日祝嘏之辞，不知古礼。"

以上四条亦均未言祝嘏有祝寿之意。再查20世纪所出版之工具书中之祝嘏词目，则多认为"今谓祝寿曰祝嘏"。因此，"今谓"之时间上限不会早至19世纪末，而只能起自20世纪初。这可在旧《辞海》之"重印说明"里得到证明，文曰："《辞海》编纂于1915至1935年，1936年出版。"可是"天锡纯嘏"木匾之发现，即可将"今谓"之上限升至清初。因为此匾既为"乙酉岁人"期颐之年祝寿之用，自然上限可升至乾隆时期，或许还可以更早一些。因此，"今谓祝寿曰祝嘏"中之"今谓"则应改作"清初"，从这一层面来看，此匾在更正历史错误方面起到了重要作用。

上面所谈的主要问题是尊老敬老，惜未涉及与之相类的养老问题，似有窥管之嫌。现补其不足于次，给读者以全豹。

《周礼·地官·大司徒》："以保息六养万民，一曰慈幼，二曰养老。"《淮南子·说林训》："柳下惠见饴，曰：'可以养老。'"《管子·大匡》："事长养老，承事敬。"注："承奉君敬而从之也。"《孟子·尽心上》："所谓西伯善养老者，制其田里，教之树畜，导其妻子，使养其老。"

《礼记·王制》："凡养老，有虞氏以燕礼，夏后氏以飨礼，殷人以食礼，周人修而兼用之。五十养于乡，六十养于国，七十养于学，达于诸侯。"疏："凡养老者，皇氏云：'人君养老有四种：一是养三老五更；二是子孙为国难而死，王养死者父祖；三是养致仕之老；四是引户校年，养庶人之老。'熊氏云：'天子视学之年养老，一岁有七。'谓四时皆养老。故郑此注：'凡饮养阳气，凡食养阴气，阳用春夏，阴用秋冬。'是四时凡四也。"

《王制》继云："五十始衰；六十非肉不饱；七十非帛不暖；八十非人不暖；九十虽得人，不暖矣。五十杖于家；六十杖于乡；七十杖于国；八十杖于朝；九十者，天子欲有问焉，则就其室，以珍从。"

《王制》的这两段记载表明，我国养老的历史极为悠久，从虞舜迄于三代（夏、商、周），在此时段里即已经形成了一套完善可行的养老礼制，致使当时实现了移风易俗、黎民淳厚、社会和谐，堪称盛世。因而，孔子亦赞曰："斯民也，三代之所以直道而行也。"（《论语·卫灵公》）所以养老是治国不可或缺之制。

这里有必要再介绍一件养老文物，它是出土于彭县的东汉的养老画像砖（图二）。画面为长方形，上部为一楼一底的长形木建筑，正面左右各有一门紧闭，其前有阶梯，当系粮仓之属。下部：左一人向右坐于长方形地毯上，其前上下各置一器。再前一人躬身向右，双手捧缸，其口向下，正在向一器内倾倒粮食。右一人向左双脚跪地，上身前倾，右肩负一鸠杖，作接受发放养老粮食状。这是一幅非常写实的养老图像，再现了当时的情境。从图像上来分析，图中老人当属于前所提到的第四种"是引户校年，养庶人之老"之类。鸠杖，是汉代赐老人之杖（见《后汉书·礼仪志》）。由此可见汉代是承袭了养老之制的，而且有所发展和完善。所以，养老画像砖是件弥足珍贵的瑰宝。

图二　养老画像砖（东汉）

关于汉代的养老问题，这在《文帝纪》里即已有所载，文帝元年：

诏曰："方春和时，草木群生之物皆有以自乐，而吾百姓鳏、寡、孤、独、穷困之人，或阽于死亡，而莫之省忧，为民父母将何如？其议所以振贷之。"又曰："老者非帛不暖，非肉不饱。今岁首，不时使人存问长老，又无布帛酒肉之赐，何以佐天下子孙孝养其亲？今闻吏禀当受鬻者，或曰陈粟，岂称养老之意哉！具为令。"有司请令县道，年八十以上，赐米人月一石，肉二十斤，酒五斗；其九十以上，又赐帛，人二匹，絮三斤。赐物及当禀鬻米者，长吏阅视，丞若尉致。

这段引文可以表明：汉建国初即已承袭了养老之制，而采取了一些养老措施。可是文帝即位元年便认为其措施是远远未达到当时养老的需要，所以文帝在诏中指出，"岂称养老之意哉！具为令"，并颁布了补充养老的新令，有司令汉族地区（县）和民族地区（道）予以认真执行，特别对八十、九十的老人赐给了更多的粮食和生活用品，可见文帝对养老礼制是非常重视的。其次，进一步表明：文帝之仁慈恭俭，示天下以敦朴；其子景帝立，亦能修父风，故世称文景之治，这是我国历史上为数不多的所谓盛世。而养老之制对盛世的形成起到了重要作用，是养老之制为治国不可或缺的体制的又一例证。

最后，略谈龙瑞图其人。据《龙氏族谱》记载，龙氏系"六十八世孙，字嵩廷，道光乙酉（1825）科举人，甲辰（1844）科大挑二等，任剑州学正，历任云南盐道库大使，禄丰、浪穹（今洱源县）等县知县，武定州知州，云南知府，奏留云南补用道"。

再结合有关资料来看，龙氏在教育、经济、政治、军事等方面均有较深的造诣，死后贵州巡抚曾璧光为墓碑题联曰："解组忆滇南，东里遥归贤太守；上书辞北阙，西山高卧老先生。"联里用东南西北，意在表明四方的人都很仰慕龙瑞图。龙氏籍贯郫县，家在唐昌镇南5公里的平乐寺附近。而唐昌镇在中华人民共和国成立前为崇宁县，中华人民共和国成立后改县为镇并入郫。因此，龙氏则当是郫县清代时期的重要人物，是《郫县志》的新资料，同时也就起到了存史的作用，补充了地方历史的不足。

原载《成都文物》2006年第4期

试论文王之"至德"与"灵德"

"至德"与"灵德",分别载于《论语》与《诗经》。余读后认为:至德虽是孔子给文王的最高荣誉,但与当时的史实不符,应予以否定并另立新说。灵德虽非出自孔子,但亦是经其删订认可的。由于文王建灵台深得民心,但在诗中较为简略,故有必要予以阐述。现分别试论于次。

一、至德

《论语·泰伯》载孔子曰:"三分天下有其二,以服事殷,周之德,其可谓至德也已矣。"疏曰:"此孔子因美周文王有至圣之德也。言殷纣淫乱,文王为西伯而有圣德。天下归周者,三分有二而犹以服事殷,故谓之至德也。"就邢昺在疏里说至德是孔子美文王之辞分析,其意可能是孔子在此为赞美文王而赞美文王,其誉当与史实不符。这不过是笔者对邢说的推测而已,未知当否?至于笔者对至德予以否定的理由和依据,则有以下几点:

（一）文王殷王的恩与怨

《古本竹书纪年》云:"文丁杀季历。"《吕氏春秋·首时》亦云:"王季历困而死,文王苦之。"文丁为殷王,是武乙之子,《史记·殷本纪》

作"太丁"。这表明季历无论是被文丁杀死，抑或是被困死，文丁都是难辞其咎的。而季历乃文王之父，故文王与殷王有杀父之仇。

《史记·周本纪》云："崇侯虎谮西伯于殷纣曰：'西伯积善累德，诸侯皆向之，将不利于帝。'帝纣乃囚西伯于羑里。"这又使文王对殷王新增了被囚之恨。

虽然，后来文王又被纣所释，并"赐之弓矢斧钺，使西伯得征伐"叛国之权。而文王又焉能不计深仇大恨，以德报怨，无二心以事殷耶！

（二）所谓的文王"事殷"

《吕氏春秋·顺民》云："文王处歧事纣，冤侮雅逊，朝夕必时，上贡必适，祭祀必敬。纣喜，命文王称西伯，赐之千里之地。文王载拜稽首而辞曰：'愿为民请炮烙之刑。'……必欲得民心也，得民心，则贤于千里之地。故曰，文王智矣。"

这段对文王的评价，当是指文王前期尚为居歧的弱小伯国，形势对周极为不利，稍有不慎即有亡国之祸。因此，文王事殷就只能是毕恭毕敬，唯命是从，"冤侮雅逊"，甚至连杀父之仇亦暂置而不较，文王之苦则可想而知矣。但就在此时，文王却并未忘记为民求得实惠，所以舍千里之地而请纣废酷刑炮烙，用以求得民心，此当是文王前进历程中最为重要的一步。同时，文王获得纣命享有为其平定叛国之权，则借此扩充力量和开拓国土。这就是所谓文王在位五十年间前期事殷的情况。

至于后期情况，则有必要重温《左传·襄公四年》里的一句话，文曰："韩献子患之，言于朝曰：'文王帅殷之叛国以事纣，唯知时也。'"就这句话来分析，文王前后阶段的形象是有所不同的，即前期是以顺民的姿态出现，而后期则以强者的身份行事。因为后期文王已经拥有了三分天下有其二的强大实力，所以敢于假天命称王而纣竟无力控制。例如《尚书·商书·西伯戡黎》："殷始咎周，周人乘黎。祖伊恐，奔告于受（纣），作《西伯戡黎》。""黎"，又称"耆"，位于中原，与殷接壤，贤臣祖伊恐而奔告于纣，仅作一文而已。其文称"殷始咎周"，与史实不合。其实前期崇侯虎潜西伯于纣，所述周的情况当是实情。当时文王对殷确有威胁，被囚后，因周以美人、奇物、善马献纣而获释。续有祖伊患而告于朝，这时周已比较强盛，纣已无力采取任何有效措施。至于文王受命为殷征伐叛国的情况，孔颖达疏云："伏生《书传》云：'文王受命，一年断虞芮之质，二年伐邘，三年伐密须，四年伐犬夷，五年伐耆（黎），六年伐崇，七年而崩。'"关于文王受命问题，因其含意有二，特予以说明。

其一，受命于纣。近人对周原出土的甲骨中"彝周方伯"在解释上有分歧，我认为徐中舒师之说是正确的，遂从其说，其他诸说就不予以赘述了。至于徐师之说，见于《周原甲骨初论》，刊1982年5月出版的《四川大学学报丛刊》第十辑《古文字研究论文集》。其文曰："彝周方伯，即文王往殷王宗庙中拜受殷王新命为周方伯之事。"此说是无可非议的，该文肯定了文王在位的前期是受命于殷。

其二，受天赐之命，指文王后期的受命。这里引两条文献为证。

《尚书·周书·武成》云："我文考文王，克成厥勋，诞膺天命，以抚方夏……惟九年，大统未集。"《传》云："言我文德之父，能成其王，功大当天命，以抚绥四方中夏。"后又云："言诸侯归之，九年而卒，故大业未就。"这里是说文王受天命称王后，抚绥四方之民，天下诸侯来归。九年崩，惜尚未完成亡殷之天命，故曰大业未就耳！

《毛诗·大雅·文王》诗篇名，其序云："文王受命作周也。"郑氏笺云："受命，受天命而王天下，制立周邦。"

最后，再读一段孔颖达在《西伯戡黎》里的疏文："《正义》曰：襄四年《左传》云'文王率殷之叛国以事纣'，是率诸侯共事纣也。貌虽事纣，内秉王心，布德行威，有将王之意。而纣不能制，日益强大。今复克有黎国，迫近王圻，似有天助之力。故云'天已毕讫殷王之命'，言殷祚至此而毕，将欲化为周也。"这段评语确是文王率殷之叛国以事纣的真实写照。因为文王克黎后，周军确已迫近王圻，对纣威胁颇大，有如芒刺在背，大有朝不保夕之危，而纣又无力制之，仅写了一篇类似檄文的《西伯戡黎》，意欲能起到声讨文王的作用而使其有所收敛。而文王竟不予理会，次年即克崇，以报早年被囚之恨，同时亦拓宽了周之国土。我认为周强大以后，仍然率殷之叛国以事纣，很有可能是文王有意为之，而这带给纣莫大的威胁。综上所论，孔子给文王的至德之誉就难以成立。

（三）孔子的恩怨观

《论语·宪问》有云："或曰：'以德报怨，何如？'子曰：'何以报德？以直报怨，以德报德。'"疏云："既不许或人以德报怨，故陈其正法，言当以直道报仇怨，以恩德报德也。"这里充分表明了孔子的恩怨观，是坚决反对以德报怨，而主张当以直道报仇怨。何谓直道？这在《论语》里还有两条记载，即：《卫灵公》有曰："斯民也，三代之所以直道而行也。"《集解》曰："三代，夏、殷、周也。用民如此，无所阿私，所以云直道而行也。"《公冶长》有云："有君子之道四焉：……其养民也惠，其使民也义。"疏云："……'其养民也惠'者，三也，言爱养于民，振乏周无以恩惠也。'其使民也义'者，四也，义，宜也。言役使下民，皆于礼法得宜，不妨农也。"

从引文来看，孔子的恩怨观是特别注意惠民，使民均要做到礼法得宜，不能有损于民，体现了以仁治国的方略。笔者在此拟提出的问题是：孔子删诗书，对于其中有关殷末周初的史料，如文王与纣王交恶的记载等，自当是了如指掌。既如此，为何还把所谓率殷叛国以服事殷的文王，誉为有至德耶？为了求得孔子赞美文王之谜，我冥思苦想，同时亦检阅了一些有关书籍，均以失望而告终。当此黔驴技穷之际，我读到了清华大学秦晖教授新作《〈论语〉是怎么成为经典的？》（载于《南方周末》2007年7月12日）。文中对孔子做了正确的评价，而我也从中受到了很大的启迪，萌生了对孔子美文王这一问题的初步回答。虽非定论，但亦可供对此有兴趣的读者参考，故述于次。

该文的大意：孔子认为自己所处的时代礼坏乐崩、人心不古、世风日下，在伤感之余，立志誓必兴灭继绝，克己复礼，挽狂澜于既倒，复兴周公之道，重振"三代"文明。其重点是"吾从周"，即是要恢复周制。

据此我认为，既然孔子要恢复周制，因此就不能对亡殷兴周有功的第一人文王有所毁损，如若用贬辞去评价其貌似事殷的真相，则是极为不智之举。因为如此不仅有损于文王的良好形象，亦碍于自己恢复周制计划的推行。故孔子于两难之际，采用了自己所反对的以德报怨之说，评价文王之事殷是有至德的表现，这样就既无损于文王，又无碍恢复周制计划的推行，取得双利的效果，这当然是我一个偶然的奇想，聊备一说。果如是，孔子便难免有违心之嫌了。

（四）评《论语正义》的"至德"之说

《论语正义》系清人刘宝楠所作。他广收诸家之说，严谨考订，可谓是集《论语》注疏之大成。但亦有"智者千虑，必有一失"的情况，而这里所要谈的即是一失之例。

《论语正义·泰伯》云："文之服事，非畏殷也，亦非曰吾姑柔之，俟其恶盈而取之也。惟是冀纣之悔悟，俾无坠厥命已尔。终文之世，暨乎武王，而纣淫乱日益甚，是终自绝于天，不至灭亡不止也。是故文之终服事也，至德也；武之不终服事也，纣为之也，亦无损于至德也。"

《论语正义》这段对至德的评述，是把文武分开来谈，其结论是殷亡乃纣自取也，非亡于武王也，故无损于文王之至德。其说值得商榷。

《论语正义》认为文王并不是畏纣，亦非待其恶盈而灭之，乃是希望纣能改弦更张，俾免亡国之祸。我认为《论语正义》作者把文王描写成愚忠的形象，这纯属虚构，与史实不符。关于文王事殷是心服抑或貌服，前文已论述，这里就不赘述了。

关于武王的问题，《论语正义》认为武王亡殷并非承文王之业，而是由于纣有重罪而亡之，这亦与史实不符，应予以论证否定，以还历史本来面貌。这里有必要重温有关记载。

《史记·周本纪》云："武王自称太子发，言奉文王以伐，不敢自专。"继云："居二年，闻纣昏乱暴虐滋甚，杀王子比干，囚箕子。太师疵、少师彊抱其乐器而奔周。于是武王遍告诸侯曰：'殷有重罪，不可以不毕伐.'乃遵文王,遂率戎车三百乘,虎贲三千人,甲士四万五千人,以东伐纣。"由此可见,武王灭殷并非自作主张,而是确有文王遗言。武王自然就没有必要再继续事殷而与纣虚与周旋了。

关于殷亡乃纣自取的问题。此说与"国必自伐,而后人伐之"的说法相类,相对来说是可以成立的。可是另一面"而后人伐之"的外因亦是不能忽视的。若就当时的形势而论,已是文王后期国力强大,兼之天下民心归周,若能举起伐纣大旗,亡殷是指日可待的。后来"不期而会盟津者八百诸侯",就是很好的证明。不过武王为了等待最佳的伐纣之机,把其时后推亦是明智的,所以当时的外因是占了绝对的优势。

武王在位仅四年(据《夏商周年表》),能在如此短暂的时限里完成文王未完之亡殷大业是极为难能可贵的,所以得到了历史的充分肯定。如《毛诗正义·大雅》的记载:《下武》序曰:"继文也,武王有圣德,复受天命,能昭先人之功焉。"郑氏笺云:"继文者,继文王之王业而成之。"《文王有声》序曰:"继伐也,武王能广文王之声,卒其伐功也。"郑氏笺云:"继伐者,文王伐崇,而武王伐纣。"

这就足以证明,武王伐纣不仅是遵文王之遗言,而且也是受命于天而有圣德之誉。因此文武之遗承情况可谓文规武随。据此可见,《论语正义》作者所谓武王与文王无关之说,应予否定。

(五)为"至德"另立新说

本文的观点,主要是不同意孔子依据文王率纣之叛国服事于殷和文王在天下三分有其二的优势下尚能事殷,而赞誉其有至德,这在前文已有详论。可是,从另一个层面而论,文王也是有至德的,故在此另立新说,以求教于同人。

所谓从另一个层面而论,即是用现在科学的唯物史观,从社会发展的动态来看,文、武均有重要的贡献。因为文王在位的五十年间,为亡殷兴周而呕心沥血,费尽心思铺平道路,谢世后由武王成其大业。这不是一般的改朝换代,而是奴隶社会制度由渐变到突变,飞跃进入到另一个新兴的封建社会制度的转型过程。文王、武王在亡殷兴周的同时，解放了生活在水深火热之中的奴隶，为他们造福匪浅，其后的成康亦得以享其余荫。

此外，在龚书铎总主编的《中国社会通史》中，亦有对西周历史贡献的评价。我认为这与文武之功是分不开的，特录于此以供读者参考。文曰：

> 总结完善夏殷之礼，以宗法人伦为核心，彻底构建价值观念和等级秩序的礼文化，是西周奉献给中华文明的最高创造。……造成周天子以既是政主又是宗主的双重身份而统领天下的政局，并因而确立天下一家的国家观念，则系西周对中国社会历史的又一大贡献。

既然文王对社会历史有如此大的贡献，赞以"至德"之誉则当之无愧，其谁曰不宜耶！

二、灵德

灵德见于《毛诗正义·大雅·灵台》的诗序里，即"民始附也。文王受命，而民乐其有灵德，以及鸟兽昆虫焉。"下面便谈谈有关灵德的问题。

据《礼统》云："夏为清台，商为神台，周为灵台。"可见灵台之制夏商即已有之，不过仅名称不同耳！其台之意义安在？《五经异义》云："天子有三台：灵台以观天文，时台以观四时施化，囿台以观鸟兽鱼鳖。诸侯卑，不得观天文，无灵台，但有时台、囿台也。"这表明灵台是唯有天子才能享有的极为重要的特殊建筑。再结合《灵台》诗的序来看，天子观天文当是观察日月星辰等自然现象，可是当时的科学不太发达，致将属于地理的风、云、雨、露、霜、雪等现象概属于天文。文王根据观察到的不同情况，及时采取了有效措施，使人民获益良多，所以人民认为文王有灵德，即神灵之德。

这里需要特别说明的乃是关于"民始附也"的理解问题。我认为这里所指的始附之民，当是指归周诸侯之民。既然其民早已从君归周矣，当可视为随君而附周矣，为何在灵台建造时方称"民始附也"？这岂不与实际情况不符？其实这里边隐藏着一个重要的民心得失问题，这在孔颖达的疏里有比较正确的理解：

> 文王嗣为西伯，三分天下而有其二，则为民所从，事应久矣。而于作台之时，始言民附者，三分有二，诸侯之君从文王耳。其民从君而来，其心未见灵德。至于作台之日，民心始知，故言始附，谓心附之也。往前则貌附之耳！

这就表明，从君而来之民，其时因未见文王之灵德而貌附之。文王可能有鉴于此，即假天命而建灵台，用以为民求福，民遂乐而参与其事，故《诗》云："经之营之，庶民攻之，不日成之。"疏云："民悦其德，自劝其事，是民心附之也。"《孟子·梁惠王》亦云："文王以民力为台为沼，而民欢乐之，谓其台曰'灵台'，谓其沼曰'灵沼'。"可见文王对惠民之业极为重视，亦是其遵祖业的表现。这在《史记·周本纪》中记载较详：

> 西伯曰文王，遵后稷、公刘之业，则古公、公季之法，笃仁，敬老，慈少。礼下贤者，日中不暇食以待士，士以此多归之。伯夷、叔齐在孤竹，闻西伯善养老，盍往归之。太颠、闳夭、散宜生、鬻子、辛甲大夫之徒皆往归之。

这些来归者，多系当时所称的"仁人"，后为兴周做出重要贡献。如《孟子·尽心上》云："太公辟纣，居东海之滨，闻文王作，兴曰：'盍归乎来！吾闻西伯善养老者。'天下有善养老，则仁人以为己归矣。"太公即吕尚,一名姜子牙;归周后,辅佐文王、武王灭商。这证明文王行养老之制是极为成功的。

再就文王宽民之政来看,《尚书·周书·康诰》:"惟文王之敬忌,乃裕民曰:'我惟有及。则予一人以怿。'"疏曰:"汝用宽民之道,当思惟念用文王之所敬畏而法之。汝以此行宽民之政,曰:'我愿惟有及于古。'则我一人天子以此悦怿汝德矣,汝惟宜勤之。"这里所说的裕民、宽民均是指对人民收税要有所节制,让农民有一定的积蓄,生活过得宽裕一些,以激发其劳动兴趣。此举不仅可以取得民心,亦可视为封建社会制度的萌芽,即统治者对人民的让步。

《尚书·周书·无逸》云:"文王卑服,即康功田功。徽柔懿恭,怀保小民,惠鲜鳏寡。"疏云:"文王又卑薄衣服,以就其安人之功与治田之功。以美道柔和其民,以美政恭待其民,以此民归之。以美政恭民之故,故小民安之。又加恩惠于鲜乏鳏寡之人。"这是周公以文王之政绩教诲成王的话,希望成王能继承文王之遗业,并发扬光大,使周之政权得以长治久安。所以这虽是文王给姬姓子孙遗留的重要财富,但亦可为后世之鉴。

最后,谈一点有关殷民来归的情况。《尚书·周书·召诰》云:"(殷民)夫知保抱携持厥妇子,以哀吁天,徂厥亡,出执。"《孔氏传》云:"言困于虐政,夫知保抱其子,携持其妻,以哀号呼天,告冤无辜,往其逃亡,出见执杀,无地自容,所以穷。"这是召公教育成王时所谈的。纣王行暴政,使百姓懔懔,朝不保夕,迫使大量殷民冒险亡周。就以上所述来看,周之兴在于得民心,殷之亡在于失民心。两千多年前的孟子,即已有这样的理解。《大学》亦云:"尧舜率天下以仁,而民从之;桀纣率天下以暴,而民从之。其所令反其所好,而民不从。"古人不厌其烦地谈行仁政以惠民,其用心何其良苦。但是施行仁政受益最多的并非人民,而是皇族和贵族,盖人民所求者,仅是温饱安居而已!

随笔

我对文物工作中的"重点保护，重点发掘"方针的体会

西南考古研究的硕果——在"童恩正教授学术思想座谈会"上的发言

为博物馆事业作出可贵奉献的冯汉骥教授

鞠躬尽瘁 高山仰止——缅怀沈仲常先生

笔谈三星堆——共同营造三星堆文化研究园地

古蜀史研究的一项拓荒工程——评段渝《玉垒浮云变古今——古代的蜀国》

从历史上看开发全兴新品的优势

古蜀文明研究的新收获——评黄剑华新著《古蜀的辉煌》

祝《四川文物》创刊20周年纪念

我对文物工作中的"重点保护，重点发掘"方针的体会

今年《文物参考资料》第四期刊出《在配合基建清理发掘工作中必须贯彻"重点发掘"的方针》一文，我读了后亦有一点类似的体会。的确，在我们新兴的考古工作中是普遍地存在着任务繁重与主观力量不足的矛盾的。为了克服这个矛盾，我们认为《文物参考资料》编者号召考古工作者对这个问题"展开讨论，使得我们在今后的实际工作中能有更明确的认识"，完全是必要的、适时的和正确的。而在迎接即将来临的黄河规划的考古工作中，尤其需要全国文物工作者密切地团结起来，发挥潜在力量，贯彻"重点保护，重点发掘"方针。

如何才能使这个方针紧密地结合各地的不同情况，正确贯彻到实际的考古工作中去？即是说，在执行中，如何既不妨碍基建工程的进度，亦不让地下珍贵的民族文化遗产遭受不应有的损失？这必须要坚决克服"遍地开花""贵远贱近"和"重大轻小"等各色各样的资产阶级思想，同时又必须预先在工程地区进行详细的调查研究，然后分别轻重缓急予以处置，这样才能正确地贯彻这个方针。

四川以往在配合基建工程的清理中，发现的汉墓百分之九十以上是被扰乱的，很难得到有系统的完整资料。而宋、明两代墓葬，虽然完

整的比较多，但出土的遗物和墓室结构，都是千篇一律。至于古代文化遗址，则发现很少。仅有昭化县宝轮镇上和重庆铜罐驿冬笋坝的战国末至西汉初期的墓葬群，宝成铁路绵阳县新皂乡边堆山新石器时代遗址，成都西郊青羊宫古代遗址等值得重视的几处。

研究古代历史，一方面要依赖于新出土的实物资料来补充文献记载的不足，另一方面还要与其他地区出土的文物进行比较研究，寻求彼此间的共通性和在时代上、地域上的某些差异性，从而找出发展规律。为了这个目的，我们必须认真贯彻"重点保护，重点发掘"方针，在配合基建工程过程中正确执行。以重庆铜罐驿冬笋坝和成都西郊青羊宫两处的清理工作为例。

冬笋坝主要墓葬的时期属于战国末叶至秦，由于这些墓葬在四川还是第一次发现，正能为四川秦前的历史提供一些研究资料，所以前西南博物院便以此地作为清理重点。在必须施工地区，预先进行了详细的勘查和研究，然后分别了轻重缓急，对于重要而又迫急的墓葬地点，在未施工前就进行清理。这种清理工作在工程之前提早进行的方式，正是结合地方具体情况，贯彻执行"重点发掘"方针的一个实例。这样不但可以保证在配合基建过程中清理发掘的科学性，亦不会妨碍工程的进行。

青羊宫的古遗址，有三个不同时代的文化层，初步推测，其中主要层次的年代是略早于冬笋坝的，约当殷周至春秋末叶，该层的主要遗物有西南地区首次发现的卜龟，它是极重要的研究资料，是值得我们注意的。去年配合基建工程曾进行了初步的清理，由于实际情况的需要，对遗迹保留较多，揭露面不广，不可能知其全貌。该地工程现在虽已结束，但是为了给四川古代文化的探讨提供一些较完整的资料，今后如条件可能，仍可以对这遗址再做有计划的发掘。

原载《文物参考资料》1955年第12期

西南考古研究的硕果

——在"童恩正教授学术思想座谈会"上的发言

4月20日童恩正教授逝世的噩耗传来，我们感到无比的震惊和悲痛，真不敢相信这是一条真实的消息。噫！天何不悯而歼斯人。童恩正是新中国培养出来的才华横溢的第一代著名考古学家、民族学家、文学家。我同他在考古工作战线上并肩工作了四十年，相交了四十年，知之较深。我认为他在考古学上某些方面的成就，可谓"获出群卓越之伦"，为西南考古学界之"白眉"。我记得在1995年他回国时，是我同他最后一次见面。我同肖宗弟同志（当时任省文化厅文物处处长，是恩正川大同班同学）陪他去广汉考察三星堆考古现场，去什邡考察船棺葬出土文物，我们三人便同乘一车，借此我向他请教了一些国外考古学理论最新的发展情况和自己的看法，他详细地予以介绍，使孤陋寡闻的我茅塞顿开，真所谓"与君同车一席话，胜读十年书"，我的敬畏之心油然而生，曰："恩正，余之畏友也，赐以五色鲜。"童恩正教授的不幸逝世是我省、西南以及我国考古学界不可弥补的重大损失。6月15日接罗二虎老师电邀参加由省、市文博、历史学界于6月17日召开的"童恩正教授学术思想座谈会"，并嘱发言，我欣然应命。原拟就考古学方面来多谈点童恩正教授所作的重要贡献，惜在查阅其大作时竟无所获。由于时间紧，无暇再查有关资料，因此，只好仅就记忆所及谈谈童恩正教授在西南考古学研究方面所作出的重大成就，正如《易·剥》所云："上九，硕果不食"，用以表达我对他的缅怀和哀悼。下面就宏观和微观两个方面来略谈一下我对恩正的认识和理解。

一、宏观方面的两篇文章

第一篇是《西南考古与西南夷》。这篇文章是他为第一次赴美进行学术交流而准备的。五万余字。他行前送我一本，我读后认为，此文的成功首先是抓住了西南考古学研究的主要问题，因为研究西南考古必须与西南夷结合，否则就不能达到为西南夷复原其文化、历史的重要目的。其次是研究方面，文章是把西南不同地区的有关考古发现与文献记载的西南夷，按时间和空间原则，分别把两两相同的（或接近的）材料结合起来进行分析研究，求出不同考古发现的不同族属，从而为复原西南的文化、历史奠定了坚实的基础，迈出了可喜的第一步。要迈出这一步不是轻而易举的事，而是要充分掌握考古和文献的有关资料，而且要有很强的驾驭资料的能力，否则绝对写不出如此广大无垠、气势磅礴的大文章。

第二篇是《试谈古代四川与东南亚文明的关系》（载《文物》1983年第9期）。我首先接触到的是此文发表前的点滴情况。记得1981年秋冬之际在昆明召开的"中国西南民族研究学会首届年会暨成立大会"行将闭幕之时，童恩正教授访美归来，赶赴昆明参加大会的闭幕式，因此大会只能给他安排十分钟的发言时间，而他仅在如此短的发言时间里，以《古代四川与东南亚文明》为题，很好地表达了自己的观点，与会者给予了很高评价，我也有同感。是夜云南的同行李伟卿先生请童恩正、李绍明、席克定和我小酌，席间我对他说："恩正，你今天的简短发言不仅题目很新，而且内容也很重要，期能早日读到你的大作。"他表示要尽力而为。次年9月在《文物》上读到了他这篇大作。我认为这篇文章的重要意义就是在于作者运用了大量的中外考古资料和文献记载澄清了被歪曲的历史事实。因为，过去有些外国学者有意认为中国西南的古代文化不是土著文化，其原生地是他们的东南亚地区，这一学说当然是别有用心的，对我国是十分不利的，所以必须予以驳斥。恩正首先起来高举反对该学说的旗帜，实在是难能可贵的，对国家、民族和学术均作出了很有价值的贡献。即使在目前情况下，也应把考古的研究领域从国内拓展到国外，以帮助解决国际间的有关历史、文化问题。这也是必须予以注意的课题。

二、微观方面的两篇文章

《我国西南地区青铜剑的研究》和《我国西南地区青铜戈的研究》。因这两篇文章的内容性质相类，我们就把它合在一起谈。虽然文章论述的是一类文物，但却从过去的就文物论文物的研究方法扩展到联系有关问题加以论述分析。所以从文章的题目来看，似乎是两篇微观方面的文章，但相对而论，它的内容却比有些仅仅是研究文物的文章，要宽广得多，从而解决的问题也要多得多，重要得多，实际上是宏观方面的文章。例如两文中除了对剑、戈本身的铸造、成分、型式分类、纹饰和时代等的研究外，还涉及它的流通领域、使用民族的历史和文化，以及各民族之间的文化交流等较大问题。这为复原"西南夷"的历史、文化无疑起到重要作用。这种"小题大做"的研究方法，是值得我们学习的。

我要说的就是这些了。不过童恩正教授痴迷考古事业，对西南地区所作的贡献自然远不止此。例如，他与林向教授合作的理县箭山寨新石器时代遗址的发掘，巴塘石棺葬的发掘，西昌地区大石墓的发掘，以及云南六江流域的考古调查等工作，这里就不详细列举了。但必须说明的一点是，凡是他所做过的田野考古发掘、调查工作，他都有报告、文章发表，这种对工作高度负责的精神，是非常值得称颂的。

恩正先我而走了，遗留了很多未竟的事业，这就需要由有关的学术界（历史学、考古学、民族学）来沿着他开拓的学术道路继续前进，予以完成，这才是最有意义的缅怀。我年事已高，菟裘终老和兔窟隐居绝非我之所愿，而是要奋起追随于同行之后，为完成恩正的未竟事业做点力所能及的工作，为考古学事业作点奉献。

原载《农业考古》1997年第3期

为博物馆事业作出可贵奉献的冯汉骥教授[①]

　　冯汉骥先生，字伯良，1899年出生于湖北省宜昌县，1977年3月，因病医治无效逝世于成都，享年七十八岁。先生是我国著名的考古学家、人类学家、社会学家、教育家和博物馆学家，学贯中西，昌明博大，盛世元音。我们在中华人民共和国成立前分别在四川大学、华西协合大学受业于先生门下，中华人民共和国成立后有幸又在先生领导的前西南博物院和四川省博物馆工作，继续受到他不倦的教诲，受益良多。我们深感40余年"如时化雨"之恩，自是铭刻肺腑，永志不忘。值此先生百岁诞辰之际，特就先生在博物馆事业上的可贵奉献撰此短文，以资缅怀。

一、四川省博物馆

　　1940年，四川省拟建博物馆，成立了筹建委员会，先生被推为主任，积极开展筹备工作，次年3月四川博物馆正式成立，先生任馆长。馆址设在成都皇城之明远楼，由于当时日机频繁对成都市区进行狂轰滥

[①]　本文由王家祐、李复华合著。

炸，而皇城地处市区中心，首当其冲，有一次炸弹就落在明远楼后的三四十米处。因此，被迫将博物馆疏散到郫县犀浦场外北里许的东岳庙内，稍加整理即将馆藏宗教石刻造像展出，用以对广大乡镇群众进行爱国主义的教育，我们曾去参观学习。这是我省有史以来由省博物馆首次举办的专题展览。1942—1943 年，当时博物馆人员少（仅五六人），经费不足，在此困难情况下，先生仍坚持了文物的征集工作，直至中华人民共和国成立前夕，馆里已有近两万件的藏品。据当时在博物馆工作的刘廷璧老学长见告：撤离成都前夕，伪省政府拟对博物馆职工每人发给三月工资予以遣散，令其各奔前程，自寻生路。先生当即对全馆职工说：你们不要走，把文物保管好，共产党来了还是要保护文物办博物馆的。因此，职工们便放心地留下来，坚守工作岗位。成都解放后，作为馆长的冯汉骥先生向人民政府交出了一个完整的四川博物馆。

中华人民共和国成立之初，四川地区分成川东、川南、川西和川北四个省级行署，故四川博物馆亦随之更名为川西博物馆，仍以明远楼为馆址，馆长为谢无量先生。后谢先生调中央文史馆，馆长之职由秘书代行。1952 年秋四个行署仍合并为四川省，川西博物馆与其他三个行署之博物馆或其筹备处又随之合并为四川省博物馆。1955 年，西康省并入四川省，其下之博物馆筹备处也并入四川省博物馆。

1955 年，西南博物馆撤销，先生由渝调蓉，仍任四川省博物馆馆长。先生有鉴于四川文物单位重叠，专业人员分散，难以适应日益发展的文博事业的需要，因此，向四川省文化局（即后之文化厅）主管文博工作的彭长登同志建议对文博单位和人员进行必要的调整和改革，旋即得到领导的采纳，并予以逐步实施。

1955 年，四川省文化局抽调原西南博物馆的主要业务人员分别到四川省博物馆和四川省文物管理委员会任职。1956 年 12 月又将文管会之田野工作组及其人员全部拨为四川省博物馆下属，称四川省考古工作队。1958 年 8 月，四川省文管会所留之地面文物工作人员亦全部并入四川省博物馆，成立一个文管会办公室，仍负责全省地面文物的保管工作。调整后便解决了过去省里的文博考古工作长期没有高级专家具体领导的问题。而先生也没有辜负党的信任和委托，在八九年的时间里，他默默无闻地为四川省文博考古事业作出可贵的奉献，成绩显著。

冯汉骥先生不仅是一个深受中国传统文化熏陶的人，而且又是善于吸收西方文化精华的学者，可说是融中西文化精粹于一身的哲人，有很高的修养。他自1937年入川直到1977年，均未离开过大学的讲台，从事着美好的教书育人的事业，可谓桃李满园。不仅如此，先生在领导博物馆工作期间，也非常注意对专业人员的培养教育。他不定期地向全馆同志作学术报告，以提高其工作能力和研究水平。他从不发空论，而是言之有物，常有独到见解；从不夸夸其谈，而是以身示范。如先生在报告到我国原始文化的发源问题时说：我国原始文化的发源地区（过去多认为仅限于黄河流域），我认为长江流域的自然地理条件并不比黄河流域差，亦是适合于原始人类的生息和创造其文化的。由于目前的发掘不够，所以这里尚无原始文化遗存的发现，我想以后也许会有所发现，证明我这个设想推测是正确的。后来的发现竟果如此言，可见其推测不是主观的臆断，而是有其科学依据的。先生谈他的治学方法时说：在研究探索一个问题前，最好是能根据自己初步掌握的材料进行研究分析，即能得出一个设想，然后带着这个设想进行深入的研究，若在探索过程中发现有问题时，应立即修正，再继续研究。其结果有二：一是证明最后结论与原来的设想的相同，这当然很好；二是经过多次的修改后，其结论与原来的设想完全不同，这也是可能出现的正常情况，是容许的，不必感到不安。

先生在平时均要到各部室走走看看，了解一下工作情况，有时还坐下来与同志们谈一些学术问题，我们也得到了极大的启示。所以，博物馆的业务员无不出于先生门下。

为了工作和科研的需要，先生力主建立图书资料室，并立即进行。至1977年，先生不幸逝世后，其子冯世美先生遵其嘱将其藏书全部捐赠给博物馆。至此，馆里的藏书竟达到了约有十万册之多，基本上满足了工作和研究的需要。

先生对库房文物保管是非常重视的，除定期到库房了解保管工作情况外，还针对不同文物的保养提出了一些可行的方法，如防潮、防虫、通风、采光和翻晾等的具体指导，收到了良好的文物保护效果。先生对文物的登记、制卡和编目入库等一套办法，有自己的主张。如编目问题，曾听先生对保管同志说：博物馆藏品的编目，自然不必像图书编目那样的严格要求，但亦要做到提取方便。分类要大纲宜简，子目宜繁，门类更不能彼此互含，如过去在《文物参考资料》上发表的文物分类编目方案里，就出现有金属类与铜器类并列、互含的不科学现象。四川省博物馆库房使用的文物分类编目法，即是在他指导下编写成的，可见先生于目录学有很深功力。

先生对古代书画则情有独钟，在收购文物工作中特别注意书画的收购，每次收购鉴定会，他均尽可能地拨冗参加。他的鉴定水平很高，主张侧重在书画的精与不精，而真与不真倒是次要的。在先生领导博物馆的十年中，收到了不少书画精品。据云在全国省级博物馆中，就书画之收藏而言，四川省博物馆是名列前茅的，并多次得到中央文物鉴定组的好评。

考古工作在先生的直接领导下，十年中取得了非常可喜的重大成绩。他对考古工作的全过程，即野外的调查发掘、室内的整理、编写报告和研究等均必须亲自过问。每有发掘工地，即力争能赴现场指导，若遇重要发现，便留宿工地，以便根据发掘过程中的变化及时作出处理，保障发掘的科学性。据参加过宝轮院战国船棺葬发掘工作的于豪亮同志见告：当时正当盛夏季节，先生与同志们住在条件很差的鸡毛店里，每天坚持与大家一道冒着酷暑上工地看坑，直到发掘结束。回来不久即开始整理和编写报告的工作，其中参加报告编写的有杨有润、王家祐，最后由先生审订修改，并增写了一篇论证精辟的结论，先在《考古学报》上刊出，后以《四川省船棺葬发掘报告》之名由文物出版社出版。先生当时已是近花甲的高龄人，尚不畏田野工作之苦而亲临指导，这种精神无疑是对吾侪后学很好的身教。先生上工地还有一件必须例行的事，那就是自己破钞请工地同志们吃佳肴饮美酒，以示慰问。席间觥筹交错，边吃边谈有关发掘问题，欢声笑语，其乐融融。此亦一张一弛，文武之道也。

在冯先生领导下，四川省博物馆在十年考古工作中取得了若干重大收获，主要有：

1953—1957年，清理了成都外北羊子山文化遗存。羊子山是自战国至明代的丛葬地，发掘至羊子山土堆的中心部位时，发现一座大型土台，系用未经烧制的土砖砌成。据考其时代可能是西周，是当时蜀国统治者用于祭礼之坛。如此大型之祭坛在国内实属罕见，具有很高的科学价值。土台是建筑在殷周之际的石质制品的加工场上的，并有多件旧石器出土。羊子山的考古发掘收获，所涉及时代几乎可以从旧石器时代至明代，所以有人称羊子山是一部"成都考古学"。

1957—1958年，在新繁水观音遗址发现一群相当于殷商时期的墓葬。继又由王家祐于1959年在彭县竹瓦街发现西周时期的铜器窖藏一座，先生写有《四川彭县出土的铜器》（载《文物》1980年第12期）一文，提出了很有创见的观点（后来在20世纪80年代初于同一地点发现另一座窖藏）。四川省博物馆与四川大学考古专业班合作于1963年在广汉月亮湾进行野外实习的发掘工作，也取得了可喜的收获。

以上发现是研究蜀文化以及与中原商周文化关系的极为重要的资料。先生有次来我们历史部，很高兴很风趣地对大家说：现在蜀文化的考古工作只按住了头（指西周以前的发现）和尾（指战国、秦代和汉初的发现），而没有发现身子（指西周至战国间的缺环）。这是先生在总结过去的工作成绩，指出以后的工作重点，即是说要加大弥补缺环的工作力度，非常及时地布置了以后的工作。

1959年，长江三峡水库调查发现了巫山大溪新石器时代遗址，旋即派杨有润、沈仲常两同志率队对遗址进行发掘，后又先后进行过两次发掘，四川大学考古专业亦有师生参加，清理了一批新石器时代墓葬，出土大量具有特殊风格的文物，为研究长江中游原始文化提供了前所未有的重要资料。后由先生高足林向教授命名此文化为"大溪文化"。

1959年，在忠县㽏井沟发现一处较大溪文化略晚的另外一种文化的遗址，为研究早期巴文化的有关问题提供了珍贵的物证。

民族地区的考古工作，先生亦极为重视。如岷江上游的石棺葬就是先生在中华人民共和国成立前调查发掘，并命名为"石棺葬文化"的。中华人民共和国成立后，考古人员在先生领导下对岷江上游的石棺葬进行过多次大规模的清理工作。西昌和昭觉等地区的石棺墓与大石墓的发掘工作，也多是利用四川大学考古专业师生野外实习之机，与四川省博物馆合作进行的。甘孜地区巴塘的石棺墓则是在先生领导下，由童恩正教授调查、清理的。珙县的僰人悬棺清理了10座。

上述的考古收获，均与四川历史发展（包括有关民族）密切相关，是历史研究不可缺少的重要物证，是先生对四川作出的很有价值的考古学方面的奉献。

二、永陵博物馆

1942年，四川省博物馆与历史语言研究所联合发掘王建墓，该所参加者有吴金鼎和王振铎两位先生，由冯汉骥馆长负责，这是我国第一座经科学考古发掘的帝陵，其意义十分重大。经发掘表明该墓虽早年被盗，但尚保留一些有重要研究价值的遗物，如哀册、谥册、玉玺、大带，以及一套完整的石刻伎乐、王建石刻坐像、半身石刻力士像和砖石结构的墓室建筑。这些文物是研究唐末五代的帝王葬制、石刻艺术和建筑艺术等的极为珍贵的考古资料。

王建墓在中华人民共和国成立之初由四川省博物馆管理，旋即交给成都市文化局管理，并成立王建墓管理所。后来，成为王建墓博物馆，至1998年秋，经国家文物局批准更名为永陵博物馆。永陵博物馆之有今天，冯先生之功是不可磨灭的。首先是他主持的永陵发掘，为建馆提供了必不可少的物质基础，用今天的语言来说这是硬件。而软件则是先生关于永陵的一批著作，如《前蜀王建墓发掘报告》（文物出版社1964年出版）以及《永陵——王建墓的发现及发掘》《相如琴台与王建永陵》《驾头考》《前蜀王建墓内石刻伎乐考》《王建墓内出土"大带"考》《前蜀王建墓出土的平脱漆器及银铅胎漆器》等报告与论文，为永陵博物馆工作和研究奠定了基础。

三、西南博物院

1951年3月，西南文教部楚图南部长主持建立西南博物院筹备委员会，主要由冯先生负责筹备工作。当时工作伊始，便显得十分繁忙和紧张，既要选聘特色人才，组建班子；又要征集文物建立库房，并不断予以充实；同时要配合基建工程开展大规模的文物保护工作。据华西大学杨啸谷教授见告：他于1951年3月下旬，应西南文教部之邀，与冯汉骥、徐中舒、蒙文通等教授乘专机飞渝，参加一次大型的、所收文物将成为西南院首批文物藏品的鉴定会。7至8月召开筹备委员会会议，研究决定了有关筹备事务。10月任命徐中舒为院长，冯汉骥、周素园为副院长（周未到职），邓少琴为秘书长，西南博物院宣布成立，院址在重庆市内临江门中华路。

首先，冯先生派王家祐办理王治易、卫聚贤、白隆平等捐献文物的接收手续，加上申彦澄的捐献，共有两万多件文物。此外，还加购了一件白隆平收藏的珍贵的战国天秤（又称"楚衡"）。同时，配合成渝铁路修建工程进行文物保护工作，"资阳人"便是在此工程中出土的。

1952年7月，在先生主持下，开始在重庆桂花园新建院址，同时修建文物库房，以便藏品能得到很好的保护管理。可见先生对保护文物的工作是何等的重视。

同年7月，李复华因公经渝，住在院里，亲见徐中舒、冯汉骥、邓少琴三位老人率领业务人员，在酷热高温中，为院里举办第一次文物展览而工作到深夜，并亲自参加说明的撰写工作。三老这种对博物事业的执着奉献精神，极为可贵。

1952年，西南文教部、四川省文化局和天（宝）成铁路主管部门联合成立"天成铁路文物古迹保护委员会"，冯先生任副主任委员。并在铁路工程主管部门之政治部下设文物保护组，由先生直接领导，负责具体的文物保护宣传和考古工作。其组员除本院的考古人员全体参加外，还抽调了重庆、四川和贵州等省、市的专业人员参加，我们亦为组员。

1953年初，便开始绵阳至广元朝天镇铁路工程段的文物保护的宣传工作，不久即转入了考古的田野工作。

配合建路工程，在不到两年的时间里，考古工作取得了不小的成绩。陕西阳平关出土"朔宁王太后玺"金印，此印当是西汉末东汉初隗纯为王时其母（隗嚣妻）之印；广元出土五代墓志一方，其志文有与武则天出生地相关的记载，这是两件极为珍贵的文物，有很高的研究价值。绵阳边堆山发现一处新石器时代遗址，这为蜀地原始社会考古工作翻开了可喜的第一页。在墓葬方面重要的发现有：广元宝轮院的战国船棺葬，以及广元、梓潼的大批六朝崖墓，为四川增添了新的文物品类，如战国铜器和六朝青瓷便是过去没有出土的。此外，关于广元千佛崖和皇泽寺的唐代摩崖造像的保护问题，因广元段的铁路线，原测定是非常靠近这两处造像的，很不利于文物的保护，后经先生多次向铁路工程领导说明，终于达到了改线保护文物的目的。1954年6月在四川省博物馆陈列室举办了"宝成铁路工程文物保护汇报展览"，得到了有关方面领导和群众的充分肯定。

1953年，先生发现原巴县旧档案，涉及时段从清乾隆至抗战前，约10万件，经整理后移交四川省有关部门保存，为清史、近现代史研究提供了科学的档案资料。

冯先生在西南博物院的五年中，为西南地区做了大量的有意义的工作，而上面所列举的仅是四川的一部分，至于在滇、黔所做的工作，这里就不赘述了。西南博物院1954年由重庆中华路迁到桂花园新址，旋因故又迁至枇杷山公园内。1955年因西南大区撤销，西南博物院亦随即交由重庆市文化局领导，更名为重庆市博物馆。

从以上所述，可见自1940年至1977年的近40年里，四川的博物馆事业，从筚路蓝缕发展到现在的有所成就，均无不是冯汉骥先生用大量心血浇灌的结果，我们这篇短文实难以志其万一，深有愧于先生在天之灵，颇感内疚啊！

原载《中华文化论坛》1999年第3期

鞠躬尽瘁　高山仰止

——缅怀沈仲常先生[①]

　　沈仲常先生（1921.7—2000.1），成都人，系四川省考古学界继冯汉骥先生之后的重要开拓者之一。先生去年11月曾和我们一起参加在成都召开的中国考古学会第十次年会，当时他虽然身体略有不适，但看来尚无大碍。岂料仅两月后，先生竟不幸溘然与世长辞，考古学界诸同仁惊闻噩耗，不胜悲痛。

　　沈仲常先生早年毕业于齐鲁大学历史系，继入南京图书馆，负责善本书之保管和整理工作。其后，考入中央大学历史系攻读研究生学位，旋转入四川大学，受业于导师徐中舒教授，继续攻读历史学。1951年毕业分配在前西南博物院，开始从事考古工作。1953年7月，被派去中央文化部举办的考古工作人员训练班二期学习，年底回院。1954年西南大区撤销，博物院改为重庆市博物馆，其考古工作人员则有调派四川省文物管理委员会者，以加强四川省的考古工作，先生亦随之前来。此后，由于四川博物馆和四川省文物管理委员会的分合不常，先生也就先后在两单位任考古队副队长、队长和历史部（研究部）主任。1979

　　① 本文由李复华、黄家祥合著。

年被推选为中国考古学会理事，后连任至1988年退休。1986年被评为研究馆员，同年又被聘为四川省文物博物专业高级职称评审委员会评委，直至1997年。1988年先生在四川省文物考古研究所退休，但仍以老弱带病之身为四川省的考古事业辛勤劳动，做到了"鞠躬尽瘁，死而后已"。这样高尚纯真的职业道德精神，可谓"高山仰止"。现将先生之业绩简介于次。

一、行千里路田野考古

1953年初成立"宝成铁路工程文物保护委员会"，直隶铁路工程政治部，下设宣传组和技术组，由西南博物院负责。技术组则是抽调四川、贵州、重庆等省市的考古工作人员和院里的人员组成，负责铁路工程沿线文物保护工作。为了在工作中做到心中有数，由杨有润、沈仲常和龚廷万三人组成调查组，对全线进行文物考古调查。铁路线由绵阳往北便进入了高山地区，为了防止猛兽的伤害，他们在绵阳仿战国铜矛打制了一件铁矛，装长柄以防身，真可谓"古为今用"之范例。然后继续往北调查，翻山越岭，涉水过桥。那时的工作环境异常恶劣，条件非常艰苦，徒步的调查工作直至陕西省境内，历时月余，收获甚丰。这里介绍一件在调查中鲜为人知却有趣的误会：一天他们调查到江油境内，上午在大山中进行艰苦的踏勘调查，至近午则已疲惫不堪了，遂在一河滩石上休息，旋即在明媚春光的照耀下进入了梦乡。鼾睡中忽闻人声鼎沸，他们被惊醒了，见有数十农民，手持长枪、绳索，如临大敌，把他们围住，不知何故。农民见其已醒，便进行盘问，并欲予以拘捕。原来是农民把他们误认为台湾派来大陆的空降特务了，经出示证件和说明后，误会遂告冰释。从这一误会可以看出当时农民兄弟脑中对敌斗争和敌情观念的弦是绷得很紧的，亦说明此次调查工作的艰辛程度。其所获资料在后来的文物保护工作中发挥了重要的作用。

沈先生1954年调四川省文管会后，即配合官渠埝工程进行调查工作，并清理大批宋墓；继又在协助、指导赖有德同志调查东山灌溉渠工程中发现了西汉墓群。1958年四川省文化厅举办文物训练班，由沈先生和杨有润带领学员对长江三峡进行考古调查，发现了大批古代遗址和墓葬。其中特别重要的有巫山大溪新石器时代遗址，以及时代略晚的忠县眢井沟古遗址，并立即进行试掘，直至次年夏季结束。后来大溪遗址被命名为"大溪文化"，是长江流域的重要原始文化遗存，从而揭开了三峡的历史面纱，为后来三峡考古工作的大发展提供了重要的科学依据。

20世纪90年代，绵阳市发现一座大型西汉木椁墓，旋由省、市组队清理，工作中出现了一些问题。为了处理好问题，组织上邀请沈先生去做发掘现场顾问。他并无难色，欣然应命，立即以带病之身去工地，直至发掘结束。1998年广汉三星堆仁胜墓地发现后，先生应四川省考古所三星堆工作站邀请，带着多病之躯到工地现场。经察看后，他心情激动，当即就发表了自己的一些初步看法和建议。先生对考古事业的关注直至生命的最后一刻，当我们获知先生住院去看望他时，医院已下了病危通知，即使在输氧的情况下，他还对我们说："最近孙华给我说，他们在忠县发掘时，发现了屈家岭文化的地层堆积，很重要。"可见先生对考古事业是何等的热爱啊！

二、读万卷书科研有建树

沈仲常先生在科研方面，承袭了徐中舒先生的治学精神和方法，十分严谨、科学，为四川考古学做了大量有价值的工作。例如，为了编写发掘报告，沈先生在动笔前必须对发掘资料进行科学的整理和研究，再检阅有关文献，进而形成一些初步看法，然后进行编写。他在20世纪50年代发表在有关刊物上的报告包括广元、彰明、梓潼三处六朝墓葬的三篇清理简报。他后来又领衔主编了《四川涪陵地区小田溪战国土坑墓清理简报》和《成都凤凰山西汉木椁墓清理报告》等。这些便可以表明他深厚的功力。又如在《成都羊子山的晋代砖墓》这篇简报里，沈先生对首次发现的一扇石门所刻的持物人像予以探索后，认为人像所持之物是彗，当是反映《史记》中的《高祖本纪》和《孟子列传》里所记的汉代"拥彗"迎宾之礼俗，表明在晋代尚行此俗。

沈先生的论文有：《四川德阳出土的宋代银器简介》《三星堆二号祭祀坑青铜立人像初记》《蜀汉铜弩机》和《"告贷图"画像砖质疑》，以及与同辈合作的《关于"石棺葬文化"的几个问题》，与孙华合作的《关于四川"船棺葬"的族属问题》，与晚辈合作的《从新繁水观音遗址谈早期蜀文化的有关问题》，等等。沈先生首先提出三星堆遗址是早期蜀文化的观点，对四川考古学的发展起到了积极促进作用。

沈先生对四川考古学研究与田野考古成果的编辑、出版也十分重视。他曾在20世纪50至60年代为《文物》编辑过一期四川专号；20世纪60年代与人合作编辑《四川汉代陶俑》一书；继在20世纪80年代，他又编辑了《巴蜀考古论文集》，为四川考古学研究提供了重要的参考资料。特别应予提出的是，先生于1995年应四川省文物考古所之请，参与《巴蜀文化研究论文集》（第二集）、《四川文物》（增刊）和《三星堆祭祀坑》等的审稿、编辑工作，并建议增编一本《四川考古报告集》。同时，他不顾自身体弱多病和老伴瘫痪，亲自和同志们一道去什邡、广汉、荥经、雅安市区等地组稿。在年底的审稿中，沈先生不慎将左臂摔成骨折，他顾不上同志们劝其休息养伤的建议，竟带伤坚持到编辑结束。这次编辑的书籍，对考古学研究工作是非常有益的。此外，他还为博物馆做了大量工作，如多次主持和参与四川省博物馆举办的文物展览，这些文物展均收到了良好的社会效益。

沈先生自1951年毕业后就从事田野考古工作，至1988年退休，工作时间长，德高望重，在全川乃至国内考古学界均有一定的学术地位。他之所以能在田野考古事业上有所建树，成学成德，除受老一辈的陈寅恪、徐中舒、冯汉骥诸先生的治学思想影响外，还得益于其自身的成长历程。他从学生时代起就不断磨砺自己，养成朴实、谦恭、严谨的作

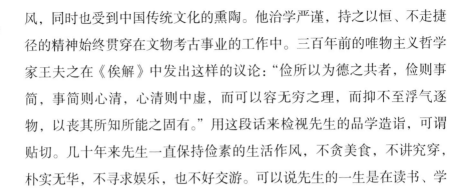

风，同时也受到中国传统文化的熏陶。他治学严谨，持之以恒、不走捷径的精神始终贯穿在文物考古事业的工作中。三百年前的唯物主义哲学家王夫之在《俟解》中发出这样的议论："俭所以为德之共者，俭则事简，事简则心清，心清则中虚，而可以容无穷之理，而抑不至浮气逐物，以丧其所知所能之固有。"用这段话来检视先生的品学造诣，可谓贴切。几十年来先生一直保持俭素的生活作风，不贪美食，不讲究穿，朴实无华，不寻求娱乐，也不好交游。可以说先生的一生是在读书、学习、科研中度过的，而从事这些工作就是先生的享受、娱乐。

三、为事业后学有追求

沈先生一生虽然没有在学校从事过专门的教书育人工作，但先生为四川文物考古事业的建设发展和培养有志此项事业的青年人倾注了大量心血。先生常以辛勤的汗水，浇灌芬芳桃李。在先生的倡导、主持下，为培养川北地区文物干部，提高地、县文物部门业务干部的水平，1973年广元举办了文物知识学习班，使当地和邻县负责文物工作的同志学到不少的专业知识。1975年南充地区举办了文物专业知识培训班，这次培训班的地点选在阆中和苍溪。先生根据两个县的办班情况和当地的历史文物情况，从实际出发，确定在阆中班学习的同志主要是学习古代历史文物专业知识，在苍溪班学习的同志主要学习革命历史和革命文物方面的知识。授课的老师也是由沈先生出面邀请。为使川西雅安地区文物工作有所进展，沈先生又两次在那里组织文物学习班。1978年在芦山、1981年在荥经举办的文物考古培训班，先生不仅自己上台讲授，还从四川大学历史系请来著名学者吴天墀、唐嘉弘教授讲授四川古代史、地方史和民族史等课程，学员们学到不少知识。在上田野考古与实习课程时，先生对学员更是悉心指导，使受训的文物干部业务水平大为提高，参加过学习的学员如当时芦山的钟坚、付良柱，宝兴的杨文成，石棉的张弗尘、及康生等人，在文物专业的业务水平上已是当地的中坚。值得称颂的是，这几次培训班上的老师们，包括先生在内，均不提任何条件，全是义务的讲授，且无经济上的补贴和束修等。先生通过以上几个培训班，使省内一些地、县文物工作上了一个台阶，这些地方的文物考古不断有发现与收获，促进了这一项事业的发展。

先生历来关怀青年后学，对社会遗才或有一技之长者，常予以支持，并向有关方面荐举，这亦是难能可贵的。20世纪70年代末80年代初，国家刚拨乱反正，各项工作逐渐走上正轨。这时一批年轻同志踏上了文物考古工作第一线，由于历史原因，这些年轻同志缺少文物考古工作应有的专业知识。先生是看在眼里急在心上，同时也在心里暗自筹划着如何培养这些年轻同志。先生平时对青年同志言传身教，有时在具体指导外，还根据每个年轻同志的特点，利用自己与省外的文博单位、科研机构和大专院校的关系，为他们学习古建筑和考古，提供系统学习、训练的机会。经先生大力帮助，至少有三人被送往中国社会科学院考古研究所绘图室学习考古绘图；两人去青海考古所学习野外考古发掘；一人去上海博物馆学习拓片技术。

对于一些有志于文物考古工作的外单位的青年同志，先生也是不遗余力地支持。恢复高考后，当时还在工厂当工人的彭裕商同志，矢志于古文字学方面的研究。他当时想报考北京大学裘锡圭先生的研究生，在沈先生一位亲戚的引见下来到先生住处。彭裕商向沈先生陈述自己想学习古文字、报考裘先生的研究生的愿望，并请沈先生帮助借阅《金文编》等古文字方面的书籍。先生在了解彭裕商的想法后，建议他报考四川大学徐中舒先生的古文字学研究生，并积极给予支持、帮助，使彭裕商如愿考取徐中舒教授的古文字学研究生。如今彭裕商先生已是四川大学古文字学博士生导师、学术带头人。彭裕商先生在学术上的成功，除自身不懈地努力与追求外，还与沈先生给予他的支持、帮助分不开。还有一位学习考古的青年后进，当先生发现其对古文字十分有兴趣时，同样给予热情的支持，指导他如何阅读古文字方面的书籍，并以自己的名义帮助借阅这方面书籍，如《金文编》《甲骨文编》《两周金文辞大系图录》《历代钟鼎彝器款识法帖》《殷墟卜辞综述》《殷墟文字记》等等，使考古专业的同志在研究古代文化遗存时注意与古文字方面的资料相合，扩大了考古遗存研究的视野与空间。先生对这些青年后学说："我是用最笨，但也是最有效的办法教你去读这些书。"可见先生对后学帮助之用心。再如孙华同志，他还在中学生时代，便对田野考古产生了十分浓厚的兴趣，曾利用假期自费跟随四川省文管会考古队的同志去野外进行考古调查。当孙华认识沈先生后，先生也无私地、积极地给予他关怀、指导。先生对孙华同志的执着、刻苦、聪慧、睿智十分赞赏，认为他将来必成大器。在孙华与沈先生交往的近三十年的时间中，孙华同志由绵阳地区文物干部考入北京大学成为商周考古专业邹衡教授的研究生，直到孙华先生成为北京大学文博学院考古系副主任，沈先生一直加倍地关怀、提携、奖掖他。他们每次相见，师生之情都溢于言表。记得有一首歌唱道："托出一个太阳，托出一个明天"，这正如先生将对事业的希望寄托在了晚辈们的身上。

沈先生是继冯汉骥先生之后四川省的考古学科带头人之一，在近半个世纪的文物考古工作与科学研究中，勤勤恳恳，忘我工作，两袖清风，堪称榜样。先生嘉惠青年，启迪后学，卓然师表，体现出中国传统文化中的优秀精神。先生虽然离开了我们，但先生人师风范、长者风度、道德文章将与世长存。谨以此短文表达我们对先生的敬仰与缅怀之情。

原载《成都文物》2001年第1期

笔谈三星堆

——共同营造三星堆文化研究园地

广汉的古代文化遗存，自1929年发现以来，迄今已有70余年。当其发现之初即受到了学术界的特别关注，遂于1934年对月亮湾遗址进行试掘，出土了很有价值的科学资料，这大概是我省考古工作采用科学发掘的"开宗明义第一章"吧。抗战初期，大批外地著名专家学者入川避难，得以看到成都白马寺附近出土的战国青铜器，由于其地方特征较浓而疑为古代巴蜀时期之物，卫聚贤先生据此提出了"巴蜀文化"的概念，这为我国考古学园地增加了新的文化内涵；旋又在其主编之《说文月刊》上，编辑一期"巴蜀文化专号"。后来华西大学教授郑德坤著有《四川古代文化史》一书，这为巴蜀文化的研究工作奠定了良好基础，为我省考古学的开展作出了很有价值的贡献。我之如此评价，盖由于这是一项筚路蓝缕的拓荒工作耳！

中华人民共和国成立以来的半个世纪，我省的考古事业与其他省市一样，在党和政府的正确领导和积极支持下，取得了重要的成绩，例如三星堆的惊人发现和成都地区几处新石器时代晚期城址的发现清理，其所获资料将对探索成都平原的原始文化、古蜀文化和复原其历史发挥重要的作用。三星堆发掘者陈德安同志，在去年12月22日的《蓉城今晚报》上提出了三星堆文化的"七大千古之谜",即是三星堆文化研究的主要内容,这是很有必要的。不过我认为这项工程浩大的研究工作,绝非一朝一夕和个别单位的少数人员所能完成的任务,而是要拓宽视野,扩展思路,期冀能得到省内外各个有关单位和同行的合作,以及自然科学领域有关专家的支持,经过一二代人甚至三代人的长期努力,共同营造这片温馨的研究园地,共同营造这个学术的博雅之园,否则,就难以取得令人满意的硕果。这绝不是我杞人忧天的悲观看法,也不是我的耸人听闻之语,而是实际上其难度就是非常之大。如不信,试看中华人民共和国成立以来的50年,不是已有了三代人吗?不是现在还有同志认为我省的考古工作要落后于考古先进地区若干年吗?就更不用说复原历史的研究工作有多难了!

今年2月,我承《中华文化论坛》杂志社和德阳市博物馆之邀,参加了一个如何开发利用和探索研究三星堆文化的会议。会上听到了省考古所马家郁所长的发言,谈到了今后三星堆考古工作的打算和安排,我认为这是一个比较完备可行的计划,如能付诸实施,将会大大改变目前我省考古工作落后的现状。我们拭目以待吧!

原载《中华文化论坛》2001年第3期

古蜀史研究的一项拓荒工程

——评段渝《玉垒浮云变古今——古代的蜀国》

不久以前，我收到了由四川省巴蜀文化研究中心、四川师范大学巴蜀文化研究中心、四川人民出版社联合组织编纂出版的《巴蜀文化系列丛书》，我抽出其中段渝研究员所著的《玉垒浮云变古今——古代的蜀国》这部专著粗读一遍，虽然理解不深，体会不够，仍拟从宏观上来谈点我对这部著作的初步看法，供学术界和各界参考。

首先，我认为，要在目前条件下写出一本较为完备、科学性强的古蜀史，其难度是非常之大的。因为，现存的蜀史文献不但实在太少，而且矛盾百出，残缺过甚，这势必有待于考古的重要新发现，进而结合非常有限的文献材料进行复原蜀史的研究工作，庶几可完成其书的著作任务。再进一步就考古学的视角来看写作本书的难度。考古学的功能和意义就是复原历史，其具体任务至少有二：其一即是创造历史，这是指新旧石器时代的考古发现和研究，其功能在于复原没有文字记载时代的原始公社史，即人类的初史，或史前史，其难度之大是不言而喻的。其二是补充有文字记载以来的历史，校正文献记载和印证历史文献的记载。而古蜀史的复原工作，由于史前历史几乎完全缺载，即使是有文字以来的历史，也由于文献阙如而不成其为史，所以必须依靠考古发现和研究的成果，再加上对有限文献进行爬梳清理，在历史学和考古学密切结合的系统研究基础上，才可能构筑起古蜀史的历史框架，也才可能写出一部古蜀史，其难度之大实与创史相去不远。因此，我认为本书的研究和著成，实际上是一项筚路蓝缕、艰苦缔造的拓荒工程，应予充分肯定。

其次，从内容上来看，该书有10章22节，此外还有前言和结束语。从史学的要求来看，全书章、节、目的安排具有相当的科学性，从古蜀文明的起源、发展和演变的视角，来贯穿和逐一展开古蜀历史与文化的全部内容，使人耳目一新。该书内容全面系统，已经具有国别史（亦可视为断代史）应有的方方面面，并且最大限度地利用了现存文献材料和公开发表的考古资料，材料相当扎实，仅页下的注释就达近千条之多，还不含正文中所引的丰富资料的出处，由此亦可看出作者用功之勤。不仅如此，本书作者还对古蜀史的有关问题进行了创新性研究，多在深入研究的基础上提出创见，其中不乏精当之论，使其居于学科的前沿位置，这对今后的古蜀史研究是一个新的开拓，无疑具有很高的学术价值。而且，本书的研究还具有广阔的视野和高深的眼光，多从中外比较研究的角度来探讨问题，不但信息量大，宏阔深入，富于理论性，而且这种研究所得出的结论也更加具有科学性，读来令人信服。

古蜀史的研究，自来就是一个先天不足的"早产婴儿"，亟需后天的关怀抚育，否则难以正常地成长为一个健康的人。这里所说的先天不足，系指前面提及的文献和考古资料的严重不足。所说后天的关怀和抚育，系指研究者的艰苦工作。作者在该书前言中说本书是"探索的一个尝试"，这是实事求是的。正是这种艰辛的探索，使得古蜀史这个先天不足的"早产婴儿"受到后天的关怀和精心抚育，使其成长为一个成熟的健康人，把古蜀史研究提高到了一个新的水平，这的确是难能可贵的。总之，本书的出版进一步推动了古蜀史的学术研究，必将把它引向更加广泛和深入的境地。

从历史上看开发全兴新品的优势

全兴的历史，源远流长，可远溯到原始社会末期。如成都平原的新石器时代晚期的文化遗存里，就出土有较多的陶质酒器，其中新津宝墩遗址里便发现了陶质的罐、尊、壶等酒器。继之则有商代三星堆遗址和其他同代遗址，以及周代的文化遗存，均出土有陶质和铜质的酒器多种。如罍、尊、壶、觯、钫、瓿、缶、鍪、釜、勺、彝等。可见当时饮酒之俗已十分流行。我们曾在百花潭中学发现一件战国水陆攻战铜壶。其身所嵌镶之纹饰中，除水陆攻战图像外，还有一段为投壶画面。画的左侧置一壶，壶内盛热酒，其口上有酒之蒸汽缭绕。壶右空有一段距离，居中为宾主。其一执矢投壶，投中胜者，则酌饮负者。这是幅宾主燕饮行乐图，是研究古民俗的重要资料；同时表明，酿酒业到了战国时期已是相当发达了。这时四川的酒名"醴"，即甜酒，当是《周礼·天官·酒正》里所说的"醴齐"之属。

战国以前，饮酒器有爵、角、觯、斝等。到了战国时期，上列饮酒器便逐渐淘汰，代之而起的则是羽觞（俗称"耳杯"）。当时的漆羽觞之制造技艺已是十分精湛，是珍贵之物。至西汉又出土了陶质及铜质的羽觞，一般还配有案、箸成为一套完整餐饮具。可见酒已成为生活中不可或缺之物。又《汉书·外戚传》班婕妤赋云："酌羽觞兮销忧。"这就是一般民间常说的"一醉解千愁"。可是自古来就有一种对酒不公平的评论，如《尚书·酒诰》即是一例。而西汉大儒扬雄在《酒赋》里说："鸱夷滑稽，腹大如壶。尽日盛酒，人复藉酤。常为国器，托于属车。出入两宫，经营公家。由是言之，酒何过乎？"为酒说了一句公道话。我认为这是个"度"字问题，任何方面都必须把度掌握好。否则即使是最佳营养品，过度了，亦会有损于健康的，何况酒乎！

我省出土的东汉画像砖中，有的内容是酒肆、酿酒以及宴饮等，为我们再现了当时的市井、生活等情景。如宴饮画像，表现了宾主一边觥筹交错，一边观看百戏表演，场面十分热闹。这就令人产生了"酒可千日不饮，不可一饮不醉"的豪情之感。这是酒在当时人们生活中的重要位置的又一例证。传谓晋代"山涛治郫，以筩酿酴醾酒，旬日香闻百步"，可见被称为"郫筒酒"的酿造技艺已经达到了较高水平。关于蜀酒史，在唐、宋时期亦有了不少记载，特别是杜甫、李白和苏轼等大文人的作品里就多有咏酒佳句，这里不再赘述。

水井坊的发掘，揭开了我国酒史崭新而重要的一页。从出土的陶、瓷器和坊址来看，证明了在明清之际，成都的酿酒业已颇具规模。全兴酒厂直接承袭了这份弥足珍贵的文化遗产，是研究全兴酒史的科学物证，而且为考古学填补了酒坊遗址的空白，其意义也是极为重要的。

历史事实证明，开发新的全兴佳酿品牌，是完全可能的、必要的。全兴有五千年的光荣历史，有五千年的酿酒技艺积累，有中华人民共和国成立以来50年的新鲜酿酒经验，再加上全兴雄厚的技术力量这一极大优势，又何患新的全兴佳酿开发无术啊！

原载《中华文化论坛》2002年第3期

古蜀文明研究的新收获

——评黄剑华新著《古蜀的辉煌》①

最近由巴蜀书社出版、被列入北京大学中国传统文化研究中心国学研究丛刊的《古蜀的辉煌》一书，是四川省文物考古研究所的研究员黄剑华同志多年来深入研究三星堆文化和古蜀文明的一部力作。我们读后认为，这是一部很有特色的考古学专著，特撰小文，给予介绍，以供同行参考。

一、治学谨严　论述精辟

古蜀历史由于缺少文字记载，一直云遮雾绕、扑朔迷离。自从有了惊人的三星堆考古发现之后，古蜀文明才撩开了神秘的面纱，露出了璀璨的面容。从20世纪80年代以来，学术界对三星堆古蜀遗址做了许多探讨，发表了不少文章，但系统的有深度的著述尚不多见。黄剑华同志正是有感于此，多年来广泛收集资料，对三星堆文化和古蜀文明进行了全面深入的研究，出版了24万字的《古蜀的辉煌》这部著述，在学

① 本文由王家祐、李复华合著。

术上提出了许多精辟之见，真可谓成绩卓著，可喜可贺。

我们认为本书的成功之处，主要是在于对三星堆文化及相关文化的研究方面。无论是宏观上的大问题，抑或是微观上的小问题，均进行了认真细致的研究探索，提出了自己的观点，其中有不少精辟之论，读来清新喜人，感受很深。这不仅显示了作者在学术上的深厚功底，也展现了作者在治学上的勤奋。从这部著述中我们还可以充分感受到作者思辨的缜密，思维的开阔，论述的严谨，以及学术观点上的创新。现举几例于后。

（一）作者对三星堆文化百科全书式的文化内涵做了深入探讨，认为具有自身浓郁特色的古蜀文明"无疑是显示了中华文明在黄河流域、长江流域中游与上游成都平原等区域发展进程中的不同特点"（80页）。这"不同特点"的结论，为冯汉骥师早年首先提出的"长江流域为我国文明的另一起源地区"的科学推断，提供了新的有力论据，所以作者的这一结论有着非常重要的价值。

（二）作者在全面论述了三星堆考古发现所揭示的内涵之后认为，三星堆古蜀遗址的惊人发现和一、二号坑出土的大量珍贵文物，充分表明了古蜀王国在殷商时期的繁荣昌盛。进而指出："三星堆古城展示的灿烂的青铜文明，还调整了人们有关商代中国的概念，说明殷商在青铜时代并不是唯一的文明中心，商王朝的周边地区也并非都是蛮夷落后之地。"（78页）意思是说，殷商时期蜀人并不是落后的蛮夷，除了殷商文明中心外，以三星堆为代表的古蜀文明也是长江上游的重要文明中心。这一灼见，提高了蜀人及其文化在我国历史上的地位，对我们更加全面客观真实地认识中华文明的起源和发展，显然具有十分重要的意义。

（三）作者对三星堆青铜面具研究后认为："这些极富想象力的糅合了人面与兽面特点的面具，同出土的其他青铜面具一样，显然也是古代蜀人社会意识与宗教观念的生动展示。其夸张神秘的风格，同样体现了浓郁的古代蜀族特征。"（115页）我们认为，从社会、宗教的意识形态出发，来对三星堆人面兽面糅合的神秘面具进行研究，求其产生之源，明确蜀族此类遗存的风格特征意义所在，这样的研究方法是科学的、成功的。

（四）在本书的四、五两章，作者对蜀族的社会、历史进行了全面的探索和研究，其中就政治、经济、神禖、风俗、习惯、服饰、文化交流，以及手工业和科技工艺等方面，均在深入研究后提出了一系列有价值的观点，真是美不胜收，难于细说。我们认为，这两章的内容已经有不少是属于复原蜀史工程范畴的工作，表明作者在这部著述中不仅对三星堆古蜀文化进行了全面深入的研究，而且在复原蜀族历史方面，亦取得了显著的成效，这是非常令人高兴的事情，必须予以肯定。

二、旁征博引　视野开阔

本书的又一重要特点是所用资料极为丰富全面，无论是文献记载和考古资料，或者是前辈、同行的著述，以及国外的研究文章和有关资料，都做了详细的收罗和引用，从而为了解三星堆考古历程和研究状况提供了极大的便利。更重要的是，作者在认真细致地对全部资料分类排比研究后，提出了自己的观点，对三星堆文化和古蜀文明做了深入的探讨，写成了一部非常有价值的专著。还值得提及的是，这部著述涉猎了多个学科，不仅旁征博引，而且视野开阔，将三星堆文化和古蜀文明放在中华文明和世界文明的范围内进行研究，给人以耳目一新的感觉。作者在书中所取得的成功，是与作者"兼视则明"分不开的。下面仅就两个问题谈点我们的看法。

（一）关于郭老的一封信。作者在这部著述中对三星堆古蜀遗址的发现和发掘经过做了生动详细的追述，其中特别提到了前辈郭沫若的这封短信，这是郭老写给前华西大学林名均教授的一封有关考古学的专函。此函我们在学生时代曾听林师提及，惜未见其文。今在这部专著中读到，深感拜读太晚，实为憾事。因为此信对考古界确实是有着非常重要的意义，剑华同志在书中说郭沫若"以一位历史学家和考古学家的眼力，提出了一些很重要的看法和建议"。这是符合实际情况的。所以，我们认为此信并未过时，对今天的考古工作仍有现实意义。本书对此信进行了全文引用，这封信仍将在现在的考古学研究中起到重要的指导和参考作用。

（二）关于三星堆文化和其他区域文化之间的交往，作者在著述中引用了大量的资料，做了深入有益的探讨，提出了许多精彩的见解。比如蜀人和殷商的关系，蜀文化与楚文化的关系等，作者都做了独到的阐述。还有古代蜀人进行远程经济和文化交往的问题，作者也做了创新的探讨和分析。我们认为这是非常必要的，而且非常有趣，收到了很好效果。作者认为蜀地早在远古时期就存在通向远方的古商道，从考古资料看并非虚说。三星堆文化中含有外来文化因素，就说明了古代蜀人在当时并未受到地理造成的交通不便的影响，克服重重困难进行了文化上的交流融合，这是一个了不起的奇迹。正是因为古代蜀人并不封闭和保守，善于学习和吸取其他文化的长处，才有了古蜀文明的灿烂和辉煌。这对于今天我们的开放建设，仍具有重要的启迪作用。

三、文笔流畅　雅俗共赏

我们认为本书不仅是一本学术性很强的考古学专著，而且有很强的可读性，具有文笔流畅、表达准确、易于被一般读者所接受理解的特点。我们将此书称之为是阳春白雪与下里巴人的完美的结合，是雅俗共赏的鲜有佳作，相信是并不过分的。

关于考古学著作如何做到通俗的问题，早在20世纪50年代初，我们就和已故同行沈仲常、于豪亮同志谈论过，大家认为："考古学文章的专业性太强，很难被一般读者所理解，如果能把这类文章的文风改变一下，写成雅俗共赏的作品，那就能让一般读者都能理解考古学的重要意义和价值。这样做的目的是：作为考古文章既能起到普及考古知识的功能，又能收到提高文物保护之效。"可是我们这个一举两得的良好愿望，50年来均未能成为现实。而今天剑华同志的这部新著，可以认为是考古学术著作在写作方法上的改变和突破，同时亦为我们圆了50年未圆的梦，这确实是一件非常令人高兴的事情。

作者在此之前已有《天门》等数部文笔清新的著述问世，将学术著述写得文采斐然，深得读者好评。《古蜀的辉煌》这部学术著述更以史家的根柢，艺术家的笔触，将考证和论述写得深入浅出，道理透彻，文笔优美，精彩纷呈。我们相信这部著述的问世，不仅是三星堆文化和古蜀文明研究的一大收获，而且在当前西部建设和文化开发中也具有非常重要的价值。相信这部既有学术深度，又视野广阔、文笔清新流畅的好书，同样会在广大读者中产生很好的影响。

原载《东南文化》2002年第11期

祝《四川文物》创刊20周年纪念①

    值此《四川文物》创刊20周年之际，对我们从事文博工作已逾五十个春秋的旧人来说，确是感慨万端，想要说的话太多却又无从谈起，只好把它浓缩成以下四点，不善之处，祈宥。

    其一，《四川文物》里所刊发的文章大概可归纳为下面几个方面：一是新的考古重要发现报道，二是重要的文化艺术遗存的介绍和探索，三是传世珍品的研究，四是文物结合文献的论著，以及用考古资料为基础的地方历史研究。它包括了文物的所有类别，是历史研究不可或缺的物证和资料，因此它将会在今后编著新的科学的四川历史时起到很好的作用。据此可以说本刊为四川文化作出了巨大成绩和重要贡献。

    其二，在本刊文章的众多作者中，有不少是文博事业的中青年工作者，本刊为他们提供了发表文章的园地，因此在写作和研究方面得到了很好的锻炼和提高，使之成为优秀的文博工作者。从这一层面来看，可认为本刊在培养四川文博专业人才的工作方面起到了重要作用。这不是一句空话，而是有事例可证。因为，我们都是四川省文物博物专业高级职称评审委员会的首届评委，在任期内所评审通过的正副研究员中，

  ① 本文由王家祐、李复华合著。

有不少中青年工作者所提供的表明其学术水平的大量作品，多是发表在《四川文物》上的专业论文，可以说是硕果累累，美不胜收。

其三，本刊不仅是国内发行的人文社会科学核心期刊，而且是国际交流期刊，亦是四川省一级期刊。因此它的意义就不仅限于以上两项，而是尚有以下三个方面的作用。即：它是对广大蜀人进行爱国主义、历史唯物主义教育最好的教科书；是向国内同行及时提供我省有关文博专业的信息，达到学术交流目的的重要媒介；更是向广大国际友好人士和同行，介绍我省光辉灿烂的古代文化及其研究成果，让他们更为了解四川、增进友谊的桥梁。

最后，谈一点关于《四川文物》的创办。当时创办本刊的是四川省文化厅文物处处长高文同志，他在省厅的正确领导和支持下，立即进行繁重的筹建工作，使本刊在短期内便得以面世，其间甘苦，自不言而喻。现在《四川文物》取得了重大成绩，饮水思源，无可否认，这与高文同志在创刊之初，筚路蓝缕的艰苦缔造是分不开的。编辑部的同志们亦是长期勤勤恳恳为刊物的发展而不知疲倦、默默无闻地工作，是文博事业的有功之臣。特别值得一提的是近年来编辑部在省考古所所长高大伦教授的直接领导下，使刊物有了新的变化和发展，我们相信若稍假以时日，将会使它登上学术的巅峰，争得更大的成绩和荣誉，这里特为预祝。

原载《四川文物》2004年第1期

附 录

论著目录

论著目录

（1955-2010年，以发表时间为序）

1.《我对文物工作中的"重点保护，重点发掘"方针的体会》，《文物参考资料》1955年第12期。

2.《成都青羊宫古遗址清理简报》，《考古通讯》1956年第2期。

3.《四川绵阳平政桥发现宋墓》（合著），《考古通讯》1956年第5期。

4.《乐山汉代崖墓石刻》（合著），《文物参考资料》1956年第5期。

5.《四川新繁清白乡东汉画像砖墓清理简报》（合著），《文物参考资料》1956年第6期。

6.《东汉岩墓内的一尊石刻佛像》（合著），《文物参考资料》1957年第6期。

7.《四川古代建筑简介》，四川省文物干部训练班（内部油印稿），1958年。

8.《四川新津发现东汉崖墓》（合著），《四川日报》1963年5月31日第3版。

9.《四川省文物管理委员会清理一座晋墓》，《成都晚报》1964年7月25日第1版。

10.《省文物管理委员会修复一汉墓中出土文物》,《成都晚报》1964年8月24日第1版。

11.《郫县出土东汉画像石棺图像略说》(合著),《文物》1975年第8期。

12.《四川郫县红光公社出土战国铜器》,《文物》1976年第10期。

13.《略淡珙县"僰人悬棺"的族属问题》,《凉山彝族奴隶制研究》1979年第1期。

14.《新都发现一座战国木椁墓》,《四川日报》1980年6月9日第1版。

15.《关于"石棺葬文化"的几个问题》(合著),《中国考古学会第一次年会论文集》,文物出版社,1980年。

16.《铜戈——反映巴蜀文化的珍贵文物》(合著),《四川日报》1981年2月1日第4版。

17.《新都战国墓中的一方铜印》(合著),《四川日报》1981年8月30日第4版。

18.《诸葛亮与铜鼓》(合著),《四川日报》1982年3月21日第4版。

19.《击鼓歌吹作谐戏》,《成都日报》1982年3月25日第3版。

20.《从汉画石刻织机看四川古代纺织业》(合著),《四川日报》1982年6月20日第4版。

21.《说唱俑》(合著),《四川日报》1982年11月14日第4版。

22.《新都战国蜀墓里中原文化和楚文化因素初探》,《西南民族研究》,四川民族出版社,1983年（又载《他们铸就辉煌——四川省博物馆建馆六十周年论文集》,四川美术出版社,2002年）。

23.《巴蜀文化的分期、断代和渊源试说》(合著),《四川史学通讯》1983年第3期。

24.《文翁石室》,《四川日报》1984年9月1日4版。

25.《关于"巴蜀图语"的几点看法》(合著),《贵州民族研究》

1984年第4期。

26.《中国东汉时代的说唱俑》，《成都文物》1985年第4期。

27.《论岷江上游石棺葬文化的分期与族属》（合著），《四川文物》1986年第2期。

28.《郫县马街古城小考》（合著），《四川文物》1987年第2期。

29.《孟蜀石经》（合著），《成都文物》1991年第1期。

30.《巴蜀文化的分期和内涵试说》（合著），《巴蜀历史·民族·考古·文化》，巴蜀书社，1991年。

31.《关于三星堆文化的两个问题》（合著），《三星堆与巴蜀文化》，巴蜀书社，1993年。

32.《从战国印文之铎像谈蜀有关问题》，《成都文物》1995年第3期。

33.《论广汉三星堆两座窖藏坑的性质及其相关问题》（合著），《四川文物》1996年增刊《四川考古研究论文集》。

34.《西南考古研究的硕果——在"童恩正教授学术思想座谈会"上的发言》，《农业考古》1997年第3期。

35.《为博物馆事业作出可贵奉献的冯汉骥教授》（合著），《中华文化论坛》1999年第3期。

36.《三星堆宗教内涵试探》（合著），《宗教学研究》1999年第3期。

37.《关于夏禹的两个问题》，《四川文物》1999年第5期。

38.《鞠躬尽瘁　高山仰止——缅怀沈仲常先生》（合著），《成都文物》2001年第1期。

39.《笔谈三星堆——共同营造三星堆文化研究园地》，《中华文化论坛》2001年第3期。

40.《试说栈道及其相关问题》（合著），《四川文物》2001年第4期。

41.《古蜀史研究的一项拓荒工程——评段渝〈玉垒浮云变古

今——古代的蜀国〉》,《中华文化论坛》2002年第2期。

42.《从历史上看开发全兴新品的优势》,《中华文化论坛》2002年第3期。

43.《羊子山地区考古的几个问题》(合著),《四川文物》2002年第4期。

44.《蜀文化大转移的政治意义》,《成都文物》2002年第3期。

45.《古蜀文明研究的新收获——评黄剑华新著〈古蜀的辉煌〉》(合著),《东南文化》2002年第11期。

46.《一幅清代四川地图小考》(合著),《成都文物》2003年第1期。

47.《试说金沙遗址出土的玉璧——对拙作〈蜀文化大转移的政治意义〉的补充》,《成都文物》2003年第2期。

48.《从三星堆、金沙遗址出土文物看蜀文化大转移的政治意义》,《中国历史文物》2003年第5期。

49.《〈周礼〉之“吉礼”新注》,《成都文物》2004年第1期。

50.《祝〈四川文物〉创刊20周年纪念》(合著),《四川文物》2004年第1期。

51.《四川文物志·古遗址、古墓葬卷·凡例、概述》(合著),《四川文物志》,巴蜀书社,2005年。

52.《清同治“天锡纯嘏”匾文小考——兼谈汉前养老礼制》,《成都文物》2006年第4期。

53.《试论文王之“至德”与“灵德”》,《成都文物》2007年第4期。

54.《关于羊子山土台遗址和几件出土文物的历史价值问题》,《四川文物》2010年第1期。

编后记

时光荏苒，岁月如梭，2023年，我院迎来了70岁的生日。

《四川省文物考古研究院名家学术文集》正是为庆祝我院成立70年而精心策划的一份礼物，收录了我院老一辈杰出文物考古工作者具有代表性的学术论文，共九卷。"著述前辈的开拓，启迪来者的奋斗，赓续传承美好。"这是院领导发起出版本套文集的初衷，也是全院干部职工多年以来共同的期待。

文集筹备工作始于2022年初，从征求上级领导意见，到广泛收集我院离退休职工及离世专家家属的建议和意愿，再到组织专家论证、院学术委员会研究，最终明确了本套文集的整体定位、选文标准和著录体例。

《四川省文物考古研究院名家学术文集》编辑委员会于2022年7月成立，主要负责落实文集资料收集查证、作者方联络、出版对接等工作。或因联系不上有些曾在我院工作过的专家、专家家属，或因已经有机构为一些专家出版过个人文集，或因有些专家身体抱恙，或因部分资料年代久远、查证困难，加上编辑时间有限，还有一些曾为我院事业发展做出杰出贡献的专家的文集未能成行，前辈们的风采也未能尽善尽美地呈现，略有遗憾。但未来可期，希望在我院文物考古事业更进一步、迈上新台阶时，后辈们能不忘前辈们的辛劳和奉献，续启为前辈们出版个人文集的计划。

  本文集的出版得到了四川省文化和旅游厅、四川省文物局的大力支持，同时得到了诸多专家、前辈的指导和帮助。还有巴蜀书社的编辑们，他们以高度负责的态度、高质量的要求，确保了文集出版工作的顺利推进。在此，向关心支持本文集出版的工作单位和工作人员，表示由衷的感谢。

《四川省文物考古研究院名家学术文集》编辑委员会

2023年10月